MW01699401

ALBER-TEXTE PHILOSOPHIE

Zu diesem Band:
Wissenschaftsphilosophie thematisiert die Methodologie der Wissenschaften und den Erkenntnisanspruch wissenschaftlicher Theorien. Um die Grundfragen und die wichtigsten Denkrichtungen innerhalb dieses Faches zu verstehen, muß man sich auch mit seiner Geschichte befassen. Dieser Band gibt anhand klassischer Texte eine Einführung in die Wissenschaftsphilosophie.
Zu den behandelten Grundproblemen gehören: Was ist wissenschaftliche Rationalität? Vermag die Wissenschaft objektive Realität zu erkennen? Wie sicher sind wissenschaftliche Ergebnisse? Benötigen die Humanwissenschaften eine andere Methodologie als die Naturwissenschaften? Kann es wertfreie Wissenschaft geben?

Philosophy of science deals with the methods and validity of scientific theories. Among the fundamental problems treated are: What is scientific rationality? Is science capable of recognizing objective reality? How certain are scientific results? Do the human sciences require a different methodology than the natural sciences? Can science be value-free? This volume, based on classical texts, provides an introduction to the philosophy of science and its history.

Die Herausgeber: Professor Dr. phil. Volker Gadenne, geb. 1948, Professor für Philosophie und Wissenschaftstheorie an der Universität Linz. Forschungsschwerpunkte und Veröffentlichungen zur Wissenschaftstheorie, Philosophie des Geistes, Kognitionsphilosophie.
Aldo Visintin, geb. 1964, ist Mitarbeiter am Institut für Philosophie und Wissenschaftstheorie an der Universität Linz. Forschungsschwerpunkte und Veröffentlichungen zum Konstruktiven Realismus (Ronald Giere) sowie zur Struktur von Theorien in der Betriebswirtschaftslehre.

Volker Gadenne / Aldo Visintin (Hg.)

Wissenschaftsphilosophie

Alber-Texte Philosophie

herausgegeben von
Karl-Heinz Lembeck

Band 5

Volker Gadenne /
Aldo Visintin (Hg.)

Wissenschafts-philosophie

Verlag Karl Alber Freiburg / München

Alber-Texte Philosophie
herausgegeben von Karl-Heinz Lembeck

Band 5

Die Deutsche Bibliothek – CIP-Einheitsaufnahme

Wissenschaftsphilosophie / Volker Gadenne und
Aldo Visintin (Hg.). – 1. Aufl. –
Freiburg (Breisgau) ; München : Alber, 1999
(Alber-Texte Philosophie ; Bd. 5)
ISBN3-495-48005-6

Redaktion: Angelika Kuhlmann

Gedruckt auf alterungsbeständigem Papier (säurefrei)
Printed on acid-free paper

Wir danken den Verlagen und Inhabern der Originalrechte
für die freundlicherweise erteilten Abdruckgenehmigungen
sowie für die damit gewährte kollegiale Unterstützung.

Einbandgestaltung: Finken & Bumiller, Stuttgart
Satzherstellung: SatzWeise, Trier
Inhalt gesetzt in der Aldus und Rotis SansSerif
Druck und Bindung: Freiburger Graphische Betriebe 1999
ISBN 3-495-48005-6

Inhalt

Einleitung: Große Wissenschaftsphilosophen und ihre Probleme*

Volker Gadenne und Aldo Visintin

Wissenschaftsphilosophie ist die philosophische Auseinandersetzung mit Grundfragen der Wissenschaft. Bisher war es eher üblich, von »Wissenschaftstheorie« zu sprechen, auch wurde die englische Bezeichnung »Philosophy of Science« im Deutschen durch »Wissenschaftstheorie« übersetzt. Daß inzwischen immer häufiger von Wissenschaftsphilosophie gesprochen wird, hat den Grund, daß man in diesem Fach Probleme aufwirft und untersucht, die in der Wissenschaftstheorie im engeren Sinne nicht vorkommen. Wissenschaftstheorie ist nach dem Verständnis vieler die Untersuchung der logischen Struktur wissenschaftlicher Theorien, die präzise Definition eines Erklärungsmodells, die Entwicklung einer induktiven Logik und ähnliches, wobei ausgiebig von den Mitteln der formalen Logik Gebrauch gemacht wird. Paradigmatisch hierfür war die Denkrichtung des logischen Empirismus, der wohl berühmteste Vertreter war Rudolf Carnap, Mitglied des »Wiener Kreises«. Auch in der heutigen Philosophie der Wissenschaft findet man Untersuchungen mit formallogischen Mitteln. Aber zusätzlich findet man eine Auseinandersetzung mit Fragen, die man in den 30er Jahren dieses Jahrhunderts als »metaphysisch« abgelehnt oder die man in die Einzelwissenschaften verwiesen hätte. Ethische Aussagen beispielsweise galten als metaphysisch. Auch heute noch wird vielfach die Auffassung vertreten, daß die Wissenschaftstheorie ausschließlich mit Fragen der Geltung und Begründung von Aussagen zu tun hätte und daß daher Fragen nach der Entstehung wissenschaftlicher Ideen in die Denkpsychologie gehören würden und Fragen nach den sozialen Bedingungen der Wissenschaft in die Wis-

---

* Für hilfreiche Ratschläge und Anmerkungen danken wir Hans Albert, Rainer Born, Axel Bühler, Gerhard Fröhlich, Evelyn Gröbl, Elisabeth Menschl und Hans Jürgen Wendel.

senschaftssoziologie. Aber mehr und mehr hat sich die Auffassung durchgesetzt, daß eine getrennte Abhandlung dieser Fragen nicht sinnvoll ist. Die Probleme der Geltung und Begründung von Aussagen hängen zusammen mit Fragen nach der Rolle von Werten, mit Fragen der Entstehung von Ideen (Heuristik) sowie mit Fragen nach den sozialen Bedingungen der Wissenschaft. Diese inzwischen dominierende Art und Weise, Probleme der Wissenschaft zu untersuchen, nennen wir *Wissenschaftsphilosophie*.

Es handelt sich dabei um ein komplexes Gebiet, wobei die Vielfalt einerseits historisch, andererseits durch die Unterschiede zwischen den einzelnen Wissenschaften bedingt ist. Wissenschaftsphilosophie gibt es bereits in der Antike. Aristoteles war ein großer Wissenschaftsphilosoph, der den Grundstein für die Lehre von der Deduktion und der Induktion legte. Das Mittelalter gilt längst nicht mehr als eine für die Wissenschaft unfruchtbare Zeit, und auch bedeutende Beiträge zur Philosophie der Wissenschaft stammen aus dieser Epoche. Zum zweiten ist man bei der philosophischen Auseinandersetzung mit den Naturwissenschaften, Sozialwissenschaften oder Kulturwissenschaften jeweils mit sehr verschiedenen Problemen konfrontiert. Inzwischen gibt es sogar eine eigene Wissenschaftsphilosophie der Physik, der Psychologie usw. Es versteht sich von selbst, daß ein Einführungsband nicht zum Ziel haben kann, dieses gesamte Gebiet repräsentativ zu behandeln. Welche Gesichtspunkte lagen der getroffenen Auswahl zugrunde? Zunächst sollten es natürlich Texte sein, die bedeutsam sind und als repräsentativ für eine wichtige Denkrichtung gelten können. Zweitens sollten die Texte einen inneren Sachzusammenhang aufweisen, etwa dergestalt, daß der eine Autor die Arbeit des anderen weitergeführt hat oder daß er die Gegenauffassung zu der des anderen vertritt. Hierbei war es nicht möglich, in einem Band die ganze Geschichte dieser Disziplin zu behandeln. Diese Textsammlung beginnt mit Francis Bacon, der vielen als der erste Philosoph der Neuzeit gilt.

Die Verkündung der neuzeitlichen Wissenschaft

Francis Bacon ist der Verkünder der Wissenschaft, wie wir sie kennen: empirische Wissenschaft, institutionalisiert, mit all ihren Auswirkungen auf das Alltagsleben. Bacon (Text 1) ist hier vertreten mit seiner Lehre von den *Idolen,* den Trugbildern oder Vorurteilen des menschlichen Geistes. Von ihnen muß man sich befreien, wenn man die Natur erkennen will. Es gibt verschiedenartige trügerische Einflüsse: 1) solche, die in der menschlichen Natur liegen; 2) solche, die mit individuellen Eigenschaften sowie mit Erziehung und Ausbildung zu tun haben; 3) die Verwirrung des Geistes durch die Sprache; 4) falsche Theorien, die durch inadäquate Beweisführung zustande gekommen sind. Bacon gibt Beispiele für Quellen des Irrtums, die auch heute noch hochaktuell sind: Der menschliche Geist neigt dazu, in der Natur mehr Ordnung und Gleichförmigkeit zu sehen, als objektiv vorhanden ist (z. B. vollkommene Kreise). Er neigt dazu, Bestätigendes für das zu finden, was ihm gefällt. Er wird durch das, was sich sensationell anhört, stärker beeinflußt, als objektiv gerechtfertigt ist. Er erzeugt sprachliche Gebilde wie »der erste Beweger« oder »das Element Feuer« und glaubt dann, daß es diese Dinge wirklich gäbe. (Später nannte man dies »Hypostasierung«.) Was Bacon wiederholt thematisiert, ist die Neigung der Menschen, die »negativen Fälle« zu übersehen, einer der Gründe des Aberglaubens: Man beobachtet das Zusammentreffen von A und B und glaubt an einen Kausalzusammenhang, vergißt aber zu fragen, wie oft A ohne B bzw. B ohne A vorgekommen ist. Deshalb wirft Bacon in Aphorismus 46 die Frage auf, wo denn diejenigen Seeleute aufgeschrieben seien, die trotz ihrer Gelübde an die Götter im Schiffbruch ertrunken sind.[1] Er hat die wichtigsten Fehleranfälligkeiten im menschlichen Denken also recht gut durchschaut. Allerdings war er zu optimistisch in bezug auf die Möglichkeit, die »Idole« ablegen zu können.

Durch sein »Novum Organon« wollte Bacon das »Organon«[2] von Aristoteles ersetzen. Bacons Text ist Teil einer umfassenden Kritik am geistigen Leben der Vergangenheit und seiner Zeit. Sie richtet sich gegen Aristoteles und seine Anhänger unter den Philosophen der Scholastik. Letztere hätten der Erfahrung gänzlich entsagt. Aristoteles selbst hätte zwar empirisch gearbeitet, seine obersten Prinzipien aber aufgestellt, ohne sich um die Erfahrung

---

[1] Ein großer Teil der Problemstellungen und Hypothesen, die von der neueren Kognitionspsychologie untersucht wurden, finden sich in Bacons Lehre von den Idolen. Vgl. z. B. R. E. Nisbett und L. Ross, Human inference: Strategies and shortcomings of social judgement, Englewood Cliffs (N.J.) 1980.

[2] So nannten byzantinische Gelehrte eine Zusammenstellung von logischen und methodologischen Schriften von Aristoteles.

zu kümmern. Bacon kritisierte weiterhin die Alchimisten mit ihren »obskuren Versuchen« und »phantastischen Interpretationen«. Am schädlichsten erschien ihm der Aberglaube und die »Beimischung« von Theologie in die Philosophie. Er rief zu einem Feldzug für *Rationalität* im Erkennen und Handeln auf, gegen Aberglaube und Dogmatismus, die er auch in der Philosophie sah.

Bacon präsentierte aber nicht nur Kritik, sondern auch ein positives Erkenntnisprogramm (nicht mehr in Text 1 enthalten): *experimentelle Beobachtung* und *korrekte Induktion*. Das induktive Verfahren beginnt damit, daß man für ein gegebenes Phänomen B bestimmte »Tafeln« erstellt. Die »Tafel der positiven Fälle« zählt alle Situationen auf, in denen man B feststellen kann. Die »Tafel der negativen Fälle« führt Situationen an, die den Situationen der ersten Tafel ähnlich sind, in denen B jedoch ausbleibt. Die »Tafel der Grade« gibt an, mit welchen anderen Größen B in seiner Ausprägung zu- oder abnimmt. So findet man heraus, daß ein bestimmtes Phänomen A die Ursache von B ist. Man kennt dann ein Naturgesetz. Zugleich hat man, sofern A beeinflußbar ist, die Möglichkeit, B herbeizuführen oder am Eintreten zu hindern. Anders als Aristoteles reflektierte Bacon über Erkenntnis und praktische Nützlichkeit in einem, in heutigen Worten: Es ging ihm um *wissenschaftliche Erkenntnis* in Verbindung mit *Technologie*. Wissen und Macht gehen miteinander einher. (Bacon sagte nie: »Wissen ist Macht«, was ihm oft zugeschrieben wird.) Wissenschaftliche Erkenntnis dient dem Wohle der Menschen. Sie könne allen nützen, ohne jemandem zu schaden.

Da die Induktionsproblematik in der Wissenschaftsphilosophie eine wichtige Rolle spielt, wollen wir etwas näher auf sie eingehen. Es ist bemerkenswert, daß Bacon keineswegs naive Verallgemeinerungen im Sinne hatte. Unter einem induktiven Schluß wird oft eine Verallgemeinerung verstanden: Brot hat uns bisher ernährt, also wird es uns immer ernähren. Alle bisher beobachteten Schwäne sind weiß, also sind alle Schwäne weiß. Allgemein ausgedrückt: Die (vielen) bisher beobachteten Gegenstände mit der Eigenschaft A hatten auch die Eigenschaft B, also haben alle A die Eigenschaft B. Induktion in diesem Sinne lehnte Bacon ab: Wenn man beobachtet, daß A wiederholt zusammen mit B auftritt, so muß man die Annahme, A sei die Ursache von B, in vielen Schritten gründlich prüfen, wobei man auf mögliche negative Fällen (B ohne A) achten muß. Findet man einen negativen Fall, so scheidet A als potentielle

Ursache aus, und die Suche geht weiter. Induktion im Sinne Bacons vollzieht sich in mehreren Schritten der Kontrolle und Korrektur. Er nennt insgesamt nicht weniger als dreizehn Stufen der Analyse, die im Fall einer Frage nach der Ursache eines konkreten B durchlaufen werden müssen. Einige davon wurden von Bacon aber nur angedeutet, so daß seine Darstellung des gesamten Verfahrens unvollständig und zum Teil unklar bleibt. Die induktive Methode Bacons ist jedenfalls viel komplexer und anspruchsvoller als eine bloße Verallgemeinerung beobachteter Fälle. Allerdings hat sie mit dieser doch etwas gemeinsam: Man schließt von einer endlichen Menge von Beobachtungsergebnissen (seien sie auch auf raffinierte Weise im Experiment gewonnen) auf eine allgemeine Aussage, im Falle Bacons auf ein Naturgesetz. Und ein Naturgesetz sagt immer mehr aus, als es eine Menge von endlich vielen Beobachtungsaussagen kann.

Die »Tafelmethode« ist in ihren ersten Schritten dem heutigen *kontrollierten Experiment* ähnlich. Wenn man z. B. überprüfen will, ob ein bestimmtes Medikament A eine bestimmte therapeutische Wirkung hat, stellt man zwei (manchmal auch mehr) möglichst ähnliche Untersuchungssituationen her. In der einen (Experimentalbedingung) wird A verabreicht, in der anderen (Kontrollbedingung) nicht. Um die Ähnlichkeit der beiden Situationen möglichst groß zu machen, gibt man in der Regel den Versuchspersonen der Kontrollgruppe ein Placebo. Tritt nun unter der Experimentalbedingung B ein, und bleibt unter der Kontrollbedingung B aus, so bestätigt dies die Hypothese, daß A Ursache von B ist.[3]

Bacons Lehre ist bis heute sehr unterschiedlich bewertet worden. Die Begründer der Royal Society und die Anhänger Newtons bewerteten sie sehr hoch. Kritiker verwiesen aber darauf, daß Bacon selbst mit seiner »Tafelmethode« kein einziges bedeutendes Naturgesetz entdeckt habe, obwohl er empirische Forschung betrieb. Heute hat sich stärker die Auffassung durchgesetzt, daß die großen wissenschaftlichen Entdeckungen nicht durch die induktive Methode erfolgten. Aber neuerdings wird wieder darauf verwiesen, daß man Bacon unterschätzt und mißverstanden habe und daß er zum

[3] Diese Logik des Experimentierens wurde allerdings nicht von Bacon erfunden, sondern war schon Duns Scotus und William von Ockham bekannt. Vgl. J. Losee, A Historical Introduction to the Philosophy of Science, Oxford 1993, S. 33–35.

Teil etwas sehr ähnliches gesagt habe wie später Popper.[4] Wir kommen im Zusammenhang mit Text 5 darauf zurück, aber folgendes sei hier schon gesagt: Bacon meinte, seine Methode sei geeignet, um Naturgesetze zu entdecken, und dies war ein Irrtum. In Wirklichkeit ist sie für etwas anderes geeignet, nämlich um bereits aufgestellte Hypothesen oder Theorien zu überprüfen. Zu dieser Überprüfung benötigt man kontrollierte empirische Untersuchungen, und diese folgen einer Logik, die der Tafelmethode ähnlich ist.

In jüngster Zeit steht Bacon auch im Kreuzfeuer der Kritik an den negativen Erscheinungen, die durch die moderne Wissenschaft ermöglicht worden sind, vor allem Waffensysteme zur Massenvernichtung und Technologien mit ökologisch schädlichen Auswirkungen. Ist das »Bacon-Programm« in dieser Hinsicht ein Irrweg? Diese Problematik kann hier natürlich nur erwähnt und nicht adäquat behandelt werden, aber folgendes läßt sich auch ohne eingehendere Untersuchung klar feststellen: Bacon war ein Fortschrittsoptimist; die negativen Seiten der Anwendung von Wissenschaft, die uns heute beschäftigen, konnte er nicht kennen. Seine Überzeugung, daß sich wissenschaftliche Erkenntnis zum Wohl der Menschheit mit Erfolg anwenden läßt, wird durch die Möglichkeit des Mißbrauchs von Wissenschaft nicht in Frage gestellt.[5]

Skeptische Zweifel an der Reichweite wissenschaftlicher Erkenntnis

Bacon verkündete seine Idee einer empirischen Wissenschaft zu Anfang des 17. Jahrhunderts. In der Mitte des 18. Jahrhunderts wurde an dieser Idee ein skeptischer Zweifel ausgesprochen, und zwar durch David Hume (1711–1776). Hume stand insofern auf Bacons Seite, als er Empirist war: Begründetes Wissen muß aus der Erfahrung stammen (sofern es nicht logisch-mathematischer Natur ist). Aber Hume hielt es für unmöglich, *Induktion* rational zu begründen. Wenn man noch so oft erfahren hat, daß Brot ernährt, ist dies kein zwingender Grund dafür, daß dies immer so sein wird. Logisch läßt sich ein induktiver Schluß von einigen Beobach-

---

[4] Vgl. P. Urbach, Francis Bacon's Philosophy of Science: An Account and a Reappraisal, La Salle (Ill.) 1987. – W. Krohn, Francis Bacon, München 1987, S. 143.

[5] Vgl. zu dieser Problematik L. Schäfer, Das Bacon-Projekt, Frankfurt 1993.

tungen auf eine allgemeine Aussage nicht rechtfertigen. Und durch Erfahrung kann man Induktion auch nicht rechtfertigen, denn für eine solche Rechtfertigung würde man sie bereits benötigen. Humes Kritik trifft sowohl die naive Form induktiver Verallgemeinerung als auch die raffiniertere, die Bacon mit seinen Tafeln im Sinne hatte. Hume begann als Empirist und wurde zu einem Skeptiker bezüglich der Möglichkeit, Erkenntnis über die Welt rational zu begründen.

Ein wenig später, in der zweiten Hälfte des 18. Jahrhunderts, erfuhr Bacons Idee wissenschaftlicher Erkenntnis noch eine andere Einschränkung. Bacons Wissenschaft hat zum Ziel, die *objektive Realität* zu erkennen, die Welt, wie sie wirklich ist, mit ihren Naturgesetzen. Aber kann sie dies? Immanuel Kant verneinte das in seiner »Kritik der reinen Vernunft« (1781). Nach seiner Auffassung vermag der Mensch nur die *phänomenale Welt* zu erkennen, die Welt der Dinge, so wie sie uns *erscheinen*. Diese Erscheinungsweise ist durch die Formen unserer Anschauung (Raum und Zeit) sowie durch die Kategorien unseres Verstandes (darunter die Kausalität) geprägt. Wenn wir z. B. ein physikalisches Geschehen beobachten, so handelt es sich immer um Vorgänge in Raum und Zeit, bei denen alle Ereignisse durch bestimmte andere Ereignisse verursacht werden. Aber dies bedeutet nach Kant nicht, daß Raum, Zeit und Kausalität zur objektiven Realität gehören, sondern nur, daß unser Erkenntnisvermögen alles, was sich ihm darbietet, in die Formen Raum und Zeit sowie in die Kategorie der Kausalität einordnet, und erst danach bietet sich dieses Endprodukt unserem Bewußtsein als Phänomen dar. Die Welt, wie sie *an sich* ist, bleibt uns grundsätzlich verborgen.

Wir wollen bei der Betrachtung der einzelnen Texte auch einen Blick auf die großen Fragen der Wissenschaftsphilosophie werfen und aufzeigen, welche Antworten die Autoren gegeben haben. Eines dieser Grundprobleme betrifft die *allgemeine Methode* der Wissenschaft. Nach Bacon ist dies die *induktive Methode*. Generationen von Wissenschaftlern haben diese Auffassung übernommen, und auch heute ist sie noch verbreitet. Hume hat sie grundlegend kritisiert. In unserem Jahrhundert versuchte Rudolf Carnap, die induktive Methode mit Hilfe der modernen Logik neu zu begründen. Karl Popper dagegen wandte sich entschieden gegen jede Form der Induktion und lehrte, daß die Methode der Erfahrungswissenschaft darin bestehe, Theorien aufzustellen und gezielte Versuche zu ihrer

Widerlegung zu unternehmen. Thomas Kuhn wiederum war der Auffassung, daß die Wissenschaft weder nach der induktiven noch nach der Popperschen Methode verfahre. Ein großer Teil der wichtigen wissenschaftsphilosophischen Schriften und Tagungen in diesem Jahrhundert hatte die Methode der Erfahrungswissenschaften zum Gegenstand.

Wenn wir hier allgemein von der *Methode* der Wissenschaft sprechen, müssen wir uns dessen bewußt sein, daß die verschiedenen Wissenschaften auch ihre speziellen Methoden, ihre speziellen Untersuchungsverfahren haben. Ein psychologisches Experiment mit Versuchspersonen unterscheidet sich in wichtigen Punkten von einem physikalischen Experiment, eine Messung mit einem soziologischen Fragebogen wirft andere Probleme auf als eine Messung mit einem Thermometer usw. Nichtsdestoweniger könnte es sein, daß alle Erfahrungswissenschaften auf einer allgemeinen Betrachtungsebene Übereinstimmungen im Vorgehen aufweisen, etwa, daß sie alle induktiv vorgehen. Als *Methodologie* bezeichnet man die Lehre von der allgemeinen Methode der Wissenschaften bzw. einer größeren Gruppe von Wissenschaften (z. B. Erfahrungswissenschaften).

Ein *zweites* Grundproblem betrifft die *Zielsetzung* der Wissenschaften und in Verbindung damit die Frage, was wissenschaftliche Forschung vermag. Vermag sie die Welt mit ihren Naturgesetzen zu ergründen, so wie sie wirklich ist? Ist dies ihr Ziel? Popper beispielsweise bejaht dies. Andere Wissenschaftsphilosophen sind in Anlehnung an Kant der Auffassung, daß der Wissenschaft nur die Welt der Erscheinungen zugänglich ist, nicht dagegen die objektive Realität, d. h. die Welt, wie sie an sich ist.

Geht es der Wissenschaft um objektive Realität und Wahrheit?

Gegen Kant und seine Anhänger verteidigte Oswald Külpe (Text 2) einen *erkenntnistheoretischen Realismus*. Danach gibt es eine vom menschlichen Wahrnehmen und Denken unabhängige Realität. Der Baum vor uns, die Atome, die elliptischen Planetenbahnen, alle diese Gegenstände und Tatsachen existieren unabhängig davon, ob wir sie beobachten und mit bestimmten Begriffen zu beschreiben versuchen oder nicht. Und die Wissenschaft vermag diese Realität (zumindest teilweise) zu erkennen. Erkenntnisobjekte der Wissenschaft sind nicht die Erscheinungen, »sondern die sich darin offenbarende Realität, eine reale Außenwelt, eine reale Innenwelt, die realen historischen Begebenheiten« (S. 55).

Die Diskussion darüber, ob ein Realismus vertretbar ist, hält bis heute an. Die wichtigsten Argumente für die realistische Position findet man in Külpes Text: Die Annahme realer Gegenstände macht verständlich, warum wir die wahrgenommenen Gegenstände (z. B. das Haus oder den Baum vor uns) nicht nach Belieben verändern können, so wie die erinnerten oder eingebildeten Gegenstände (z. B. ein vorgestelltes Fabelwesen). Sie macht weiterhin verständlich, warum es gesetzmäßige Zusammenhänge gibt, an denen wir nichts ändern können und die uns erlauben, Ereignisse zutreffend vorherzusagen. Man kann z. B. vorhersagen, wo der Mond zu einem zukünftigen Zeitpunkt stehen wird. Dies ist erklärlich, wenn man annimmt, daß er ein realer Gegenstand ist, der bestimmten Naturgesetzen unterliegt. Es erschiene dagegen wie ein Wunder, wenn der Mond nur als Inhalt unseres Bewußtseins existieren würde (wie der Idealismus behauptet, den Külpe ebenso verwirft wie die Lehre Kants).

Külpe verwarf allerdings einen *naiven* zugunsten eines *kritischen Realismus:* Die realen Gegenstände sind nicht immer so beschaffen, wie sie sich unseren Sinnen darbieten. Derselbe Tisch liefert uns einen unterschiedlichen Sinneseindruck, je nachdem, von wo aus wir ihn betrachten. Die Sterne sind bei Tag nicht mehr zu sehen usw. Bereits im Alltag sind wir zu einem großen Teil kritische und nicht naive Realisten. Die Wissenschaft vertieft diese Erkenntnis der Realität, allerdings stets nur provisorisch. Das Ziel einer so aufgefaßten Wissenschaft liegt nach Külpe »in einer unbestimmbar fernen Zukunft«. Alle Versuche, Realität zu erkennen, seien »provisorisch«, und man müsse in der Wissenschaft mit einer Geschichte »wechselnder Hypothesen und Theorien« rechnen (S. 60).

Etwa zur selben Zeit wie Külpe trat William James (Text 3) für eine andere philosophische Position ein, die er *»Pragmatismus«* nannte. Die *pragmatische Methode* charakterisiert James so: Wenn eine bestimmte Theorie zur Diskussion steht, so untersuche man ihre *praktischen Konsequenzen.* Die einen Philosophen behaupten z. B., es gäbe einen freien Willen, während die anderen dies bestreiten. Die einen sagen, die Welt wäre Materie, die anderen behaupten, sie wäre Geist. Der Pragmatist stellt die Frage, ob sich aus diesen Theorien irgendwelche unterschiedlichen praktischen Konsequenzen ergeben. Wenn nicht, so sei der Streit ohne jede Bedeutung. James beruft sich dabei auf das von Charles Sanders Peirce (1839–1914) aufgestellte Prinzip, daß der Sinn eines Gedankens über einen Gegenstand in den praktischen Wirkungen dieses Gegenstandes zu suchen ist. Wenn wir z. B. wissen, was die erfahrbaren Wirkungen von Kraft sind, so wissen wir alles darüber, was der Begriff »Kraft« bedeutet. Es gäbe nicht darüber hinaus noch eine »geheimnisvolle Wesenheit« Kraft. Dieses Prinzip stand später im Zentrum der Philosophie des *logischen Empirismus.*

Der Pragmatismus ist nach James zweitens eine bestimmte *Wahrheitstheorie.* Sie richtet sich gegen die mit dem Realismus meist verbundene *Korrespondenztheorie der Wahrheit.* Danach ist Wahrheit die »Übereinstimmung« einer Behauptung mit der objektiven Realität. Wenn jemand z. B. sagt: »Peter besitzt ein Motorrad«, so ist diese Aussage genau dann wahr, wenn Peter tatsächlich ein Motorrad besitzt. Wahrheit ist *zutreffende Darstellung.*

Diese Auffassung erschien James »absolut leer«, zu metaphysisch. Solche objektive Wahrheit ist nach James »nirgends zu finden«. Es gebe keine Wahrheit unabhängig von subjektiven Zielen handelnder Menschen. Angenommen, wir haben eine bestimmte Überzeugung oder Theorie, und sie sagt uns, daß wir B erreichen, indem wir A tun. Und nehmen wir an, daß dies funktioniert. Was sollte es darüber hinaus bedeuten, daß die Überzeugung wahr ist? Wahrheit kann nichts anderes bedeuten, als daß eine Aussage mit unseren Erfahrungen, die selbst wiederum stets mit subjektiven Zwecken zusammenhängen, in Einklang steht. Er sagt auch, dies sei die »instrumentale« Theorie der Wahrheit (S. 70). Theorien sind für ihn »*Werkzeuge*«. Mit ihrer Hilfe kann man, wenn bestimmte Erfahrungen gegeben sind, andere Erfahrungen vorhersagen und dies zu praktischen Zwecken nutzen. Heute nennt man diese Auffassung von Theorien (die sich bereits bei George Berkeley findet) *Instrumentalismus.*

Und schließlich definiert James ganz allgemein: »*Wahr heißt alles, was sich auf dem Gebiete der intellektuellen Überzeugung aus bestimmt angebbaren Gründen als gut erweist*« (S. 74). Diese Sichtweise ermöglicht es James, bei aller Ablehnung von Metaphysik am Ende doch religiöse oder theologische Wahrheiten unter bestimmten Umständen als wahr anzuerkennen, nämlich »wenn sie einen Wert für das wirkliche Leben haben« (S. 74). James' Wahrheitsdefinition ist leider nicht sehr klar, weder in der oben gegebenen Formulierung noch in verschiedenen anderen Formulierungen, die sich in seinen Texten finden. Bertrand Russell hat diese Wahrheitsauffassung verspottet und eingewendet, danach müsse die Hypothese vom Weihnachtsmann wahr sein, denn er habe sie immer befriedigend gefunden.[6] Aber ganz so einfach ist es doch nicht. Der Pragmatismus sagt nicht, daß wir alles glauben sollen, was wir wollen, denn jede Überzeugung muß nicht nur mit einzelnen bestimmten Erfahrungen in Einklang gebracht werden können, sondern auch mit anderen Überzeugungen, die selbst auch in Erfahrungen verankert sind (S. 75), und bei diesem Vorgehen hat dann die Hypothese vom Weihnachtsmann doch keine große Überlebenschance.

Die Kontroverse zwischen Realisten im Sinne Külpes und Realismus-Gegnern spielt in der neueren Wissenschaftsphilosophie eine zentrale Rolle. Unter den Autoren dieses Bandes sind Bacon, Külpe, Popper und Albert Anhänger eines Realismus im dargestellten Sinne, während James, Duhem und Kuhn zu den Realismus-Gegnern gerechnet werden können.

Die große Distanz zwischen Theorie und Erfahrung

Pierre Duhem (Text 4) war in bezug auf wissenschaftliche Theorien wie James Instrumentalist. Anders als Külpe glaubte er, daß eine Theorie uns über die »wahre Natur der Dinge«, über die »Realitäten«, absolut nichts zu lehren vermag und dies auch nicht beansprucht. Wozu ist eine Theorie dann gut? Sie hat eine *denkökonomische* Funktion. Sie dient dazu, zahlreiche empirische Gesetze zusammenzufassen. Jedes dieser Gesetze ist selbst schon eine Zusammenfassung unzähliger Einzeltatsachen. Und eine gute Theorie gibt nun sehr wenige, grundlegende Prinzipien an, aus denen sich viele empirische Gesetze eines Fachgebietes deduktiv ableiten lassen. Diese Prinzipien sagen nichts über die Realität hinter den Phänomenen, sie bringen diese nur in eine logische Ordnung. Über die Realität hinter den Phänomenen etwas aussagen zu wollen wäre nach Duhem Metaphysik und nicht physikalische Wissenschaft.

Text 4 bezieht sich auf Duhems Analyse der Überprüfung einer Theorie an der Erfahrung. Sowohl vor als auch nach Duhem ist dieser Vorgang immer wieder in einer unzulässig vereinfachten

---

[6] Vgl. Bertrand Russell, Philosophie des Abendlandes, Wien 1975, Kap. 29.

Weise dargestellt worden. Wissenschaftsphilosophen haben Probleme des Theorientestens häufig so diskutiert, als ginge es darum, eine einzelne Aussage einer Theorie mit einem Beobachtungsergebnis zu konfrontieren. Duhem legte überzeugend dar, daß beim Prüfen von Theorien, wie sie in den Wissenschaften vorkommen, stets eine ganze Gruppe von theoretischen Annahmen benötigt wird, um eine empirische Prüfaussage abzuleiten, die dann mit den Beobachtungen verglichen wird. Er demonstriert dies anhand zahlreicher physikalischer Beispiele, aber man könnte dasselbe ohne Schwierigkeiten anhand sozialwissenschaftlicher Theorien nachweisen. Auch dort muß man zur Ableitung von Prüfvorhersagen mehrere theoretische Annahmen anwenden, und man muß zusätzliche Annahmen voraussetzen, etwa, daß bestimmte Fragebogen geeignet sind, das zu messen, was sie messen sollen, daß bestimmte Randbedingungen im Zeitraum der Vorhersage konstant bleiben und anderes mehr. Wenn es sich so verhält, dann ergibt sich eine wichtige methodologische Konsequenz: Falls die Vorhersage nicht eintritt, so widerlegt dies nicht eine ganz bestimmte Annahme der Theorie, sondern nur das gesamte System von Annahmen, das man zur Ableitung der Vorhersage benötigte. In Duhems Worten: »Das Experiment lehrt uns bloß, daß unter allen Lehrsätzen, die dazu gedient haben, die Erscheinung vorauszusagen und zu konstatieren, daß sie nicht auftritt, mindestens einer im Irrtum ist. Aber wo dieser Irrtum ist, sagt es uns nicht« (S. 79f.). Später sagte Willard Van Orman Quine etwas ähnliches. Seitdem spricht man von der *Duhem-Quine-These*. Das von Duhem aufgezeigte Problem wurde in den 60er Jahren aufgegriffen und spielte eine zentrale Rolle in der Diskussion von Poppers Wissenschaftsphilosophie.[7]

Duhem wurde durch seine Erkenntnis, daß die Prüfung einer Theorie *holistischer* Natur ist, nicht zu einem Skeptiker. Er sah zwar, daß man eine Theorie endlos verteidigen kann, indem man im Falle widersprechender Beobachtungen stets irgendwelchen Zusatzannahmen die Schuld gibt. Aber er vertraute auf den *»gesunden Menschenverstand«*. Wenn die Verteidiger verschiedener Lehrmeinungen sich streiten, so kommt stets der Punkt, an dem der gesunde Menschenverstand angesichts der Beobachtungen so deutlich für

[7] Vgl. V. Gadenne, Spielarten des Duhem-Quine-Problems, in: Logos 5, 1998, S. 117–148.

eine der Auffassungen spricht, daß die andere Partei den Kampf aufgibt, auch wenn die reine Logik seine Fortsetzung nicht verbieten würde.

Rationalität der Wissenschaft und die Offenheit für Kritik

Die Frage nach der allgemeinen Methode der Wissenschaft ist häufig noch in einer anderen, jedoch verwandten Form aufgeworfen worden, nämlich als Frage nach einer *Abgrenzung* zwischen (rationaler) Wissenschaft einerseits und Nichtwissenschaft andererseits. Letztere umfaßt das, was man Pseudowissenschaft nennt, oft wurde aber auch die Metaphysik hinzugerechnet. Bereits Kant ging es um eine Abgrenzung gesicherter wissenschaftlicher Erkenntnis, wie er sie in Gestalt der Mathematik und Physik erblickte, von dem bloßen »Herumtappen« der Metaphysik. Der Zusammenhang zwischen diesem Abgrenzungsproblem und der Frage nach der Methode der Wissenschaft ist ersichtlich. Wenn z. B. das induktive Vorgehen die Methode der Wissenschaft ist, so ist damit zugleich die Abgrenzung geleistet. Rationale Wissenschaft wäre dann, etwa im Sinne Bacons, vorurteilsfreie Beobachtung und Induktion. Die Theorien der Wissenschaft wären solche, die induktiv aus den Beobachtungen erschlossen wurden. Pseudowissenschaft und Metaphysik wären Disziplinen, denen eben diese Methode fehlt.

Karl Popper (Text 5) sah das Abgrenzungsproblem als ein Grundproblem der Wissenschaftsphilosophie an. Die induktive Methode hielt er nicht für geeignet, als Kriterium zu dienen, denn sie hielt er mit Hume für nicht begründbar. Statt dessen schlug er folgende Lösung vor: Eine empirisch-wissenschaftliche Hypothese oder Theorie muß *falsifizierbar* sein. »*Ein empirisch-wissenschaftliches System muß an der Erfahrung scheitern können*« (S. 100). Die allgemeine Aussage »Alle Raben sind schwarz« ist nicht induktiv beweisbar, es könnte immer passieren, daß man einen nichtschwarzen Raben findet. Aber sie ist *falsifizierbar:* Ein einziger nichtschwarzer Rabe genügt, um sie als falsch zu erweisen, und hierzu genügt die deduktive Logik.

Popper wußte allerdings, daß man die Falsifikation einer Theorie nicht erzwingen kann. Man kann die Beobachtungen anzweifeln, kann Hilfsannahmen verwerfen, so, wie es Duhem aufgezeigt hat. Popper selbst vertrat als eines der Hauptprinzipien seiner Lehre die *Fehlbarkeitsannahme,* den *Fallibilismus:* Es kann für Menschen keine absolut gesicherte Erkenntnis geben. Daher muß auch jede wissenschaftliche Aussage als grundsätzlich revidierbar angesehen werden. Dies gilt auch für jene Beobachtungsaussagen, die dazu dienen sollen, eine Theorie zu falsifizieren.

Poppers Lehre von der Fehlbarkeit der Erkenntnis und der Falsifikation als Methode war ursprünglich eine reine Wissenschaftsphilosophie. Später wendete er diese Ideen auch auf die Gebiete der Moral und Politik an, und er setzte Rationalität im Erkennen und Handeln gleich mit der *Offenheit für Kritik.* Diese Philosophie ist als *kritischer Rationalismus* bekannt. Hier betrachten wir aber nur, was der kritische Rationalismus über Erkenntnis und Wissenschaft lehrt.

Popper war der Auffassung, daß Falsifizierbarkeit weniger eine Frage der logischen Form einer Hypothese oder Theorie ist, als der Art und Weise, wie man mit ihr verfährt. Er formulierte *methodologische Regeln,* die gewährleisten sollen, daß man nicht in einer für die Wissenschaft unfruchtbaren Weise an den Theorien festhält, für die man eine Vorliebe hat. Eine wichtige dieser Regeln fordert die *strenge Prüfung* von Theorien. Nachdem eine Theorie vorgeschlagen worden ist, sollte man überlegen: Was folgt aus dieser neuen Theorie, das aus dem herkömmlichen Wissen und aus den konkurrierenden Theorien gerade nicht folgt? Gerade diese »unwahrscheinlich« erscheinenden Folgerungen sollte man zu Prüfaussagen für die neue Theorie machen. Wenn eine Theorie einen strengen Falsifikationsversuch übersteht, gilt sie als *bewährt,* jedoch niemals als bewiesen oder auch nur als wahrscheinlich.

Das Ziel der Erfahrungswissenschaft besteht darin, *wahre erklärende Theorien* zu entwickeln. Popper war, wie Külpe, *erkenntnistheoretischer Realist:* Wissenschaftliche Erkenntnis belehrt uns darüber, wie die Welt wirklich beschaffen ist. Dies herauszufinden ist ihr Ziel, auch wenn der jeweils aktuelle Erkenntnisstand stets als vorläufig und revidierbar anzusehen ist. Das beste Vorgehen im Hinblick auf dieses Ziel besteht darin, die methodologischen Regeln der Falsifikation zu befolgen. Falsifikationen von anerkannten Theorien haben Galilei, Kepler, Newton und Einstein den Weg zu besseren Theorien aufgezeigt. Falsifikationen sind der Motor des Erkenntnisfortschritts.

Schon Bacon hat auf die wichtige Funktion der »negativen Fälle« hingewiesen. Aber in einem anderen Punkt hat er das Gegenteil von dem gesagt, was Popper lehrte. Bacon war der festen Überzeugung, der Forscher solle in seinen Annahmen niemals zu sehr über die gegebenen experimentellen Beobachtungen hinausgehen. Große theoretische Spekulationen lehnte er ab. Er glaubte, man würde die Naturgesetze durch kleine experimentelle Schritte finden. John Stuart Mill (1806–83) folgte Bacon in diesem Punkt. Er faßte dessen Induktion in exakte Regeln (später die »Millschen Methoden« genannt) und behauptete sogar, daß jedes Kausalgesetz durch eine dieser Regeln entdeckt worden sei. Mills Zeitgenosse William Whewell (1794–1866) vertrat die gegenteilige Auffassung: Die Gewinnung einer Hypothese beruht auf einem *schöpferischen Akt*, der nicht auf strenge Regeln zurückgeführt werden kann. Popper steht in der Denktradition Whewells.[8] Theorien sind nicht durch bestimmte Regeln aus Beobachtungen zu gewinnen. Sie gehen über die Beobachtungen weit hinaus, und darin liegt kein Problem, sofern sie anschließend an der Erfahrung überprüft werden. In diesem Punkt stimmt die Wissenschaftsgeschichte mit Whewell und Popper überein und nicht mit Bacon und Mill. Wissenschaftler wie Kopernikus, Galilei, Newton und Einstein sind zu ihren großen Theorien nicht mit der »Tafelmethode« und nicht durch vorsichtige kleine Schritte von den Beobachtungen aus gelangt. Es handelte sich um kühne Entwürfe, die so weit über die anerkannten Beobachtungen hinausgingen, daß viele Zeitgenossen diese Theorien für absurd hielten.

Als Grundfragen der Wissenschaftsphilosophie haben wir diejenige nach der *Zielsetzung* und *erkenntnistheoretischen Grundlage* der Wissenschaft und diejenige nach der *Methode* aufgeworfen. Im Zusammenhang mit Popper ist ein weiteres Grundproblem von Interesse: Kann die Wissenschaft *gesicherte Erkenntnis* erreichen? Der *Fallibilismus* beantwortet diese Frage negativ. Popper ist nicht der erste Fallibilist. Peirce und James waren Fallibilisten. Für viele berühmte Philosophen war Erkenntnis jedoch nur als absolut gesicherte Erkenntnis denkbar. Dies gilt z. B. für Aristoteles, Descartes und Husserl. Und viele andere sind durch die Einsicht, daß es kein völlig gesichertes Wissen geben kann, zu Skeptikern geworden: Sie gelangten zu der Überzeugung, daß es überhaupt kein Wissen geben kann (außer dem Wissen, daß man nichts weiß). Poppers Wissenschaftsphilosophie ist insbesondere dadurch charakterisiert,

---

[8] Vgl. dazu John Wettersten, The Roots of Critical Rationalism, Amsterdam 1992.

daß sie rationale Erkenntnis der Realität für möglich hält, obwohl das entsprechende Wissen immer hypothetisch bleibt und niemals zur Gewißheit werden kann.

Das Werk »Logik der Forschung« war als Diskussionsbeitrag an den *Wiener Kreis* gerichtet, die wichtigste Schule des *logischen Empirismus.* Die logischen Empiristen hatten das Abgrenzungsproblem in einer verschärften Form gestellt: Sie suchten nach einem *Sinnkriterium,* mit dessen Hilfe sinnvolle Sätze von sinnlosen abgegrenzt werden sollten. Als Hauptbeispiele für sinnvolle Sätze hatten sie die Beobachtungsaussagen und im weiteren alle Sätze der Naturwissenschaften im Auge, als Hauptbeispiele für sinnlose Sätze vor allem Aussagen, wie man sie innerhalb metaphysischer Systeme findet, etwa über den Weltgeist innerhalb der Philosophie Hegels. Das Sinnkriterium lautete: Ein sinnvoller Satz muß anhand von Beobachtungen *verifizierbar* sein. Aber wie kann man die Gesetze der Wissenschaft verifizieren? Da sie allgemeine Sätze sind, stellte sich erneut das *Induktionsproblem.* (Daher schlug Popper dann die Falsifizifierbarkeit statt der Verifizierbarkeit vor, und er hielt es für unnötig, metaphysische Sätze als sinnlos zu erklären, nur die Abgrenzung hielt er für wichtig.)

Rudolf Carnap entwarf ein neues Programm zur Begründung einer *induktiven Logik* (Text 6). Anders als Bacon und Mill sah Carnap die Aufgabe des induktiven Verfahrens nicht mehr darin, Gesetze zu entdecken. »Diese Aufgabe kann nicht durch irgendein mechanisches Verfahren oder durch feste Regeln erfüllt werden; sie wird eher erfüllt durch Intuition, Inspiration und das Glück des Wissenschaftlers. Die Funktion der induktiven Logik beginnt, *nachdem* eine Hypothese zur Prüfung vorgelegt wurde. Ihre Aufgabe ist es, die *Erhärtung* zu messen, die die gegebenen Daten für versuchsweise angenommene Hypothesen bereitstellen« (S. 110 f.).

Der grundlegende Begriff der induktiven Logik ist der Begriff der *Wahrscheinlichkeit.* Hierbei ist es wichtig, *statistische* und *induktive Wahrscheinlichkeit* auseinanderzuhalten. Eine statistische Wahrscheinlichkeit ist eine Eigenschaft eines Systems, wie z. B. eines Würfels. Ähnlich wie dieser ein bestimmtes Gewicht und eine bestimmte Temperatur haben kann, kann er als Eigenschaft die Wahrscheinlichkeit 1 : 6 haben, als Wurfergebnis eine Eins zu zeigen. *Induktive Wahrscheinlichkeit* ist demgegenüber eine *Beziehung* zwischen einer Aussage und bestimmten Daten. »Der behauptete Wahrscheinlichkeitswert bedeutet den Grad, in dem die

Hypothese durch die Daten bestätigt oder gestützt wird« (S. 107). In gewissem Sinne kann man bei induktiven Wahrscheinlichkeitsaussagen auch von Ableitbarkeit sprechen, ähnlich wie in der deduktiven Logik, allerdings geht es um *partielle Ableitbarkeit.* Wenn der Wahrscheinlichkeitswert nahe bei 1 liegt, ist die Hypothese fast aus den Daten ableitbar. Beträgt der Wert nahezu 0, so ist die Hypothese fast unvereinbar mit den Daten. Liegt der Wert knapp über 0,5, so bedeutet dies, daß die Hypothese ein wenig mehr gestützt als nicht gestützt wird.

Wie ergeben sich nun diese Wahrscheinlichkeitswerte? Zu diesem Zweck hat Carnap einen Kalkül aufgebaut, der den bedeutendsten Versuch darstellt, der in dieser Richtung unternommen worden ist. Leider war diesem Projekt aber kein Erfolg beschieden. Sofern es darum geht, wissenschaftlichen Gesetzen eine induktive Wahrscheinlichkeit als Bestätigungsgrad zuzuschreiben, stellen sich Probleme ein, die bis heute nicht zufriedenstellend gelöst werden konnten. Worin diese Schwierigkeiten bestehen, kann hier nur angedeutet werden. Zunächst ergab sich das Problem, daß allgemeine Sätze von der Art eines Naturgesetzes stets die Wahrscheinlichkeit 0 besitzen, so viele Daten auch für sie sprechen. Dies hängt damit zusammen, daß Naturgesetze über potentiell unendlich viele Fälle etwas aussagen, und es ist sozusagen unendlich unwahrscheinlich, daß all dies zutrifft. Durch Weiterentwicklungen von Carnaps Kalkül gelang es, dieses Resultat zu vermeiden, jedoch muß man dabei Voraussetzungen akzeptieren, die, gelinde ausgedrückt, den Verhältnissen in den existierenden Erfahrungswissenschaften sehr wenig entsprechen. Eine induktive Logik setzt eine künstliche Sprache voraus, in der die Hypothesen und die Daten beschrieben werden können. Um für eine Hypothese eine induktive Wahrscheinlichkeit berechnen zu können, muß beispielsweise feststehen, welche Hypothesen zu einer bestimmten Fragestellung überhaupt möglich sind, so ähnlich, wie es feststeht, was die möglichen Ergebnisse des Werfens mit einem Würfel sind. Eine solche Voraussetzung ist für die Erfahrungswissenschaften völlig unrealistisch. Die Wissenschaftssprache ist in dauernder Veränderung, jede neue Theorie verändert diese Sprache. Unter diesen Umständen ist es außerordentlich zweifelhaft, ob es jemals eine induktive Logik im Sinne Carnaps geben kann.[9]

---

[9] Das Projekt, für wissenschaftliche Hypothesen zu Wahrscheinlichkeitswerten zu

Was Wissenschaftler tatsächlich tun

Im Jahre 1962 veröffentlichte Thomas Kuhn ein Buch (Text 7) das die Wissenschaftsphilosophie nachhaltig beeinflußte. Nach Kuhns Auffassung wird das, was in den fortgeschrittenen Erfahrungswissenschaften geschieht, weder durch den logischen Empirismus noch den kritischen Rationalismus zutreffend erfaßt. In diesen Wissenschaften gibt es nach Kuhn längere Phasen, die er als *normale Wissenschaft* bezeichnet. Sie werden durch *wissenschaftliche Revolutionen* unterbrochen, sie führen einen *Paradigmenwechsel* herbei, worauf es dann wieder zu einer Phase normaler Wissenschaft kommt. In der normalen Phase verfügt die Gemeinschaft der Wissenschaftler einer Disziplin über ein gemeinsames *Paradigma*. Paradigmen sind z. B. das Weltbild des Kopernikus, die Mechanik Newtons, die Evolutionstheorie Darwins. Das Paradigma läßt sich nicht reduzieren auf die Gesetze einer Theorie. Sein wichtigster Bestandteil sind die sogenannten *paradigmatischen Anwendungen:* Wissenschaftler lernen, wie man die durch Aussagen oder Formeln ausgedrückten Gesetze anwendet, um bestimmte Probleme zu lösen. Sie erlernen dies anhand bestimmter Musterbeispiele. Das hierbei erworbene Wissen ist großenteils ein implizites Wissen, ein Können, das nicht in Regeln gefaßt ist.

Die Forschungsarbeit der »Normalwissenschaftler« besteht darin, Problemstellungen zu bearbeiten, die der Präzisierung und dem Ausbau des Paradigmas dienen, z. B. die Berechnung der genauen Bahnen der Himmelskörper oder die Bestimmung der Gravitationskonstanten. Das Paradigma wird hierbei grundsätzlich nicht in Frage gestellt, der Normalwissenschaftler ist ihm gegenüber unkritisch. Er muß dies auch sein, denn nur durch die völlige Bindung an das Paradigma kann er sich seiner Detailarbeit widmen. Das Paradigma zwingt die Wissenschaftler, »ein Teilgebiet der Natur mit einer Genauigkeit und bis zu einer Tiefe zu untersuchen, die sonst unvorstellbar wären« (S. 117). Es bestimmt sogar, was Wissenschaftler *wahrnehmen,* wenn sie ihre Beobachtungen anstellen. Im Verlauf längerer Forschungsarbeit kann es aber dennoch zu einer Ansammlung von Ergebnissen kommen, die vor dem Hinter-

---

gelangen, wird heute vor allem von den *Bayesianern* weiterverfolgt. Vgl. dazu C. Howson und P. Urbach, Scientific Reasoning, The Bayesian Approach, La Salle (Ill.) 1989.

grund des Paradigmas rätselhaft erscheinen, sogenannte *Anomalien*. Es ist dann möglich, daß die Wissenschaft in eine Krise kommt, daß jemand ein neues Paradigma vorschlägt und die Wissenschaftsgemeinschaft dieses übernimmt. Dies ist eine *wissenschaftliche Revolution*. Sie läßt sich nicht als eine Falsifikation im Sinne Poppers verstehen. Die Ersetzung eines Paradigmas durch ein anderes ist nicht auf rationale Argumentation zurückführbar. Die Argumentation der Anhänger der verschiedenen Paradigmen ist »zirkulär«, denn »jede Gruppe verwendet ihr eigenes Paradigma zur Verteidigung eben dieses Paradigmas«. Kuhn vergleicht den Paradigmenwechsel mit einer »Wahl zwischen unvereinbaren Lebensweisen der Gemeinschaft« (1967, Kap. 9). Ein neues Paradigma dürfe auch nicht als eine bessere, zutreffendere Beschreibung der Realität verstanden werden. Was jeweils die für die Wissenschaftsgemeinschaft erkennbare Welt ist, hängt nämlich von ihrem Paradigma ab. Nach einem Paradigmenwechsel arbeiten die Wissenschaftler »in einer anderen Welt« (1967, Kap. 10).

In den 60er und 70er Jahren standen die gegensätzlichen Positionen von Popper und Kuhn im Mittelpunkt der wissenschaftsphilosophischen Diskussion. Auf Details können wir hier nicht eingehen. Wenn man sich eine Meinung darüber bilden will, ob Poppers oder Kuhns Auffassung von der Wissenschaft überzeugender ist, muß man sich zunächst klarmachen, daß beide unterschiedliche Arten von Aussagen machen. Der kritische Rationalismus sagt etwas darüber, wie man rationalerweise vorgehen sollte, wenn man bestimmte Erkenntnisziele hat. Er macht also *zweckrationale* Aussagen. Man nennt diese Art Wissenschaftsphilosophie auch *normativ*. Kuhn dagegen spricht in erster Linie darüber, wie Erfahrungswissenschaft tatsächlich vor sich geht. Sein Vorgehen ist *deskriptiv*. Poppers und Kuhns Lehren stehen daher nicht unmittelbar miteinander in Widerspruch. Man kann z. B. den Standpunkt vertreten, daß Wissenschaft großenteils so vor sich geht, wie Kuhn es als Normalwissenschaft beschreibt, daß es aber in manchen Fällen wünschenswert wäre, wenn die Forschungstätigkeit etwas mehr durch die methodologischen Regeln Poppers geleitet würde.

Es sei auch darauf hingewiesen, daß sowohl Popper (und seine Schüler) als auch Kuhn ihre Auffassungen im Verlauf der Jahre entwickelt und verändert haben. Kuhn hat einige seiner Thesen stark abgeschwächt. Popper hat seit den 60er Jahren stets betont, daß Falsifikationen nicht zwingend und endgültig sind, und daß es gute Gründe geben kann, eine Theorie nicht voreilig aufzugeben.

Im Zusammenhang mit Kuhn wollen wir als eine weitere Grundfrage der Wissenschaftsphilosophie festhalten: Was ist eigentlich die Zielsetzung (jetzt nicht der Wissenschaft, sondern) der Wissenschaftsphilosophie? Versucht sie, *Regeln rationalen wissenschaftlichen Vorgehens* zu formulieren *(normative Zielsetzung)*, oder versucht sie, die Tätigkeit in den Wissenschaften zu *beschreiben und historisch zu rekonstruieren (deskriptive Zielsetzung)?* Von Bacon bis in dieses Jahrhundert war der normative Denkansatz vorherrschend. Kuhn leitete diesbezüglich eine große Veränderung ein. Er verhalf dem *wissenschaftssoziologischen* Zugang zum Durchbruch, und seit Kuhn gibt es in der Wissenschaftsphilosophie einige Strömungen, die ganz von der normativen Perspektive abrücken.

Eine dieser Strömungen repräsentiert Ronald Giere (Text 9). Er möchte, wie Kuhn, beschreiben, was Wissenschaftler tun, und er will es außerdem *erklären* – darin geht er über Kuhn hinaus. Kuhn verbleibt weitgehend auf der sozialpsychologischen Beschreibungsebene. Giere fragt nach den kognitiven Strukturen und Prozessen, die Wissenschaftler dazu in die Lage versetzen, ihre Probleme zu lösen. Hierzu zieht er Ergebnisse der *Kognitionswissenschaften* heran. Wissenschaftliches Denken und Problemlösen soll als Spezialfall menschlicher Kognition erklärt werden.

Giere steht zugleich für eine bestimmte wissenschaftsphilosophische Richtung, die Theorien als Gruppen von *Modellen* auffaßt. Es gibt heute mehrere Versionen dieser Auffassung und Bezeichnungen, die jeweils einen bestimmten Aspekt hervorheben: »Non-Statement-View«, »semantische Theoriekonzeption«, »modelltheoretischer Ansatz«. Gemeinsam haben sie, daß eine Theorie nicht als ein Aussagensystem aufgefaßt wird, bei dem alle Aussagen aus einigen wenigen Grundgesetzen (Axiomen) deduktiv ableitbar sind. Giere kommt zu dem Ergebnis, daß sich das tatsächliche Denken von Wissenschaftlern nicht an solchen Gesetzes*aussagen* orientiert, sondern an verschiedenen Arten von *Modellen.* Zentrale Bedeutung kommt dabei den sogenannten *theoretischen Modellen* zu. »Theoretische Modelle sind diejenigen Mittel, mit deren Hilfe Wissenschaftler für sich und für andere die Welt repräsentieren«. Beispiele sind der »lineare Oszillator« und die »Schwerpunktbewegung«. Dies sind von den Forschern erdachte Objekte oder Vorgänge, die in ihrer idealen Form in der Realität nicht vorkommen. Es sind »soziale Konstruktionen«. Typischerweise werden sie nicht als einzelne Modelle konstruiert, sondern als Gruppen von Modellen, zwischen denen Beziehungen bestehen. Modelle überlappen einander, und einige sind Spezialfälle von anderen.

Auch wenn theoretische Modelle in der Realität nicht vorkommen, sind Wissenschaftler doch daran interessiert, sie so zu konstruieren, daß sie realen Systemen bis zu einem gewissen Grad *ähnlich* sind. In der empirischen Forschung werden entsprechende *theoretische Hypothesen* gebildet und überprüft, z. B.: »Das Erde-Mond-System stellt zu einem hohen Approximationsgrad ein Newtonsches Zwei-Körper-Gravitationssystem dar.« Eine wissenschaftliche Theorie schließlich ist nach Giere: »(1) eine Population von Modellen und (2) verschiedene Hypothesen, die diese Modelle zu Systemen der realen Welt in Beziehung setzen« (S. 157).

Giere nimmt ganz davon Abstand, aus philosophischer Perspektive etwas darüber sagen zu wollen, was rationale Wissenschaft ist. Es ist allerdings schwer zu sehen, wie sein deskriptiver und erklärender Ansatz durchführbar sein sollte, ohne Prinzipien der Rationalität zumindest vorauszusetzen. Es ist z. B. bereits eine *Bewertung* (nach irgendwelchen Regeln), wenn Giere zur Erklärung wissenschaftlicher Tätigkeit bestimmte Ergebnisse der Kognitionswissenschaften als geeignet auswählt und anwendet. Jeder deskriptive Ansatz in der Wissenschaftsphilosophie macht von bestimmten Regeln rationaler Erkenntnis Gebrauch, auch wenn diese nicht thematisiert werden.

Haben die Wissenschaften vom Menschen eine Sonderstellung?

Es ist nicht zu übersehen, daß sich die bisherigen Ausführungen stark an den Naturwissenschaften orientieren. Gelten Sie auch für die Humanwissenschaften? Gelten Sie für Wissenschaften, die sich mit menschlichem Denken und Handeln befassen? Der logische Empirismus und der kritische Rationalismus bejahen diese Frage. Sie sprechen auch von einer *Einheit der Erfahrungswissenschaften* und meinen damit eine einheitliche allgemeine Methode. Überall geht es darum, nach *kausalen Erklärungen* zu suchen. Und überall muß man zu diesem Zweck *Gesetze* bzw. *Theorien* heranziehen. Nicht alle Wissenschaften suchen nach Gesetzen. Die Geschichtswissenschaft beispielsweise sucht keine allgemeinen Gesetze. Allerdings muß sie, um einmaliges historisches Geschehen rekonstruieren und erklären zu können, Gesetze aus anderen Wissenschaften heranziehen, etwa aus der Psychologie, der Soziologie und der Ökonomie.

Charles Taylor (Text 8) widerspricht dieser Sichtweise. Unter Bezug auf Dilthey vertritt er die Auffassung, »daß die Wissenschaften vom Menschen eine unvermeidliche ›hermeneutische‹ Komponente enthalten« (S. 129). Hermeneutik ist die Lehre von der Interpretation von Texten. Taylor ist der Auffassung, daß in den Wissenschaften vom Menschen stets eine Art von Problemen zu lösen ist, die denen bei der Interpretation von Texten gleicht. Ein Text besteht aus Ausdrücken mit einer bestimmten *Bedeutung*, und auch ein Verhalten hat eine bestimmte Bedeutung; es kann z. B. Ehrerbietung bedeuten oder Provokation. Ein Ausdruck und auch ein Verhalten haben immer Bedeutung *für ein bestimmtes Subjekt*. Und Bedeutungen existieren nur innerhalb eines *Feldes:* Ein Wort hat seine Bedeutung nur im Rahmen eines Sprachspiels, das ihm seinen Platz im Unterschied zu anderen Wörtern zuweist. Vergleichbares gilt für Verhalten. Wenn Verhalten z. B. Ehrerbietung oder Anmaßung bedeuten soll, so setzt dies ein System sozialer Praktiken voraus, in dem hierarchische Macht- und Befehlsbeziehungen vorgesehen sind.

Bei dem Versuch, menschliches Verhalten zu verstehen, tritt stets ein Problem auf, das im Zusammenhang mit der Textinterpretation als *hermeneutischer Zirkel* bekannt ist: Man versucht, einen ganzen Text zu verstehen und ist hierzu auf die Interpretation von Teilen des Textes angewiesen. Aber die Interpretation eines Teils des Textes ist nicht unabhängig von der Interpretation anderer Teile und letztlich von der Interpretation des Ganzen. Beim Versuch, das Verhalten eines Menschen zu verstehen, tritt ein ähnliches Problem auf. Und überdies hängt die Bedeutung von Verhalten noch von der Bedeutung der Wörter ab, mit denen wir Zwecke, Wünsche und Gefühle charakterisieren.

Für die Wissenschaften vom menschlichen Handeln ergibt sich daraus eine wichtige Folgerung, die keine Entsprechung in den Naturwissenschaften hat: »Die Skala der menschlichen Wünsche, Gefühle, Emotionen und mithin Bedeutungen ist an den jeweiligen Grad und Typ der Kultur gebunden, der wiederum von den durch die Sprache, die die Menschen sprechen, bezeichneten Unterscheidungen und Kategorien untrennbar ist« (S. 143). Weiterhin ist für eine Wissenschaft, die Verhalten interpretiert, ihr Gegenstand »Verhalten« selbst das Ergebnis einer Interpretation durch die Subjekte.

Für Taylor ist dies ein Grund, kausale Erklärungen von menschlichem Handeln als verfehlt anzusehen, da diese ihren Gegenstand wie ein physikalisches Ereignis auffassen, das unabhängig von einer Interpretation schon feststehen würde. Zu dieser Problematik gibt es eine lange Kontroverse. Wilhelm Dilthey (1833–1911) vertrat die Auffassung, daß man das Verhalten eines Menschen nicht wie ein physikalisches Ereignis durch Verweis auf äußere Ursachen *erklären,* sondern nur *verstehen* kann, »von innen heraus«, indem man die Gründe des Handelnden aufzuspüren versucht. Die Vertreter einer Einheit der Erfahrungswissenschaften erwidern: Es ist wohl zutreffend, daß Verhalten Gründe (und in diesem Sinne Bedeutung) hat. Aber dies ist durchaus damit vereinbar, daß eben diese Gründe (Wünsche, Überzeugungen) die *Ursachen* des Verhaltens sind, und insofern ist Verhalten doch kausal erklärbar.

Als ein weiteres Grundproblem der Wissenschaftsphilosophie halten wir damit fest: Gibt es eine *einheitliche Methode* für alle Erfahrungswissenschaften, oder benötigen die Wissenschaften vom Menschen eine grundsätzlich andere Methodologie als die Naturwissenschaften?

Gibt es wertfreie Wissenschaft?

Eine letzte Thematik, die in diesem Band behandelt werden soll, betrifft die Unterscheidung zwischen *Tatsachen* und *Werten* bzw. zwischen Tatsachenaussagen und Werturteilen. Wenn jemand beispielsweise die Überzeugung ausspricht, daß man aus moralischen Gründen in die menschlichen Gene nicht technisch eingreifen sollte, so ist dies ein *Werturteil.* Wenn dagegen die Wissenschaft uns über die Gene belehrt, z. B. darüber, wie sie aufgebaut sind und welche Prozesse durch sie gesteuert werden, so sind dies *Tatsachenfeststellungen.* Sie werden durch *kognitive Aussagen* ausgedrückt, die wahr oder falsch sind, egal ob wir dies erfreulich finden oder nicht – wobei niemals vergessen werden darf, daß solche Aussagen bestätigt und widerlegt, niemals jedoch als mit Sicherheit wahr erwiesen werden können.

Freilich können Werte den Vorgang der Tatsachenfeststellung beeinflussen. Ist dies akzeptabel? Ist es vermeidbar? Max Weber stellte zu dieser Problematik eine bekannte Forderung auf, das Prinzip der *Wertfreiheit der Wissenschaft.* Dieses Prinzip ist seitdem immer wieder kontrovers diskutiert worden, und häufig wurde es mißverstanden, z. B. dahingehend, daß Werte in der Wissenschaft überhaupt keine Rolle spielen dürften. Der kritische Rationalist Hans Albert (Text 10) tritt mit Max Weber für die *Wertfreiheit* der Wissenschaft ein, klärt eine Reihe von Mißverständnissen und weist Einwände gegen dieses Prinzip zurück. Albert stellt zunächst klar, daß die Wissenschaften (1) Wertungen zum (Forschungs-) Gegenstand ihrer Aussagen machen können (z. B. Theorien über soziale Vorurteile) und daß (2) in der Praxis der Wissenschaften Wertungen vorgenommen werden (z. B. Auswahl von Problemen, Akzeptanz oder Verwerfung von Hypothesen). Das eigentliche Werturteilsproblem hat damit aber gar nichts zu tun, sondern betrifft (3) die Aussagen der Wissenschaften über ihre jeweiligen Gegenstände, also die wissenschaftlichen Theorien und Beobachtungsaussagen. Sie sind nach Albert *kognitive Aussagen* und keine Werturteile. Wissenschaft kann lehren, was der Fall ist und daher auch, was (gemäß den wissenschaftlichen Gesetzen) praktisch möglich ist (was man tun *kann),* nicht aber, was man tun *soll.*

Häufig ist dagegen eingewendet worden, daß Wissenschaften auch wertende Aussagen enthalten müßten, wenn sie etwas zur Lösung praktischer (z. B. ökonomischer) Probleme beitragen wollten. Albert diskutiert dies und legt dar, daß zum Zweck praktischer Anwendung wissenschaftliche Theorien in *technologische Aussagensysteme* umgewandelt werden müssen. »Diese Umformung ist aber eine rein deduktive Operation, die keine zusätzlichen Prämissen – also auch keine Wertprämissen – erforderlich macht« (S. 175). »Solche Systeme beantworten also nicht die Frage: Was *soll* man tun? sondern nur die Frage: Was *kann* man tun? Ihre praktische Bedeutung liegt in den in ihnen enthaltenen Informationen über Handlungs- und Wirkungsmöglichkeiten« (S. 175). Erst wenn man technologische Aussagensysteme »zur Grundlage praktischen Verhaltens macht, dann müssen Entscheidungen getroffen werden, die Bewertungen voraussetzen, und zwar Entscheidungen über Zielsetzungen *und* über die Verwendung von Mitteln« (S. 175).

Wir beschließen diese Einleitung, indem wir in unsere Liste von Grundfragen der Wissenschaftsphilosophie noch die *Wertfreiheitsproblematik* aufnehmen: Vermag Erfahrungswissenschaft über ihren jeweiligen Gegenstandsbereich nur zu lehren, was der Fall ist und durch *kognitive Aussagen* dargestellt wird, oder kann (und soll) sie auch lehren, was der Fall sein sollte und durch wertende Aussagen beschrieben wird?

Text 1

Francis Bacon

Francis Bacon, *22.1.1561 (London), studierte bereits mit zwölf Jahren in Cambridge, übte mit 18 den Beruf eines Rechtsanwalts aus, wurde 1602 zum Ritter geschlagen. 1618 Lordkanzler und Baron von Verulam; geriet in politische Machtkämpfe, die 1621 zu einer Verurteilung wegen Bestechlichkeit und Entlassung aus dem Staatsdienst führten. †9.4.1626. – Bacon gilt als einer der Väter der Idee der Erfahrungswissenschaft. Er hielt die Spätscholastik für unfruchtbar und Aristoteles' deduktives Schlußverfahren für unzureichend, da es keine neuen Erkenntnisse erzeuge. Aristoteles' »Organon« hielt er sein »Novum Organon« entgegen, worin die induktive Methode dargelegt wird. Sie umfaßt unter anderem das Verfahren, das heute als »kontrolliertes Experiment« bekannt ist. Einflußreich waren weiterhin Bacons Idee der Reinigung des Geistes von den »Idolen«. Durch vorurteilsfreies Beobachten der Phänomene im Experiment und durch Ausschließen der falschen Hypothesen gelangt die Wissenschaft zur Erkenntnis der Naturgesetze. Wissen dient der Beherrschung der Natur zum Wohle der Menschen. Bacons Ideen waren lange Zeit sehr einflußreich und sind es zum Teil bis heute. Die Anhänger Newtons beriefen sich stets auf ihn.
Werke: Novum organon scientiarum (1620); De dignitate et augmentis scientiarum (1623).

Aphorismen über die Interpretation der Natur und die Herrschaft des Menschen (1620)

(Erstes Buch)

1. Der Mensch, Diener und Erklärer der Natur, schafft und begreift nur so viel, als er von der Ordnung der Natur durch die Sache oder den Geist beobachten kann; mehr weiß oder vermag er nicht.

2. Weder die bloße Hand noch der sich selbst überlassene Verstand vermögen Nennenswertes; durch unterstützende Werkzeuge wird die Sache vollendet; man bedarf ihrer nicht weniger für den Verstand als für die Hand. Und so, wie die Werkzeuge die Bewe-

gung der Hand wecken oder lenken, so stützen und schützen in gleicher Weise die Werkzeuge des Geistes die Einsicht.

3. Wissen und menschliches Können ergänzen sich insofern, als ja Unkenntnis der Ursache die Wirkung verfehlen läßt. Die Natur nämlich läßt sich nur durch Gehorsam bändigen; was bei der Betrachtung als Ursache erfaßt ist, dient bei der Ausführung als Regel.

4. Hinsichtlich seiner Werke vermag der Mensch nichts anderes, als daß er die von der Natur gegebenen Körper einander näherbringt oder sie voneinander entfernt; das übrige vollendet die Natur von innen her.

5. Es pflegen sich in die Natur (um Werke zu bilden) der Mechaniker, Mathematiker, Arzt, Alchimist und Magier einzumischen; aber alle (wie die Ergebnisse jetzt stehen) mit unzulänglichem Ansatz, mit geringem Erfolg.

6. Unvernünftig und in sich widerspruchsvoll wäre es zu meinen, was bisher nie erreicht worden ist, könne erreicht werden, wenn nicht bisher noch niemals versuchte Methoden angewandt werden.

7. Die Erzeugnisse des Geistes und der Hand scheinen nach den Büchern und Werkstücken sehr zahlreich zu sein, aber all diese Vielfalt beruht nur auf außerordentlichem Scharfsinn und auf Ableitungen aus wenigen uns bekannten Dingen; nicht aber auf einer Anzahl von Grundsätzen.

8. Auch die Werke, welche bereits erfunden sind, verdanken wir mehr dem Zufall und der Erfahrung als den Wissenschaften; denn die gegenwärtigen Wissenschaften sind nichts anderes als eine gewisse Zusammenfassung früher entdeckter Dinge; sie sind nicht Grundlagen zur Forschung, noch Wegweiser zu neuen Werken.

9. Die Ursache aber und damit die Wurzel fast aller Übel in den Wissenschaften ist diese allein: Während wir die Kräfte des menschlichen Geistes fälschlich bewundern und einseitig preisen, untersuchen wir seine wahren Hilfskräfte nicht.

10. Die Feinheit der Natur übertrifft die der Sinne und des Verstandes um ein Vielfaches; jene schönen Erwägungen, Spekulationen und Begründungen der Menschen sind deshalb ungesunde Fundamente; niemand ist leider da, der das bemerkt.

11. So, wie die gegenwärtigen Wissenschaften für die Erfindungen von wirklichen Werken nutzlos sind, so ist auch die jetzige Logik nutzlos für die Entdeckung wahrer Wissenschaft.

12. Die in Gebrauch befindliche Logik dient mehr dazu, die Irrtümer (welche auf den alltäglichen Begriffen fußen) zu verankern und zu festigen, als die Wahrheit zu erforschen; so wirkt sie mehr schädlich als nützlich.

13. Der Syllogismus wird auf die Grundlagen der Wissenschaft nicht, auf die formulierten Lehrsätze vergeblich angewandt, da er der Feinheit der Natur nicht annähernd gleichkommt; daher erpreßt er Zustimmung, zwingt aber nicht die Sache selbst.

14. Der Syllogismus besteht aus Sätzen, Sätze aus Worten, Worte sind Zeichen der Begriffe. Sind daher die Begriffe selbst (die Grundlage der Sache) verworren und leichtfertig den Dingen abgezogen, so hat das darauf Errichtete keinerlei Festigkeit. Daher stützt sich die Hoffnung allein auf eine wahre Induktion.

15. In den Begriffen, den logischen wie den physikalischen, steckt nichts Gesundes; Substanz, Qualität, Handeln, Leiden, ja selbst das Sein sind keine genauen Begriffe; erst recht nicht das Schwere, Leichte, Dichte, Dünne, Flüssige, Trockene, das Erzeugen, die Vernichtung, das Anziehen, das Abstoßen, das Element, die Materie, die Form und dergleichen; sie sind alle phantastisch und schlecht bestimmt.

16. Die Begriffe der untersten Arten wie Mensch, Hund, Taube und die der unmittelbaren Sinneswahrnehmung wie warm und kalt, schwarz und weiß täuschen nicht sehr; dennoch werden auch sie durch die stetige Bewegung der Materie und durch die Vermischung der Dinge zuweilen verworren; alle übrigen (deren sich die Menschen bis jetzt bedient haben) sind Abirrungen und nicht in der nötigen Weise von den Dingen abstrahiert und errichtet worden.

17. Die Willkür und der Irrtum sind bei der Aufstellung der Sätze auch nicht geringer als bei der Bildung der Begriffe und bei den Prinzipien selbst, welche von der gewöhnlichen Induktion abhängen. Aber noch weit größer sind sie bei den Sätzen und niederen Aussprüchen, welche durch Syllogismen gewonnen worden sind.

18. Das bis jetzt in den Wissenschaften Entdeckte ist so, daß es nahezu in den gewöhnlichen Begriffen enthalten ist. Um aber in das Innere und Unbekannte der Natur einzudringen, müssen Begriffe und Sätze durch ein klareres und begründetes Verfahren von den Dingen her gewonnen werden; überhaupt muß eine bessere und genauere Mithilfe des Verstandes zur Regel werden.

19. Zwei Wege zur Erforschung und Entdeckung der Wahrheit sind vorhanden und gangbar. Der eine führt von den Sinnen und dem Einzelnen zu den allgemeinsten Sätzen, und aus diesen obersten Sätzen und ihrer unerschütterlichen Wahrheit bestimmt und erschließt er die mittleren Sätze. Dieser Weg ist jetzt gebräuchlich. Auf dem anderen ermittelt man von den Sinnen und vom Einzelnen ausgehend die Sätze, indem man stetig und stufenweise aufsteigt, so daß man erst auf dem Gipfel zu den allgemeinsten Sätzen gelangt; dieser Weg ist der wahre, aber so gut wie nicht begangene.

20. Jenen ersten Weg betritt der sich selbst überlassene Geist, er geht ihn nach Maßgabe der Dialektik; denn der Geist strebt zu dem Allgemeinsten empor, um da auszuruhen; und nach kurzer Weile wird er der Erfahrung überdrüssig. Aber dieses Übel ist schließlich von der Dialektik verstärkt worden, um die Disputationen mit unwiderstehlicher Glorie zu umgeben.

21. Der sich selbst überlassene Geist versucht bei einem nüchternen und abgewogenen und ernsten Charakter (besonders, falls er von den überlieferten Lehrmeinungen nicht gehemmt wird) oft jenen zweiten Weg, welcher der rechte, aber mühevollere ist. Denn der Verstand ist, sofern er nicht geleitet und unterstützt wird, ein unausgeglichenes Ding und unfähig, in die Dunkelheit der Dinge Licht zu bringen.

22. Beide Wege beginnen mit den Sinnen und dem Einzelnen und enden bei dem Allgemeinsten; aber sie weichen unermeßlich voneinander ab; auf dem einen streift man nur flüchtig die Erfahrung und die Einzeldinge; auf dem anderen verweilt man richtig und ordnungsgemäß bei ihnen. Auf dem einen wiederum stellt man bereits am Anfang abstrakte und nutzlose Verallgemeinerungen auf, während der andere stufenweise zu denen emporsteigt, die der Natur in Wahrheit gemäßer sind.

23. Ein großer Unterschied liegt zwischen den *Idolen* des menschlichen Geistes und den Ideen des göttlichen Geistes, d. h. zwischen gewissen leeren Bestimmungen und den wahren Kennzeichen und Merkmalen, wie sie an den Schöpfungswerken in der Natur aufgefunden werden.

24. In keiner Weise vermögen die Sätze, welche aus Beweisen abgeleitet worden sind, etwa für die Entdeckung neuer Werke zu dienen; denn die Feinheit der Natur überragt weit die Schärfe einer Beweisführung. Aber Sätze, die richtig und ordnungsgemäß vom Einzelnen abstrahiert worden sind, zeigen und verweisen

leicht auf neues Einzelnes. So machen sie die Wissenschaft schöpferisch.

25. Die gebräuchlichen Sätze haben sich aus einer flüchtigen und auf der Hand liegenden Erfahrung und wenigem alltäglichen Einzelnem ergeben. Sie sind so ziemlich nach deren Maß gebildet und bemessen. So kann es nicht wundern, wenn sie zu neuem Einzelnen nicht führen. Wenn daher zufällig ein vorher nicht beachteter oder erkannter Fall erscheint, so wird der Bestand des alten Satzes durch irgendeine unwesentliche Unterscheidung zu retten gesucht, wo eine Berichtigung desselben wahrhaftiger wäre.

26. Die Auffassung, deren man sich gewöhnlich bezüglich der Natur bedient, pflege ich zur Unterscheidung die Antizipation der Natur zu nennen (da es ein unbesonnenes und voreiliges Verfahren ist); jenen Weg aber, der in gebührender Weise von den Dingen her bestimmt wird, die Interpretation der Natur.

27. Die Antizipationen sind genügend stark, um Einstimmigkeit zu erzielen; da ja, selbst wenn die Menschen in gleicher Weise und einmütig sich wie toll gebärdeten, sie dabei recht wohl untereinander übereinstimmen könnten.

28. Sind doch fürwahr die Antizipationen hinsichtlich der Gewinnung der Zustimmung weit wirksamer als die Interpretationen. Da sie ja aus Wenigem entnommen sind und aus dem, was im Alltag am meisten vorkommt, fesseln sie sogleich den Verstand und füllen die Phantasie aus. Hingegen können die Interpretationen, welche aus recht verschiedenen und weit zerstreut liegenden Fällen gesammelt worden sind, den Verstand nicht plötzlich für sich einnehmen; so daß sie, im Verhältnis zu den gängigen Meinungen, hart und ungewohnt, fast wie Mysterien der Religion erscheinen müssen.

29. Für Lehren, welche sich auf vorgefaßte Meinungen und Ansichten stützen, ist der Gebrauch der Antizipationen und der Dialektik gut, denn hier kommt es darauf an, die Zustimmung zu erzwingen, nicht aber die Dinge zu meistern.

30. Selbst wenn die Geistesgrößen aller Zeiten sich vereinigten und ihr Schaffen verglichen und übermittelten, ließe sich durch Antizipationen kein großer Fortschritt in den Wissenschaften erzielen; weil die an der Wurzel liegenden Irrtümer bereits beim Beginn der geistigen Arbeit da sind und durch die Vortrefflichkeit der späteren Arbeiten und Heilmittel nicht wieder wettgemacht werden können.

31. Vergeblich könnte man in den Wissenschaften einen großen Zuwachs erwarten, wollte man auf die alten Grundlagen das Neue aufsetzen und ihnen aufpfropfen; die Erneuerung hat vielmehr von den Grundlagen her zu erfolgen, wenn man sich nicht fortwährend bei kümmerlichem und fast unbedeutendem Fortschritt im Kreise herumdrehen will.

32. Den alten Schriftstellern gebührt ihre Ehre, und zwar allen ohne Unterschied; denn ich stelle ja hier keinen Vergleich zwischen den Geistesgrößen oder den Talenten an, sondern zwischen den Wegen, und ich übernehme nicht die Rolle eines Richters, sondern die eines Wegweisers.

33. Durch Antizipation kann weder über meinen Weg noch über das auf diesem Entdeckte ein richtiges Urteil gefällt werden; denn man kann nicht fordern, daß meine Sache den Spruch des Richters annehme, welche selbst vor Gericht gezogen wird.

34. Das, was ich vorbringe, ist weder leicht zu übermitteln, noch zu erklären; da ja das in sich Neue immer wieder nach der Art des Alten verstanden wird.

35. Borgia sagt vom Feldzug der Franzosen nach Italien, sie wären mit Kreide in den Händen gekommen, um ihre Lagerplätze zu bezeichnen, nicht mit Waffen, um Gewalt zu verüben. Gleicherweise soll auch meine Lehre in die für sie bereiten und fähigen Geister Eingang finden; denn Einwände können da nicht gemacht werden, wo man über die Prinzipien und über die Begriffe selbst wie auch über die Formen der Beweisführung nicht übereinkommt.

36. So bleibt uns nur die eine und einfache Weise des Weitergebens der Erkenntnis, daß wir die Menschen zu den Einzeldingen selbst und zu ihren Folgen und Ordnungen hinführen, und daß diese Menschen Verlangen tragen, sich einstweilen der Begriffe zu entledigen und anzufangen, mit den Dingen selbst vertraut zu werden.

37. Das Verfahren derer, welche verneinten, daß Gewißheit erlangt werden kann, und mein Weg stimmen im Beginn gewissermaßen überein; am Ende aber unterscheiden sie sich über alle Maßen uns sind entgegengesetzt. Jene nämlich behaupten schlechthin, man könne nichts wissen; ich behaupte, daß man auf dem jetzt gebräuchlichen Wege in der Natur nicht viel wissen kann. Folglich zerstören jene die Autorität der Sinneswahrnehmung und des Verstandes; ich aber ersinne diesen Hilfe und will ihnen damit dienen.

38. Die Idole und falschen Begriffe, welche vom menschlichen Verstand schon Besitz ergriffen haben und tief in ihm wurzeln, halten den Geist der Menschen nicht nur in der Weise in Beschlag, daß der Wahrheit nur mit Mühe ein Zugang offensteht; sondern auch dort, wo der Zugang gegeben und bewilligt worden ist, werden jene selbst bei der Erneuerung der Wissenschaften wiederum auftauchen als eine rechte Last, wenn die Menschen nicht, vor ihnen gewarnt, sich gegen sie nach Möglichkeit schützen.

39. Vier Arten von solchen Idolen halten den menschlichen Geist gefangen. Ich habe sie der besseren Darstellung wegen mit Namen versehen; die erste Art soll als Idol des Stammes bezeichnet werden; die zweite als Idol der Höhle; die dritte als Idol des Marktes; die vierte als Idol des Theaters.

40. Die Aufstellung der Begriffe und Sätze durch wahre Induktion ist gewiß das geeignete Heilmittel, die Idole abzuhalten und zu eliminieren; aber auch ihre Kennzeichnung ist von großem Nutzen. Denn die Lehre der Idole verhält sich ähnlich zu der Deutung der Natur wie die Lehre sophistischer Künste zu der altbekannten Dialektik.

41. Die Idole des Stammes sind in der menschlichen Natur selbst, im Stamme selbst oder in der Gattung der Menschen begründet. Es ist nämlich ein Irrtum zu behaupten, der menschliche Sinn sei das Maß der Dinge; ja, das Gegenteil ist der Fall; alle Wahrnehmungen der Sinne wie des Geistes geschehen nach dem Maß der Natur des Menschen, nicht nach dem des Universums. Der menschliche Verstand gleicht ja einem Spiegel, der die strahlenden Dinge nicht aus ebener Fläche zurückwirft, sondern seine Natur mit der der Dinge vermischt, sie entstellt und schändet.

42. Die Idole der Höhle sind die Idole des einzelnen Menschen. Denn ein jeder hat (neben den Abirrungen der menschlichen Natur im allgemeinen) eine Höhle oder eine gewisse nur ihm eigene Grotte, welche das Licht der Natur bricht und verdirbt; teils infolge der eigenen und besonderen Natur eines jeden; teils infolge der Erziehung und des Verkehrs mit anderen; teils infolge der Bücher, die ein jeder mit Vorliebe liest, und der Autoritäten, denen er Verehrung und Bewunderung zollt; teils infolge der Unterschiedlichkeit der Eindrücke, wie sie einer voreingenommenen und vorurteilsvollen Sinnesart oder aber einer gleichmütigen und gesetzten Stimmung entsprechen und dergleichen mehr. Daher ist offenbar der menschliche Geist in seiner Verfassung bei den verschiedenen Individuen

ein veränderliches, unberechenbares Ding. Deshalb sagt Heraklit treffend: »In ihren kleineren Welten und nicht in der größeren und gemeinsamen Welt mühen sich die Menschen um die Wissenschaften«.

43. Es gibt auch Idole infolge des engen Beieinanderseins und der Gemeinschaft des menschlichen Geschlechtes; diese nenne ich wegen des Verkehrs und der Gemeinschaft der Menschen Idole des Marktes. Die Menschen gesellen sich nämlich mittels der Sprache zueinander; aber die Worte werden den Dingen nach der Auffassung der Menge beigeordnet. Daher knebelt die schlechte und törichte Zuordnung der Worte den Geist auf merkwürdige Art und Weise. Auch die Definitionen oder Bezeichnungen, mit denen sich die Gelehrten in einigen Punkten zu schützen und zu verteidigen pflegen, bessern die Sachlage keineswegs. Sondern die Worte tun dem Verstand offensichtlich Gewalt an und verwirren alles. Sie verführen die Menschen zu leeren und zahllosen Streitigkeiten und Erdichtungen.

44. Es gibt endlich Idole, welche in den Geist der Menschen aus den verschiedenen dogmatischen Behauptungen philosophischer Lehrmeinungen wie auch aus den verkehrten Gesetzen der Beweisführung eingedrungen sind; diese nenne ich die Idole des Theaters; denn so viele Philosophien angenommen oder erfunden worden sind, so viele Fabeln sind nach meiner Auffassung damit geschaffen und für wahr unterstellt worden, welche die Welt als unwirklich und erdichtet haben erscheinen lassen. Indes spreche ich nicht bloß über die schon vorhandenen oder die alten philosophischen Lehrmeinungen und Sekten; da man eine Unzahl anderer Fabeln dieser Art erdichten und ersinnen kann; denn auch bei gänzlicher Verschiedenheit der Irrtümer sind trotzdem die Ursachen fast gleich. Und ich beziehe dies wiederum nicht bloß auf die allgemeinen philosophischen Systeme, sondern auch auf die Prinzipien und auf eine große Anzahl von Lehrsätzen der Wissenschaften, welche durch Tradition, Leichtgläubigkeit und Nachlässigkeit Geltung erlangt haben.

Indes ist über diese einzelnen Arten von Idolen noch ausführlicher und genauer zu sprechen, damit der menschliche Verstand vor ihnen auf der Hut sei.

45. Der menschliche Geist setzt vermöge seiner Natur leichthin in den Dingen eine größere Ordnung und Gleichförmigkeit voraus, als er darin findet; und obgleich vieles in der Natur einzeln und

voller Ungleichheit ist, so fügt der Verstand dennoch Gleichlaufendes, Übereinstimmendes und Bezügliches hinzu, was es in Wirklichkeit nicht gibt. Daher jene Erdichtungen, daß sich alle Himmelskörper in vollkommenen Kreisen bewegen, nachdem man alle Spiralen und Drachenlinien bis auf den Namen völlig verworfen hat. Daher ist das Element Feuer mit seinem Bereich eingeführt worden, um zusammen mit den drei übrigen Elementen eine Vierzahl zustande zu bringen für alles, was den Sinnen unterliegt. Auch den sogenannten Elementen wird nach Belieben ein zehnfaches gegenseitiges Verhältnis fortschreitender Dichte zugeordnet; und was dergleichen Träumereien mehr sind. Und diese Torheit waltet nicht nur in den dogmatischen Lehrsätzen, sondern auch in den einfachen Begriffen.

46. Der menschliche Verstand zieht in das, was einmal sein Wohlgefallen erregt hat – sei es, weil es so überliefert und geglaubt worden ist, sei es, weil es anziehend ist –, auch alles andere mit hinein, damit es jenes bestätige und mit ihm übereinstimme. Und wenn auch die Bedeutung und Anzahl der entgegengesetzten Fälle größer ist, so beachtet er sie nicht, oder verachtet sie, schafft sie durch Haarspalterei beiseite und verwirft sie, nicht ohne schwerwiegendes und verderbliches Vorurteil, nur damit dadurch das Ansehen jener alten fehlerhaften Beziehung unangetastet bleibe. Daher entgegnete mit Recht jener, dem man einst im Tempel die Tafeln derer zeigte, die für ihre Errettung aus dem Schiffbruch ihr Gelübde erfüllt hatten, und dem man mit der Frage zusetzte, ob er denn nun das Walten der Götter anerkenne: »Wo sind denn jene aufgeschrieben, die trotz ihrer feierlich abgelegten Gelübte ertrunken sind?« In gleicher Weise verhält es sich etwa mit allem Aberglauben wie in der Astrologie, bei den Träumen, den Vorzeichen, den göttlichen Strafgerichten und dergleichen mehr. An Torheiten solcher Art haben die Menschen ihre Freude und schwören darauf, wo es eingetroffen ist; wo es aber fehlgeht, mag es auch weit öfter geschehen, wird es übersehen und übergangen. Aber in weit feinerer Weise kriecht dieses Übel in der Philosophie und den Wissenschaften umher; in ihnen steckt das, was einmal das Wohlgefallen errungen hat, das übrige an, mag dies auch weit gewisser und gewichtiger sein, und unterwirft es sich. Selbst wenn dabei jene erwähnte Vorliebe und Torheit nicht vorhanden ist, bleibt dennoch dem menschlichen Geist jener eigentümliche und zähe Irrtum, stets mehr vom Bejahenden als vom Verneinenden bewegt und angeregt

zu werden; während er doch nach Recht und Ordnung zu beiden sich in gleicher Weise verhalten sollte; ja, bei der Aufstellung eines wahren Satzes ist sogar die Kraft des verneinenden Falles die stärkere von beiden.

47. Der menschliche Verstand wird von dem, was den Geist mit einem Male und plötzlich aufpeitscht und erschüttert, am meisten bewegt; damit pflegt sich die Phantasie zu erfüllen und zu nähren. Alles übrige aber, so wird es erdichtet und unterstellt, hat sich auf eine gewisse, wenngleich unbegreifliche Weise ebenso zu verhalten, wie es das wenige tut, das den Geist versklavt. Aber zu jenen entfernten und ungleichartigen Fällen überzugehen, die ja erst die Feuerprobe für Lehrsätze sind, ist der Geist im allgemeinen zu schwerfällig und unfähig, wenn ihm dies nicht durch harte Gesetze und durch ein unbeugsames Machtwort aufgetragen wird.

48. Der menschliche Verstand ist ständig im Gleiten, er vermag nicht stille zu stehen oder zu ruhen, sondern er strebt vorwärts; aber vergeblich. Daher ist es undenkbar, daß es etwas Letztes und Äußerstes in der Welt gibt, sondern immer ist man notwendigerweise gezwungen anzunehmen, daß es noch etwas darüber hinaus gibt. Auch kann man ebenso nicht denken, wie die Ewigkeit bis auf diesen heutigen Tag verflossen sein mag; da jene Unterscheidung zwischen einem Unendlichen als Vergangenem und als Künftigem, die gewohnterweise hingenommen wird, in keiner Weise Geltung beanspruchen kann; denn daraus würde folgen, daß ein Unendliches größer wäre als das andere, und daß das Unendliche sich aufzehrt und dem Endlichen nähern würde. Ähnlich rührt die Überspitzung von der unendlichen Teilbarkeit der Linien von der Ratlosigkeit des Denkens her.

Aber weit verderblicher wirkt sich dieses Unvermögen des Geistes bei der Erforschung der Ursachen aus: Denn da das Allgemeinste in der Natur positiv sein muß, wie es auch gefunden wird, kann es in keiner Weise Verursachtes sein, dennoch strebt der rastlos strebende menschliche Verstand nach immer noch Höherem. Während er aber so Nach Entfernterem strebt, fällt er ins Nächstliegende zurück, nämlich in die Endursachen, welche offensichtlich aber der Natur des Menschen, nicht aber der des Universums angehören. Aus dieser Quelle hat man die Philosophie auf eigenartige Weise verdorben. Es ist aber das Zeichen eines unerfahrenen und leichtfertigen Philosophen, nach einer Ursache für die allgemeinsten Sachverhalte zu verlangen, für das Untergeordnete und Niedrige aber eine Ursache nicht zu suchen.

49. Der menschliche Verstand ist kein reines Licht, sondern er erleidet einen Einfluß vom Willen und von den Gefühlen; dieses erzeugt jene »Wissenschaft, für das was man will«. Was nämlich der Mensch lieber für das Wahre hält, das glaubt er eher. Daher verwirft er das Schwierige, weil ihm die Geduld zur Untersuchung fehlt, das Nüchterne, weil es die Hoffnung einschränkt, das Höhere in der Natur aus Aberglauben, das Licht der Erfahrung aus Anmaßung und Hochmut, um nicht den Anschein zu erwecken, daß der Geist sich mit solch Billigem und Vergänglichem abgebe, das Ungewöhnliche wegen der Meinung der Menge. Schließlich durchdringt das Gefühl den Verstand auf unzähligen und bisweilen kaum bemerkbaren Wegen und steckt ihn an.

50. Aber das bei weitem größte Hindernis und der Anstoß zu Irrungen erwächst dem menschlichen Geist aus der beschränkten Unzulänglichkeit und den Fallstricken der Sinne; daher überwiegt das, was den Sinn beeindruckt, dasjenige, was den Sinn nicht unmittelbar erregt, mag es auch das Wesentlichere sein. Daher hört die Betrachtung fast mit dem Anblick auf; dementsprechend gibt es von den unsichtbaren Dingen eine nur geringe oder gar keine Beobachtung. Daher bleibt dem Menschen alle Wirksamkeit der in den fühlbaren Körpern eingeschlossenen Geister verborgen und unerkannt. Auch bleibt alle feinere Umgestaltung in den Teilen der größeren Dinge verborgen, die man gewöhnlicherweise Veränderung nennt, obschon es in Wahrheit eine äußerst kleine Bewegung ist. Wenn aber dies beides, wovon ich sprach, nicht erforscht und ans Licht gebracht worden ist, kann in der Natur bezüglich der Werke nichts Großes erreicht werden. Gleicherweise ist selbst das Wesen der gewöhnlichen Luft und aller Körper, welche die Luft an Feinheit übertreffen, deren es eine recht große Anzahl gibt, fast unbekannt. Denn die Sinne für sich allein sind ein gar schwaches und irrtumgebundenes Ding. Auch vermögen Werkzeuge zur Erweiterung und Schärfung der Sinne nicht viel; sondern alle richtigere Interpretation der Natur kommt durch Einzelfälle und geeignete durchführbare Experimente zustande; wo der Sinn nur über das Experiment, das Experiment über die Natur und die Sache selbst entscheidet.

51. Der menschliche Verstand drängt kraft seiner eigenen Natur zum Abstrakten, und das Fließende hält er für Beharrung. Es ist

aber besser, die Natur zu zerschneiden, als von ihr Abstraktionen zu bilden. Das erstere hat die Schule des Demokrit getan, welche tiefer in die Natur eindrang als die übrigen. Die Materie selbst muß betrachtet werden, ihre Struktur und Neugestaltung und auch die reine Tätigkeit und die ihr zugrunde liegende Gesetzmäßigkeit; denn die Formen sind Erdichtungen der menschlichen Seele, es sei denn, man nennt jene Gesetze der Tätigkeit Formen.

52. Dergestalt sind daher die Idole, die ich Idole des Stammes nenne; ihren Ursprung nehmen sie entweder aus der Gleichheit der Substanz des menschlichen Geistet; aus seiner Voreingenommenheit, aus seiner Beschränktheit, aus seiner ruhelosen Bewegung, aus dem Einfluß der Gefühle, aus der Unzulänglichkeit der Sinne, oder aus der Art des Eindruckes.

53. Die Idole der Höhle haben ihren Ursprung in der seelischen und körperlichen Eigenart eines jeden, aber auch in der Erziehung, der Gewohnheit und in Zufälligem. Wenn auch die Fälle dieser Art mannigfaltig und zahllos sind, so werde ich dennoch nur jene vorlegen, vor denen man sich am meisten hüten muß, und welche am meisten dazu beitragen, die Erkenntnis in ihrer Reinheit zu stören.

54. Die Menschen lieben einzelne Wissenschaften und Betrachtungen besonders, entweder weil sie sich für ihre Urheber und Erfinder halten, oder weil sie sich recht viel darum gemüht und sich daran gewöhnt haben. Wenn sich nun diese Menschen der Philosophie und der allgemeinen Betrachtungen hingeben, dann verdrehen und verderben sie diese aus ihren früheren Phantasiegebilden heraus. Dies ist ganz klar bei Aristoteles, der seine Naturphilosophie völlig seiner Logik auslieferte und sie so fast unbrauchbar und streitsüchtig machte. Die Zunft der Chemiker erbaut aus wenigen Versuchen am Ofen eine phantastische und nur auf weniges sich erstreckende Philosophie. Ja selbst Gilbert fügte, nachdem er den Magnetismus mit außerordentlichem Fleiß beobachtet hatte, sogleich eine Philosophie zusammen, die ganz dem für ihn wichtigsten Gegenstand entsprechend ist.

55. Der größte und sozusagen wurzelhafte Unterschied zwischen den Geistern bezüglich der Philosophie und der Wissenschaften ist folgender: Die einen zeigen sich stärker und talentierter in der Betrachtung der Unterschiede zwischen den Dingen, die anderen in der Betrachtung der Ähnlichkeiten unter ihnen. Beharrliche und scharfsinnige Geister nämlich können ihre Betrachtungen fest-

legen und bei den feinsten Unterschieden verweilen und verharren. Erhabene und schlußfolgernde Geister aber erkennen auch die feinsten und allgemeinsten Ähnlichkeiten unter den Dingen und stellen sie zusammen. Beide Arten der Geister aber fallen leicht ins Extrem, indem sie nach graduellen Unterschieden der Dinge, freilich oft auch nach Schatten greifen.

56. Es finden sich ferner Geister, die in der Bewunderung des Altertums, andere, die in der Liebe und Zuneigung zum Neuen aufgehen; nur wenige in der Tat haben ein Temperament, daß sie maßhalten können, ohne entweder das von den Alten recht Erarbeitete zu bestreiten, noch das von den Neueren richtig Vorgelegte gering zu schätzen. Denn das schadet den Wissenschaften und der Philosophie sehr, ist es ja weit mehr ein Studium des Altertums und der Gegenwart als ein Urteil darüber. Die Wahrheit aber ist nicht vom launischen Glück irgendeiner Zeit abhängig, sondern sie ist nur vom Lichte der Natur und der Erfahrung, welches ewig ist, zu erlangen. Daher ist von solchem Eifer Abstand zu nehmen, und es ist Sorge zu tragen, daß nicht der Geist von ihnen zur Beistimmung hingerissen wird.

57. Betrachtungen von Natur und Körpern in ihrer einfachen Form hemmen und schwächen den Verstand; Betrachtungen aber von Natur und Körpern in ihrem Zusammenklang und ihrem Zueinander betäuben und verblüffen den Geist. Dies zeigt sich recht gut in der Schule des Leukipp und Demokrit im Vergleich mit den übrigen Philosophien. Jene beschäftigt sich nämlich dergestalt mit den Einzelheiten der Dinge, daß sie die allgemeinen Wirksamkeiten fast unbeachtet läßt; die übrigen dagegen erblicken mit solcher Verwunderung das gemeinsame Zueinander, daß sie zur Einfachheit der Natur nicht vordringen. Daher dürfen jene beiden Betrachtungsarten einander nicht ausschließen; dergestalt wird der Geist zugleich scharfsichtig und allumfassend, und die vorher erwähnten Nachteile und die Idole, die daraus folgen, werden vermieden.

58. Solcher Art ist die gebotene Klugheit, um den Idolen der Höhle zu wehren und sie zu entfernen; diese entstehen entweder aus Vorurteil oder aus der Übertreibung beim Vergleichen und Unterscheiden, oder aus einer Vorliebe für bestimmte Zeitepochen, oder aus der Größe und Feinheit der Gegenstände. Im allgemeinen muß jeder Naturforscher das für verdächtig halten, was besonders seinen Verstand anspricht und fesselt. Eine um so größere Vorsicht

ist bei dergleichen Gefühlseinwirkungen geboten, damit der Geist sich unparteiisch und rein erhalte.

59. Indes sind die Idole des Marktes am lästigsten von allen; sie schleichen sich durch ein Bündnis mit Worten und Namen in den Verstand ein. Die Menschen glauben, ihr Verstand gebiete den Worten; es kommt aber auch vor, daß die Worte ihre Kraft gegen den Verstand umkehren; dies machte die Philosophie und die Wissenschaften sophistisch und unfruchtbar. Die Worte aber werden größtenteils nach den Auffassungen der Menge gebildet und trennen die Dinge nach den Richtungen, die dem gewöhnlichen Verstand besonders einleuchtend sind. Wenn dann aber ein scharfsinnigerer Geist oder eine sorgfältigere Beobachtung diese Bestimmungen ändern will, damit sie der Natur entsprechender sind, widerstreben die Worte. Daher arten große und feierliche Disputationen gelehrter Männer oft in Streitigkeiten um Worte und Namen aus; nach der Sitte und Klugheit der Mathematiker wäre es indes ratsamer, mit ihnen zu beginnen, und sie mittels Definitionen in ein System zu bringen. Dennoch können solche Definitionen bei natürlichen und materiellen Dingen dieses Übel nicht heilen, da ja auch die Definitionen selbst aus Worten bestehen, und Worte erzeugen Worte. Daher ist es notwendig, auf die einzelnen Fälle, ihre Folge und Ordnung zurückzugehen, wie ich bald zeigen werde, wenn wir zu der Art und Weise, die Begriffe und Sätze zu bilden, gelangen werden.

60. Die Idole, welche mit Worten dem Geist aufgelastet werden, sind zweifacher Art. Es sind entweder Namen von Dingen, die es nicht gibt (es gibt nämlich Dinge, die aus Nachlässigkeit keinen Namen erhalten, es gibt aber auch Dank einer regen Phantasie Namen ohne Dinge) oder es gibt zwar Namen von Dingen, die wirklich sind, aber sie sind verworren, schlecht abgegrenzt und voreilig und unangemessen von den Dingen abstrahiert. Zur ersten Art gehören Glück, der erste Beweger, die Sphären der Planeten, das Element des Feuers und dergleichen Erdichtungen, die aus eitlen und falschen Lehrmeinungen entstanden sind. Diese Art von Idolen kann leichter beseitigt werden, da sie durch beharrliche Verleugnung und durch Beiseitelassen der Lehrmeinungen ausgerottet werden können.

Dagegen ist die zweite Art verwickelter und tieferer eingewurzelt; da sie aus schlechter und unverständiger Abstraktion hergeleitet wird. Nehmen wir beispielsweise ein Wort wie »feucht« und schauen zu, wie sich das mit diesem Wort Bezeichnete verhält. Es wird sich herausstellen, daß dieses Wort nichts anderes ist als ein verworrenes Zeichen für verschiedene Wirksamkeiten, denen nichts Gleichartiges eigen ist. Es bezeichnet nämlich das, was leicht um einen anderen Körper herumfließt, das, was nicht fest umrissen und nicht klar bestimmbar ist, das, was leicht nach allen Richtungen hin entweicht, was sich leicht teilt und zerstreut, sich leicht bindet und sammelt, was leicht fließt und in der Bewegung besteht, was an einem anderen Körper leicht hängen bleibt und ihn naß macht, da, was wieder leicht flüssig wird oder auch zusammenfließt, wenn es vorher fest war. Da man derart zu der Benennung und dem Gebrauch dieses Wortes gekommen ist, so ist in der einen Bedeutung dieses Wortes die Flamme feucht, in anderer Bedeutung die Luft nicht feucht, wieder in anderer Bedeutung ist der feine Staub feucht oder das Glas feucht. Es ist leicht ersichtlich, daß dieser Begriff nur von dem Wasser und den gewöhnlichen und bekannten Flüssigkeiten ohne jegliche erforderliche Differenzierung voreilig entlehnt worden ist.

Worte aber haben verschiedene Grade der Verkehrtheit und der Falschheit. Am wenigsten fehlerhaft ist die Klasse der Namen für die Substanzen, namentlich für die untersten und gut abgeleiteten Arten: der Begriff von Kreide und Lehm ist gut, der von Erde schlecht. Fehlerhaft ist schon die Klasse der Tätigkeiten wie: zeugen, vernichten, verändern. Am fehlerhaftesten ist die Klasse der Qualitäten (mit Ausnahme der unmittelbaren Gegenstände sinnlicher Wahrnehmung), wie: schwer, leicht, dünn, dicht usw. Trotzdem sind dabei einige Begriffe besser als die anderen ausgefallen, je nach der Menge dessen, was in den Bereich des menschlichen Sinnes eingetreten ist.

61. Die Idole des Theaters sind nicht angeboren, noch haben sie sich heimlich in den Geist eingeschlichen; sondern sie sind offensichtlich aus den Fabeln der Theorien und den verkehrten Gesetzen der Beweisführungen dem Verstand beigebracht und von ihm aufgenommen worden. Gegen sie mit Widerlegung aufzutreten, entspricht ganz und gar nicht dem von mir Vorhergesagten. Da wir nämlich weder bezüglich der Grundlagen noch der Beweisführung übereinstimmen, entfällt jede positive Auseinandersetzung. Dies ist in der Tat ein gutes Vorzeichen, da so die Ehre der Alten bestehenbleibt. Nichts wird nämlich diesen versagt, da es ja hier ganz und gar um die Frage des Weges geht. Selbst ein Lahmer auf dem

Weg überholt einen Läufer außerhalb des Weges. Auch liegt klar auf der Hand, daß, je geschickter und geschwinder der Läufer außerhalb des Weges läuft, um so größer die Verwirrung wird.

Mein Verfahren nun, die Wissenschaften aufzuspüren, ist so, daß dem Scharfsinn und der Stärke des Geistes nicht viel zu tun bleibt; sondern es gleicht die Begabungen und Anlagen fast aus. Denn zum Ziehen einer geraden Linie oder zum Schlagen eines vollkommenen Kreises mit der bloßen Hand gehört viel Sicherheit und Übung, aber wenig oder gar keine, wenn Lineal oder Zirkel dazu verwendet werden. Ähnlich verhält es sich mit meinem Verfahren. Mag nun auch die Widerlegung einzelner Aussagen nicht angebracht sein, so bleibt doch über die Sekten und über die Arten solcher Theorien einiges zu sagen, danach einiges über die schlechte Beschaffenheit der äußeren Zeichen, schließlich etwas über die Ursachen eines so großen Mißgeschickes und eines so langen und gemeinsamen Beharrens im Irrtum. So wird der Zugang zum Wahren sich weniger schwierig gestalten, der menschliche Geist bereitwilliger sich reinigen und von den Idolen sich befreien.

62. Die Idole des Theaters oder der Theorien sind zahlreich, sie können noch weit zahlreicher sein, sie werden es vielleicht auch einmal werden. Denn wären nämlich nicht schon durch die Jahrhunderte die Geister der Menschen mit Religion und Theologie beschäftigt gewesen, und hätten die bürgerlichen Verfassungen, namentlich die monarchistischen, dergleichen Neuerungen selbst in der Theorie nicht abgelehnt, so daß die Menschen nur unter Gefahr und Schaden für ihr Vermögen sich ihnen widmeten und dabei nicht bloß jeden Lohnes entbehrten, sondern auch der Verachtung und dem Neide sich aussetzten, so wären unzweifelhaft viele andere Schulen von Philosphien eingeführt worden gleich denen, welche in so üppiger Vielfalt einst bei den Griechen blühten. Denn so, wie auf das Phänomen des Äthers verschiedene Ansichten über den Himmel gegründet werden können, so können in noch höherem Maße auf die Erscheinungen der Philosophie verschiedene dogmatische Lehrsätze gegründet werden. Diese Dichtungen des Theaters haben mit den für die Bühne gestalteten Dichtungen das gemein, daß Theaterstücke gegenüber den wahren Erzählungen der Geschichte beliebter, gefälliger und ganz nach dem Geschmack des Publikums sind.

Im allgemeinen aber nimmt man in der Philosophie entweder vieles aus wenigem oder weniges aus vielem; daher ist nach beiden

Seiten hin die Philosophie auf einem allzu schmalen Fundament der Erfahrung und Naturgeschichte errichtet worden. Sie urteilt auf der Grundlage zu weniger Fälle.

Die auf die Vernunft sich stützende Schicht der Philosophen rafft aus der Erfahrung das Verschiedendste und Nächstliegende auf, was weder sicher erkundet noch sorgfältig geprüft und erwogen ist; das übrige überantworten sie der Überlegung und der Regsamkeit des Geistes.

Es gibt noch eine andere Art von Philosophen, die wenige Experimente fleißig und exakt durcharbeiteten und daraus die Philosophie zu entwickeln und zu bilden unternahmen und dabei das Übrige auf sonderbarste Weise danach verdrehten. Weiter gibt es noch eine dritte Klasse, welche aus gläubigem Eifer und Gottesverehrung die Theologie und Überlieferungen mit einmischten; unter ihnen ging bei einzelnen die Torheit so weit, daß sie die Wissenschaften von den Geistern wie von den Genien zu erlangen und abzuleiten trachteten. So ist die Grundlage der Irrtümer und der falschen Philosophie von dreifacher Art: von sophistischer, empirischer und abergläubischer.

[...]

Francis Bacon, Aphorismen über die Interpretation der Natur und die Herrschaft des Menschen, in: M. Buhr (Hg.), Das neue Organon, Berlin (Akademie Verlag) ²1982; 41–65.

Text 2

Oswald Külpe

Oswald Külpe, *3. 8. 1862 (Kandau, Kurland), Studium der Geschichte, Philosophie und Psychologie, Promotion bei G. E. Müller in Göttingen. Assistent von Wilhelm Wundt in Leipzig; 1888 Habilitation in Leipzig. 1894–1909 Prof. für Philosophie in Würzburg. Gründung des Psychologischen Instituts in Würzburg. Prof. für Philosophie in Bonn (1909–1913) und München (1913–1915). †30. 12. 1915 (München). – Külpe hat zur Philosophie und zur Psychologie gleichermaßen wichtige Beiträge geleistet. Er begründete die *Würzburger Schule* der Denkpsychologie, die (gegen die Assoziationspsychologie) den Nachweis führte, daß das Bewußtsein nicht nur anschauliche Empfindungen und Vorstellungen, sondern auch unanschauliche Bestandteile enthält. Sein wichtigster Beitrag zur Philosophie ist sein dreibändiges Werk »Die Realisierung«, wohl die umfassendste Abhandlung des Realismus überhaupt. Gegen den Idealismus und Kantianismus seiner Zeit verteidigt Külpe einen *kritischen Realismus,* demgemäß die Wissenschaften die objektive Realität zumindest in Ausschnitten zu erkennen vermögen. Über Karl Bühler übte Külpe einen Einfluß auf Karl Popper aus. *Werke:* Einleitung in die Philosophie (1895); Immanuel Kant: Darstellung und Würdigung (1907); Die Realisierung (1912–1923); Vorlesungen über Psychologie (1920).

Idealismus, Realismus und Phänomenalismus (1895)

1. Man pflegt, wie wir bereits erwähnt haben (§ 15, 6), die Wissenschaften in I d e a l - und R e a l w i s s e n s c h a f t e n einzuteilen. Jene, zu denen Logik und Mathematik gehören, arbeiten mit idealen (bloß gedachten) Gebilden. Die Zahlen und Figuren der Mathematik werden von uns ohne Rücksicht auf Erfahrung als selbständige Objekte konstruiert und bestimmt. Innerhalb der Realwissenschaften dagegen, zu denen die Natur- und die Geisteswissenschaften zu rechnen sind, hat man es zunächst mit vorgefundenen Gegenständen zu tun. Außenwelt, Innenwelt, geschichtliche Ereignisse werden auf Grund gegebener Tatsachen bestimmt, die sich irgendwie dem Bewußtsein des Erkennenden aufdrängen und

dessen Inhalt unmittelbar ausmachen. Hier ist der Forscher an eine räumliche und zeitliche Ordnung in dem Bei- und Nacheinander der Erscheinungen gebunden, hier ist seine Erkenntnis nicht die logische Arbeit an willkürlich abgegrenzten und aufeinander bezogenen Objekten, sondern von Beschaffenheiten und Veränderungen abhängig, die unmittelbar erfahren werden. Dabei bleiben die Realwissenschaften nirgends bei dieser Erfahrung (im Sinne der unmittelbar vorgefundenen Bewußtseinsinhalte) stehen, sondern benutzen sie nur zur Erkenntnis von realen Objekten, d.h. von solchen, die unabhängig von unserem Bewußtsein existieren und sich verändern. Dieser Unterschied ergibt ein besonderes erkenntnistheoretisches Problem. Wir fragen nämlich, ob und inwieweit die Realwissenschaften berechtigt sind, über das, was von den vorgefundenen, gegebenen Tatsachen in der unmittelbaren Erfahrung enthalten ist, hinauszugehen, ob sie Realitäten setzen[1] und bestimmen dürfen, die mit der Wirklichkeit (d.h. dem Inhalt) des Bewußtseins, mit den Empfindungen, Vorstellungen, Gefühlen, Gedanken nicht zusammenfallen. Wir fragen also nach dem eigentlichen Gegenstande der Realwissenschaften, nach der Möglichkeit einer Erkenntnis von Realitäten. Bei den Idealwissenschaften ist die Frage nach ihren Gegenständen im allgemeinen unschwer zu beantworten. Diese entstehen nämlich durch unsere eigene Wahl und Festsetzung und enthalten darum auch nur die von uns ihnen beigelegten oder (wenn es sich um Abstrakta aus der Erfahrung handelt) ihnen belassenen Beschaffenheiten. Die Bewußtseinserscheinungen der Wirklichkeit aber treten uns wie eine selbständige Welt entgegen, die wir nach Art und Gesetzlichkeit nur insofern kennen, als wir sie beachtet und untersucht haben. Ist es erlaubt, ihnen Reales zugrunde zu legen und dieses Reale als den eigentlichen Gegenstand der Erkenntnis zu betrachten? Auf die Frage antwortet der Idealismus (Wirklichkeitsstandpunkt oder Konszientialismus)[2] verneinend: für ihn ist der Gegenstand der Realwissenschaften das im Bewußtsein Gegebene, die »wirklichen« Empfindungen und Gefühle; für ihn ist somit einzige Aufgabe der Realwissenschaften, Zusammenhänge und Beziehungen

---

1 »Setzen« bedeutet hier nicht erzeugen, sondern Existierendes als solches anerkennen. (Vgl. O. Külpe, Die Realisierung, I [1912], S. 3, A. 2.)

2 Von *conscientia* (Bewußtsein); sofern hier nur der Bewußtseinsinhalt als Wirklichkeit anerkannt wird. [...] Über den Ausdruck »Idealismus« vgl. Anm. zu § 17, 6.

zwischen diesen Elementen des vorgefundenen Tatbestandes zu ermitteln. Dagegen meint der Realismus, eigentliches Objekt dieser Wissenschaften sei nicht das Wirkliche, sondern die sich darin offenbarende Realität, eine reale Außenwelt, eine reale Innenwelt, die realen historischen Begebenheiten. Der Phänomenalismus endlich nimmt einen vermittelnden Standpunkt ein, indem er erklärt, daß es zwar ein Reales, ein »Ding an sich«, einen Träger jener selbständigen Gesetzlichkeit des Vorgefundenen gebe, daß wir aber nur die Phänomene, die Bewußtseinserscheinungen erkennen können.

2. Der älteste von diesen Standpunkten ist zweifellos der Realismus. Wir alle denken realistisch von Jugend auf, d. h. nehmen an, daß die Dinge außer uns ebenso wie wir selbst mehr sind als das, was im Bewußtsein gerade gegeben ist, und bestimmen mit mehr oder weniger Sicherheit das Wesen dieser Realitäten. Zumeist unterscheiden wir sie nicht grundsätzlich in ihrer qualitativen Beschaffenheit von den auf sie bezogenen Bewußtseinserscheinungen, sondern betrachten die Dinge einfach als die Originale, die von unseren Empfindungen abgebildet werden. Wir halten somit die Gegenstände selbst für rot und grün, für hell und dunkel, laut und leise, rauh und glatt, süß und bitter. Diese Ansicht des naiven Realismus hat in der Bildertheorie der griechischen Philosophen, wonach unsere Sinnesorgane durch Bilder erregt werden, die aus Teilchen der Objekte hervorgegangen sind, ihren Ausdruck gefunden. Eine solche Annahme hing mit dem Grundsatz zusammen, daß Gleiches nur das Gleiche erkennen und bewirken könne. Es mußten darum die Vorstellungen den Dingen und diese den Vorstellungen gleichartig sein. An dem naiven Realismus halten wir praktisch immer noch fest, obgleich er theoretisch widerlegt worden ist, sowie wir auch von Auf- und Untergang der Sonne reden, obwohl wir seit Kopernikus wissen, daß die Erde sich um die Sonne bewegt. Der Hauptgrund dafür ist wohl darin zu suchen, daß für uns im Verkehr des Lebens nur die Erscheinung, nicht aber ein davon verschiedenes, bloß denkbares Wesen in Betracht kommt. Über das, was wir sehen und hören, riechen und schmecken, läßt sich eine für die praktischen Bedürfnisse ausreichende Verständigung relativ leicht erzielen, während die wissenschaftliche oder metaphysische Bestimmung von Realitäten weder allgemein bekannt, noch völlig abgeschlossen und sichergestellt ist. Zur Orientierung in der uns umgebenden Welt ist die unserer Sprache aufgeprägte Redeweise

des naiven Realismus zweifellos die bequemste und einfachste. Was so für die körperliche Welt gilt, gilt auch für die seelische. Übrigens gehen wir auch als naive Realisten schon vielfach über den Bewußtseinsinhalt (d. h. das uns unmittelbar Gegebene) hinaus; wir glauben z. B., daß die Dinge auch da sind, wenn wir sie nicht gerade wahrnehmen oder an sie denken; ebenso unterscheiden wir gelegentlich zwischen dem Ding selbst und seiner Erscheinung. Wir wissen z. B., daß die Dinge in der Ferne, oder im Nebel oder durch ein farbiges Glas betrachtet, anders aussehen als sie sind usw. Wir tragen kein Bedenken, uns einen Charakter, ein Talent, einen irgendwie gearteten Verstand u. dgl. zuzuerkennen und gehen damit über die Bewußtseinswirklichkeit weit hinaus, sofern z. B. nur einzelne Charakteräußerungen, nicht den Charakter selbst im Bewußtsein unmittelbar gegeben sein kann. Wenn wir zum Ich auch den Körper, den sichtbaren und berührbaren, rechnen und diesem gegenüber, wie bei einem sonstigen Stück der Außenwelt, naiv realistisch urteilen, so sind wir doch keineswegs geneigt, uns mit ihm zu identifizieren. Wir schreiben uns wie den Mitmenschen eine Seele zu, obwohl diese auch nicht zum unmittelbar Vorgefundenen gehört.

3. Die Selbständigkeit des Vorgefundenen, die Eigenart des Tatsächlichen, Gegebenen ist überall der Grund für die Setzung von Realitäten. Insbesondere lassen sich für die Annahme einer realen Außenwelt folgende Momente geltend machen:

a) Der Unterschied zwischen der Sinneswahrnehmung einerseits, der Erinnerung und Einbildung andererseits. Jene drängt sich auf, läßt sich nicht beliebig und willkürlich ändern, hat eine normalerweise sonst kaum erreichbare Stärke, Frische und »Leibhaftigkeit«, unterliegt in ihrem Kommen und Gehen, in ihrem Verlauf und in ihrer Verbindung mit anderen Wahrnehmungen von uns unabhängigen Regeln und Bedingungen, ist an die Funktion der Außenwerke unseres Körpers, der Sinnesorgane, an eine gewisse Stellung und Bewegung unserer Glieder gebunden und wird durch Umstände, wie Beleuchtung, Umgebung, Entfernung beeinflußt, welche bei der Erinnerung oder Einbildung keine wesentliche Rolle spielen. Diese Eigentümlichkeit der Sinneswahrnehmung findet ihre einfache Erklärung in der Annahme von realen Gegenständen und Vorgängen, von denen wir durch unsere Sinne erfahren.

b) Die Tatsache, daß die so häufigen Wahrnehmungspausen für die Entstehung und die Beschaffenheit der Wahrnehmungen keine Bedeutung zu haben brauchen. Nach vielen Jahren der Abwesenheit kehre ich in meine alte Heimat zurück. Ich selbst bin ein ganz Anderer geworden, anders in meinem Denken, Fühlen und Wollen, aber hier grüßen mich Berg und Tal, Fluß und Wald, Haus und Hof wie sonst, als lägen nicht Jahre, sondern bloß Stunden zwischen dem Einst und dem Jetzt. In kleinerem Maßstabe erleben wir solche Fälle an jedem Tage. Namentlich bildet die Nacht, der Schlaf einen derartigen Einschnitt im Ablauf unserer Wahrnehmungen. Der Konszientialist John Stuart Mill hat diesem Tatbestande dadurch Rechnung zu tragen versucht, daß er von einer beharrenden Möglichkeit *(permanent possibility)* der Wahrnehmung sprach. Aber wie es möglich ist, daß die gleiche Wahrnehmung unter Umständen wiederkehren kann, die von uns und unserer subjektiv veränderten Disposition und Stimmung der Hauptsache nach gänzlich unabhängig sind, ist ja eben das Problem, das der Realist durch die Annahme von fortbestehenden, während der Wahrnehmungspausen sich erhaltenden Dingen zu lösen sucht. Andererseits können diese Pausen auch das entgegengesetzte Ergebnis haben. Derselbe Ort, an dem ich noch vor kurzem bestimmte Eindrücke gewann, überrascht mich nun durch große Wandlungen; Brände können Altes zerstört, menschlicher Fleiß Neues errichtet haben. So wenig ich in diesen Fällen an dem Fortbestand, so wenig bin ich in diesen Fällen an der Umgestaltung der Wahrnehmungsbilder beteiligt. Vielmehr liegt ein selbständiges Geschehen vor, das der Realist an die Wirksamkeit realer Dinge außerhalb seines Bewußtseins geknüpft denkt.

c) Die gesetzmäßigen Beziehungen und Zusammenhänge zwischen den wahrgenommenen Inhalten. Die räumlichen Verhältnisse und Eigenschaften z. B., wie Entfernung und Lage, Größe, Gestalt und Bewegung, ebenso wie die zeitlichen, als da sind Dauer und Folge, Geschwindigkeit und Gleichzeitigkeit, sind und bleiben etwas Gegebenes, von unserer Erwartung, unserem Wissen, unserer Erfahrung Unabhängiges. Die Ordnung der Himmelserscheinungen und der irdischen Vorgänge und Dinge können wir aus uns selbst nicht ableiten, und wir betrachten daher als deren Träger reale Gegenstände.

d) Die Möglichkeit einer Voraussage von Ereignissen. Das Zusammentreffen unserer Folgerungen aus bisher gewonnener Einsicht in den Ablauf der Wahrnehmungen mit späteren tatsächlich auftretenden, bestätigenden Beobachtungen, ohne daß wir eingegriffen haben, läßt sich am einfachsten erklären, wenn wir eine reale, selbständigen Gesetzen folgende Welt annehmen, deren Wirkungen sich erkennen und berechnen lassen.

4. Von der hierdurch nahe gelegten Setzung von Realitäten gelangt man zum kritischen Realismus, indem man sich durch besondere Erwägungen von der Unhaltbarkeit des naiven überzeugt. Ein solcher kritischer Realismus wird schon bei den Vorsokratikern angetroffen, die bereits durchweg das Wesen der Dinge im Unterschiede von ihrer Erscheinung bestimmen. Wer in Wasser, Luft oder Feuer, in dem Einen, Seienden oder in zahllosen Atomen und leerem Raum die Realität sieht, darf sicherlich nicht mehr naiver Realist genannt werden. Nur das Widerspruchslose hat Anspruch auf das Prädikat der Existenz, wie die Eleaten und nach ihnen viele Metaphysiker bis auf Bradley meinen. Die erscheinende Welt aber ist mit Widersprüchen behaftet und stellt sich somit als ein Nichtseiendes dar. Demokrit formuliert ausdrücklich das Prinzip der Subjektivität der Sinnesqualitäten, wonach die Dinge süß und bitter, warm und kalt und farbig zu sein scheinen, tatsächlich aber nur Atome und leerer Raum sind (vgl. §7, 5). Auch Platon und Aristoteles, auch die Stoiker und Epikureer, sowie die Neuplatoniker sind kritische Realisten gewesen, nicht minder die Philosophen des Mittelalters und viele der Neuzeit und die Vertreter der modernen Einzelwissenschaften. Zwar haben sie alle für die Außenwelt und die Innenwelt sehr verschiedene Realitäten eingesetzt, aber daß es Derartiges über die Bewußtseinswirklichkeit hinaus geben müsse, und daß man es nicht mit den Wahrnehmungsqualitäten behaftet denken dürfe, darüber hat kein Streit und Zweifel obgewaltet. Erst in der englischen Philosophie des 18. Jahrhunderts wird der Realismus überhaupt in Frage gestellt. Aber auch noch gegenwärtig ist der kritische Realismus neben dem Phänomenalismus in den Kreisen der Einzelwissenschaft und der Philosophie die herrschende Anschauung.

5. Die Gründe, die uns veranlassen, den naiven Realismus zu einem kritischen umzubilden, sind hauptsächlich folgende:

a) Trotz der im großen und ganzen bestehenden Übereinstimmung der Individuen hinsichtlich ihrer Sinneseindrücke von dem nämlichen Gegenstande, gibt es zahlreiche gröbere und feinere Abweichungen, wie die totale und partielle Farbenblindheit und Tontaubheit, die Unterschiede in der Sehschärfe, in der Feinheit des Gehörs, welche zeigen, daß die Inhalte unserer Sinneswahrnehmung von subjektiven Faktoren in einem viel zu hohen Maße abhängig sind, als daß wir ihre Beschaffenheit ohne weiteres den Dingen selbst als deren Merkmal zuschreiben dürften. Sonst müßte das gleiche, d. h. einen bestimmten Ort zu einer bestimmten Zeit einnehmende Ding einander entgegengesetzte Eigenschaften haben.

b) Auf ein ähnliches Resultat führt die Tatsache der Relativität unserer Sinneswahrnehmung. Was dem einen kalt, erscheint dem anderen warm, was der eine für groß hält, spricht der andere als klein an, eine Bewegung kann diesem rasch, jenem langsam vorkommen. Und nicht nur verschiedene Individuen verhalten sich in ihren Empfindungen und Urteilen über dasselbe Objekt verschieden, auch eine einzige Person kann verschiedene Eindrücke davon erhalten und es je nachdem hell oder dunkel, laut oder leise, hart oder weich, süß oder bitter finden. Wollte man alle solche gegensätzlichen Bestimmungen auf das Objekt selbst beziehen, so käme man zu lauter einander widersprechenden Urteilen über dieses.

c) Unser Eindruck von einem Gegenstande hängt erfahrungsgemäß von allerlei Umständen ab, bei denen nicht einzusehen ist, wie sie das Ding selbst verändern und beeinflussen sollen. Im Dunkeln erscheint es uns anders als im Hellen, sein perspektivisches Bild wandelt sich mit der Stellung, die wir zu ihm einnehmen, und mit der Entfernung, die uns von ihm trennt. Einen schwächeren Ton hören wir nicht, wenn gleichzeitig andere stärkere Geräusche einwirken, und die Sterne werden unsichtbar, wenn die Sonne uns scheint.

d) Welche Beschaffenheit hat ferner der Gegenstand während der Wahrnehmungspausen? Ist er braun oder grün, auch wenn niemand ihn sieht; tönt, schmeckt und riecht er, auch wenn niemand ihn hört oder genießt? Es empfiehlt sich offenbar nicht, den Objekten an sich selbst die sinnlichen Qualitäten zuzuschreiben, die nur in der Beziehung zu Sinnesorganen und auffassenden Individuen erfahrungsgemäß da sind.

e) Die Tatsachen der Reiz- und Unterschiedsschwelle zeigen, daß unsere Wahrnehmung keine ausreichende Quelle für die Erkenntnis der Gegenstände ist. Ein Licht muß eine gewisse Stärke, ein Helligkeitsunterschied eine gewisse Größe haben, damit wir sie überhaupt merken. Unterhalb solcher »ebenmerklichen« Reize und Reizunterschiede gibt es demnach solche, die unserer

Wahrnehmung entgehen. Also kann diese nicht den Gegenständen, auf die sie sich richtet, gleichartig sein.

f) Das bewaffnete Auge und Ohr sieht und hört bekanntlich mehr als das unbewaffnete. Die Hilfsmittel des Hörrohrs, Fernrohrs, Mikroskops usw. lehren uns, daß die Dinge mehr enthalten, als die normale Sinnenswahrnehmug offenbart.

g) Naturforscher und Psychologen sind bemüht, bei ihren Untersuchungen die Beobachtungsfehler auszuschließen, die in konstante und zufällige unterschieden zu werden pflegen. Die letzteren zeigen sich namentlich in unregelmäßigen Schwankungen unserer Angaben über das Wahrgenommene. Maß, Zahl und Gewicht werden angewandt, um die Dinge und Vorgänge zuverlässig bestimmen zu können. Unsere einfache, schlichte Wahrnehmung aber gilt nicht als ein irgend sicherer Ausdruck für das reale Verhalten.

6. Es liegt in der Natur der Sache, daß ein nicht mehr »naiver«, sondern »kritischer« Realismus, der in fortgesetzter Untersuchung und Arbeit von den Mängeln und Unvollkommenheiten der Wahrnehmung frei zu werden sich bestrebt, als ein entwicklungsfähiger und -bedürftiger Standpunkt anzusehen ist, dessen Ziel mit dem Ziel aller wissenschaftlichen Erkenntnis zusammenfällt, d.h. in einer unbestimmbar fernen Zukunft liegt. Aller Abschluß kann hiernach für die Bestimmung des Realen einen nur provisorischen Charakter tragen. Man darf sich daher nicht darüber wundern, daß der naturwissenschaftliche ebenso wie der geisteswissenschaftliche Realismus eine reiche Geschichte wechselnder Hypothesen und Theorien aufzuweisen haben, und daß vollends der metaphysische Realismus sich in verschiedenartigen Versuchen und Systemen ergeht.

[…]

Oswald Külpe, Idealismus, Realismus und Phänomenalismus, in: Einleitung in die Philosophie, Leipzig (S. Hirzel) [11]1923 (1. Aufl. 1895); 186–194.

Text 3

William James

William James, *11.1.1842 (New York), unternahm bereits in der Jugend ausgedehnte Amerika- und Europareisen. Studium der Chemie und Medizin, 1869 Promotion in Medizin in Harvard (Cambridge, Mass.). 1872 Professor für Physiologie und vergleichende Anatomie in Harvard, 1876 auch Professor für physiologische Psychologie. Gründung eines Instituts für experimentelle Psychologie (er und Wilhelm Wundt in Leipzig gründeten etwa zur selben Zeit die ersten Institute dieser Art). 1885 Professor für Philosophie in Harvard. Neben seinen Schriften trugen zahlreiche Vorträge und Vorlesungsreihen (Edinburgh, Oxford) zu seiner Bekanntheit bei. †26.8.1910. – James hat sich zunächst durch seine Beiträge zur Psychologie einen Namen gemacht. »Principles of Psychology« gilt als klassisches Werk zur Analyse des Bewußtseins. Seine Interessen und sein unorthodoxes Denken richteten sich auch auf die Phänomene der Religion einschließlich der religiösen Erfahrung: »The Varieties of Religious Experience« machten ihn über die Wissenschaft hinaus berühmt. Durch seine philosophischen Arbeiten wurde er zum Mitbegründer des amerikanischen *Pragmatismus:* Ablehnung jeglicher Metaphysik; Wahrheit sei die Bewährung einer Annahme im praktischen Handeln. Charles Sanders Peirce hatte die Grundideen dieser Denkrichtung früher als James formuliert, durch James' Beitrag zum Pragmatismus gelang es aber, diesen zu einer weltweiten geistigen Bewegung zu machen.
Werke: Principles of Psychology (1890); The Varieties of Religious Experience (1901/1902); Pragmatism (1907); A Pluralistic Universe (1909).

Was will der Pragmatismus? (1908)

Vor einigen Jahren war ich mit einer Gesellschaft in den Bergen. Wie ich nun einmal von einem einsamen Spaziergang zurückkomme, finde ich die ganze Gesellschaft in einem heftigen philosophischen Streit begriffen. Der Gegenstand des Streites war ein Eichhörnchen – ein lebendiges Eichhörnchen, von dem man annahm, daß es sich an eine Seite eines Baumstammes anlehne. Gegenüber, auf der andern Seite des Baumes stand, so stellte man sich vor, ein

Mann. Dieser Mann will das Eichhörnchen zu Gesicht bekommen und bewegt sich mit großer Schnelligkeit um den Baum herum, aber wie schnell er auch geht, das Eichhörnchen bewegt sich ebenso schnell in der entgegengesetzten Richtung, der Baum bleibt immer zwischen beiden, so daß der Mann das Eichhörnchen nicht zu sehen bekommt. Das philosophische Problem, das sich aus der Situation ergab, war nun folgendes: Geht der Mann um das Eichhörnchen herum oder nicht? Zweifellos ist, daß er um den Baum herumgeht, aber geht er auch um das Eichhörnchen herum? In der unbeschränkten Muße des Landaufenthaltes waren die Gründe für und wider bald erschöpft. Jeder hatte Partei ergriffen und blieb hartnäkkig bei seiner Ansicht; die Zahl der Streitenden war in beiden Parteien gleich groß, und so appellierten, als ich kam, beide Parteien an mich, damit ich der einen oder der anderen zur Majorität verhelfe. Ich erinnerte mich nun an die alte scholastische Lehre, die uns anweist, dort, wo wir einen Widerspruch finden, eine Unterscheidung zu machen, suchte nach einer und fand bald die folgende: »Welche von beiden Parteien recht hat,« sagte ich, »das hängt davon ab, was Sie mit dem Ausdruck ›Um das Eichhörnchen herumgehen‹, tatsächlich meinen. Wenn Herumgehen so viel heißt, als sich vom Norden des Eichhörnchens zum Osten, dann zum Süden, zum Westen und dann wieder zum Norden bewegen, dann geht der Mann um das Eichhörnchen herum, denn er nimmt tatsächlich alle diese Stellungen nacheinander ein. Wenn Sie aber unter Herumgehen eine Bewegung verstehen, infolge deren der Mann zuerst *vor* dem Eichhörnchen, dann rechts von ihm, dann hinter ihm, dann links von ihm und dann wieder vor ihm zu stehen kommt, dann ist es ebenso zweifellos, daß er nicht um das Eichhörnchen herumgeht, denn durch die kompensierenden Bewegungen des Eichhörnchens kehrt es dem Manne immer seinen Bauch zu und seinen Rücken ab. Machen Sie die Unterscheidung und es ist kein Grund mehr zu weiterem Streit. Sie haben beide recht oder unrecht, je nachdem Sie ›Herumgehen‹ in dem einen oder dem anderen Sinne auffassen.«

Obwohl einer oder zwei der leidenschaftlichen Streiter meine Darlegung ein Ausweichen nannten und meinten, sie brauchten keine scholastischen Haarspaltereien, sondern verstünden unter Herumgehen eben das, was der einfache ehrliche Sprachgebrauch darunter verstünde, so war doch die Mehrzahl der Ansicht, daß durch meine Unterscheidung der Streit beigelegt sei.

Ich erzähle diese triviale Anekdote, weil sie ein besonders einfaches Beispiel der pragmatischen Methode ist, von der ich jetzt sprechen will. Die *pragmatische* Methode ist zunächst eine Methode, um philosophische Streitigkeiten zu schlichten, die sonst endlos wären. Ist die Welt eine Einheit oder eine Vielheit? Herrscht ein Schicksal oder gibt es freien Willen? Ist die Welt materiell oder geistig? Hier liegen Urteile über die Welt vor, die ebenso gut gelten als nicht gelten können, und die Streitigkeiten darüber sind endlos. Die pragmatische Methode besteht in solchen Fällen in dem Versuch, jedes dieser Urteile dadurch zu interpretieren, daß man seine praktischen Konsequenzen untersucht. Was für ein Unterschied würde sich praktisch für irgend jemanden ergeben, wenn das eine und nicht das andere Urteil wahr wäre? Wenn kein, wie immer gearteter, praktischer Unterschied sich nachweisen läßt, dann bedeuten die beiden entgegengesetzten Urteile praktisch dasselbe und jeder Streit ist müßig. Soll ein Streit wirklich von ernster Bedeutung sein, so müssen wir imstande sein, irgend einen praktischen Unterschied aufzuzeigen, der sich ergibt, je nachdem die eine oder die andere Partei recht hat.

Ein Blick auf die Geschichte dieses Gedankens wird noch besser zeigen, was der Pragmatismus will. Der Name kommt vom griechischen Wort πρᾶγμα, das »Handlung« bedeutet; von demselben Stamme, der unseren Worten »Praxis« und »praktisch« zugrunde liegt. In die Philosophie wurde er von *Charles Peirce* in einem Aufsatz eingeführt, der unter dem Titel »Wie wir unsere Ideen klar machen können« in der Zeitschrift »Popular Science Monthly« (Januarheft 1878) erschien.[1] *Peirce* weist darauf hin, daß unsere Überzeugungen tatsächlich Regeln für unser Handeln sind, und sagt dann, daß wir, um den Sinn eines Gedankens herauszubekommen, nichts anderes tun müssen, als die Handlungsweise bestimmen, die dieser Gedanke hervorzurufen geeignet ist. Die Handlungsweise ist für uns die ganze Bedeutung dieses Gedankens. Die konkrete Tatsache, die allen unseren noch so subtilen Gedanken-Distinctionen zugrunde liegt, ist diese: Keine dieser Distinctionen ist so subtil, daß sie in irgend etwas anderem bestünde, als in einer Unterscheidung, die das Handeln beeinflussen kann. Um also vollkommene Klarheit in unsere Gedanken über einen Gegenstand zu bringen, müssen wir

[1] Eine französische Übersetzung von *Peirces* Aufsatz erschien in der Revue Philosophique, Januar 1879.

nur erwägen, welche praktischen Wirkungen dieser Gegenstand in sich enthält, was für Wahrnehmungen wir zu erwarten und was für Reaktionen wir vorzubereiten haben. Unsere Vorstellung von diesen Wirkungen, mögen sie unmittelbare oder mittelbare sein, macht dann für uns die ganze Vorstellung des Gegenstandes aus, insofern diese Vorstellung überhaupt eine positive Bedeutung hat.

Das ist das Prinzip von *Peirce*, das Prinzip des Pragmatismus. Es blieb zwanzig Jahre hindurch unbemerkt, bis ich es in einem Vortrag vor Professor *Howisons* philosophischer Gesellschaft an der Universität von Kalifornien wieder aufnahm und auf die Religion anwendete. Von da an (1898) schien die Zeit reif für die Aufnahme des Prinzips. Das Wort Pragmatismus verbreitete sich und gegenwärtig füllt es die Seiten der philosophischen Zeitschriften. Man spricht überall von der pragmatischen Bewegung, bald mit Achtung, bald mit Geringschätzung, selten mit klarem Verständnis. Es ist zweifellos, daß auf eine Anzahl von Richtungen, die bisher eines gemeinsamen Namens ermangelten, der Ausdruck Pragmatismus entsprechende Anwendung findet und daß er sich bereits festgelegt hat.

Um die Bedeutung des *Peirce*schen Prinzipes vollständig zu erfassen, muß man sich daran gewöhnen, es auf konkrete Fälle anzuwenden. Ich fand vor einigen Jahren, daß *Ostwald*, der berühmte Leipziger Chemiker, in seinen Vorlesungen über Naturphilosophie das Prinzip des Pragmatismus in vollkommener Klarheit anwendet, obwohl er es nicht mit diesem Namen bezeichnet.

»Alle Wirklichkeiten,« so schrieb er mir, »beeinflussen unser Handeln, und dieser Einfluß ist das, was sie für uns bedeuten. Ich pflege in meinen Vorlesungen die Frage so zu stellen: In welcher Beziehung wäre die Welt anders, wenn diese oder jene Alternative wahr wäre? Wenn ich nichts finden kann, das anders würde, dann hat die Alternative keinen Sinn.«

Das heißt: die rivalisierenden Ansichten bedeuten praktisch dasselbe, und eine andere als eine praktische Bedeutung gibt es für uns nicht. In einem veröffentlichten Vortrag gibt *Ostwald* folgendes Beispiel: »Seit etwa einem Jahrzehnt beschäftigen sich die Chemiker zunehmend mit den sogenannten *tautomeren* Stoffen, d. h. mit solchen, die nach ihrem chemischen Verhalten mehrere Konstitutionsformeln mit gleichem Rechte beanspruchen können; ich erinnere nur an den Azet-Essigester. Nun ist zur Erklärung dieser Eigentümlichkeit von der einen Seite die Theorie aufgestellt worden, dies rühre daher, daß ein labiles Wasserstoffatom beständig zwischen zwei verschiedenen Lagen in demselben Molekül oszilliere, woraus sich die beiden verschiedenen Konstitutionen ergeben. Von anderer Seite ist dagegen die andere Theorie aufgestellt worden, daß ein derartiger Stoff ein Gemisch von den beiden Isomeren sei, welche sich besonders leicht ineinander verwandeln. Beide Ansichten bekämpften einander mit ziemlicher Heftigkeit und es wurden mancherlei Gründe für und wider angeführt; da aber keiner sich als durchschlagend erwies, so hörte der Streit schließlich ohne bestimmtes Ergebnis auf. Er wäre gar nicht angefangen worden, wenn man sich gefragt hätte, welcher *tatsächliche* oder *experimentelle* Unterschied bestehen müßte, je nachdem die eine oder die andere Ansicht richtig wäre. Denn es stellt sich heraus, daß ein solcher Unterschied gar nicht angegeben werden kann. Es war so, als hätte jener Theoretiker des Brotbackens einen Gegner gefunden, der da behauptet hätte, daß nicht Heinzelmännchen, sondern Nachtelfen den Teig über Nacht gut machen.«[2]

Es ist erstaunlich, zu sehen, wie viele philosophische Kontroversen in dem Augenblick zur Bedeutungslosigkeit herabsinken, wo Sie dieselben dieser einfachen Probe unterwerfen, indem Sie nach den konkreten Konsequenzen fragen. Es kann unmöglich eine Differenz in einem Punkte geben, die nicht eine Differenz an einem andern Punkte zur Folge hat, keine Unterscheidung im Abstrakten, die nicht in einem Unterschied im Konkreten, im Tatsächlichen und in der daraus sich ergebenden Handlungsweise zum Ausdruck käme, für irgend jemand, irgendwie, irgendwo und irgendwann. Die ganze Aufgabe der Philosophie sollte darin bestehen, herauszufinden, welchen bestimmten Unterschied es für Sie und für mich in bestimmten Momenten des Lebens ausmacht, ob diese oder jene Weltformel die wahre ist.

Die pragmatische Methode ist nichts absolut Neues. *Sokrates* war ein Anhänger derselben. *Aristoteles* machte methodischen Ge-

[2] »Theorie und Praxis«, Zeitschrift des österr. Ingenieur- und Architekten-Vereins 1905 Nr. 4 u. 6. Einen noch radikalern Pragmatismus als bei *Ostwald* finde ich in einer Rede des Prof. *W. S. Franklin*: »Ich denke, die krankhafteste Auffassung der Physik, selbst wenn ein Gelehrter sie hat, ist die, daß Physik die Wissenschaft von Massen, Molekülen und vom Äther ist. Die gesündeste Auffassung hingegen, auch wenn sie ein Gelehrter sich nicht ganz zu eigen machen vermag, ist die, daß Physik die Wissenschaft von den Mitteln ist, die Körper in unsere Gewalt zu bekommen und sie in Bewegung zu setzen« (in der Zeitschrift »Science« v. 2. Januar 1903).

brauch von ihr. *Locke, Berkeley* und *Hume* schufen mit ihrer Hilfe bedeutsame Beiträge zur Wahrheit. Aber diese Vorläufer des Pragmatismus machten davon nur fragmentarischen Gebrauch, sie waren nur ein Vorspiel. Erst in unserer Zeit hat sich die Methode verallgemeinert, ist sich ihrer universellen Aufgabe bewußt geworden und erhebt den Anspruch auf eine sieghafte Mission. Ich glaube an diese Mission und hoffe, am Ende auch Sie mit meinem Glauben zu erfüllen.

Der Pragmatismus repräsentiert eine uns durchaus vertraute Richtung in der Philosophie, nämlich die empirische Richtung, allein er repräsentiert sie in einer radikalern und zugleich einwandfreiern Form als die war, die sie bisher angenommen hatte. Ein Pragmatist wendet einem ganzen Haufen veralteter Gewohnheiten, die den Fachphilosophen liebgeworden sind, ein für allemal entschlossen den Rücken.

Er wendet sich weg von Abstraktionen und Unzulänglichkeiten, weg von Problemlösungen, die nur Worte sind, weg von schlechten a priori-Begründungen, von festgelegten Prinzipien, von geschlossenen Systemen, weg von dem Absoluten und den Ursprüngen. Er wendet sich vielmehr zu der Wirklichkeit und Angemessenheit, zu den Tatsachen, zum Handeln und zur Macht. Das bedeutet so viel als Herrschaft der empirischen Stimmung und ehrliches Aufgeben des rationalistischen Temperamentes. Es bedeutet die freie Luft und die mannigfachen Gestaltungen der Natur, entgegengehalten dem Dogma, der Künstelei, dem Anspruch auf endgültige Wahrheit.

Dabei stellt der Pragmatismus keineswegs bestimmte Ergebnisse fest. Er ist nur eine Methode. Aber der allgemeine Sieg dieser Methode würde eine große Veränderung dessen herbeiführen, was ich in meiner ersten Vorlesung das Temperament der Philosophie genannt habe. Die Anhänger des extrem rationalistischen Typus würden kalt gestellt werden, ebenso wie der Höflingstypus in Republiken und der Typus des ultramontanen Priesters in protestantischen Ländern kalt gestellt werden. Wissenschaft und Metaphysik würden einander näher kommen und könnten tatsächlich Hand in Hand miteinander arbeiten.

Die Metaphysik hat in der Regel eine recht primitive Art der Untersuchung zur Anwendung gebracht. Sie wissen, welche Vorliebe die Menschen immer für verbotene Magie hatten, und Sie wissen, welche große Rolle in der Magie immer die *Worte* gespielt haben. Sie können den Geist, den Dämon, oder wie immer die Macht heißt, beherrschen, wenn Sie nur seinen Namen und die Zauberformel kennen, die ihn bindet. Salomo kannte die Namen der Geister, und da er die Namen hatte, so waren sie alle seinem Willen unterworfen. So erschien das Universum dem natürlichen Geist immer wie ein Rätsel, dessen Lösung in der Gestalt eines erleuchtenden, Macht bringenden Wortes oder Namens gesucht wurde. Dieses Wort gibt dem Weltprinzip einen Namen, und dieses Wort besitzen, heißt in gewissem Sinne so viel als die Welt besitzen. »Gott«, »Materie«, »Vernunft«, »Das Absolute«, »Energie«, das alles sind solche rätsellösende Namen. Wir können uns beruhigen, wenn wir sie haben. Wir sind am Ende unserer metaphysichen Untersuchung angelangt.

Wenn Sie aber der pragmatischen Methode folgen, dann können Sie solch ein Wort niemals als den Abschluß Ihrer Untersuchung ansehen. Sie müssen aus jedem solchen Wort seinen praktischen Kassenwert herausbringen, müssen es innerhalb des Stromes Ihrer Erfahrung arbeiten lassen. Dann erscheint es nicht mehr als Lösung, sondern vielmehr als ein Programm für neue Arbeit, und, genauer gesagt, als ein Hinweis auf die Mittel, durch welche existierende Realitäten *verändert* werden können.

Theorien sind dann nicht mehr Antworten auf Rätselfragen, Antworten, bei denen wir uns beruhigen können; *Theorien werden vielmehr zu Werkzeugen.*

Wir liegen nicht ruhig auf dem Faulbett der Theorien, wir dringen vorwärts und bearbeiten mit ihrer Hilfe wiederholt die Natur. Der Pragmatismus nimmt allen Theorien ihre Steifheit, macht sie geschmeidig und läßt jede arbeiten. Da er nichts wesentlich Neues ist, so harmoniert er mit vielen alten philosophischen Richtungen. So stimmt er mit dem Nominalismus darin überein, daß er sich überall an das Einzelne hält, mit dem Utilitarismus darin, daß er überall den praktischen Standpunkt betont, mit dem Positivismus in der Verachtung, die er den bloß sprachlichen Problemlösungen, überflüssigen Fragestellungen und metaphysischen Abstraktionen entgegenbringt.

All das sind, wie Sie sehen, antiintellektualistische Tendenzen. Gegen die Ansprüche und gegen die Methode des Rationalismus ist der Pragmatismus in voller Rüstung und steter Kriegsbereitschaft. Aber er tritt, wenigstens im Ausgangspunkt, für keine bestimmten Ergebnisse ein. Er hat keine Dogmen und keine Lehre außer seiner

Methode. Der Pragmatismus liegt, wie der junge italienische Pragmatist *Papini* treffend gesagt hat, in der Mitte unserer Theorien wie ein Korridor in einem Hotel. Unzählige Zimmer gehen auf diesen Korridor. In dem einen dieser Zimmer finden Sie vielleicht einen Mann, der an einer atheistischen Schrift arbeitet, im nächsten einen andern, der auf seinen Knien um Glauben und Kraft betet, in einem dritten einen Chemiker, der die Eigenschaften eines Körpers untersucht. In einem vierten wird ein System idealistischer Metaphysik entworfen und in einem fünften wird die Unmöglichkeit jeder Metaphysik bewiesen. Ihnen allen aber gehört der Korridor zu eigen. Alle müssen ihn passieren, wenn sie einen praktikabeln Weg in ihre Zimmer oder aus denselben brauchen.

Die pragmatische Methode bedeutet also keineswegs bestimmte Ergebnisse, sondern nur eine orientierende Stellungnahme. Und zwar eine Stellungnahme, die uns absehn macht von ersten Dingen, von Prinzipien, von Kategorien, von vorausgesetzten Notwendigkeiten; und eine Stellungnahme, die uns hinblicken läßt auf letzte Dinge, auf Früchte, auf Folgen, auf Tatsachen.

So viel über die pragmatische Methode. Sie werden sagen, daß ich Ihnen diese Methode mehr angepriesen als erklärt habe, allein ich werde sie jetzt ausführlich genug erklären, indem ich an einigen gut bekannten Problemen zeige, wie sie wirkt. Nun hat aber das Wort Pragmatismus auch noch eine weitere Bedeutung bekommen, indem man darunter auch eine bestimmte Wahrheitstheorie versteht. Ich werde, wenn ich erst den Weg gebahnt habe, der Darstellung dieser Theorie eine ganze Vorlesung widmen und kann mich deshalb jetzt kurz fassen. Kurzen Darstellungen ist aber schwer zu folgen und so erbitte ich mir für eine Viertelstunde Ihre verdoppelte Aufmerksamkeit. Wenn Manches dunkel bleibt, so hoffe ich, es in den nächsten Vorlesungen klarer zu machen.

Der Teil der Philosophie, der in unserer Zeit mit dem größten Erfolge bearbeitet wird, ist die sogenannte induktive Logik, d. h. die Erforschung der Bedingungen, unter denen sich unsere Wissenschaften entwickelt haben. Alle, die darüber schreiben, sind zu einer sehr bemerkenswerten Übereinstimmung gelangt über die Bedeutung der Naturgesetze und Elementartatsachen, wenn diese von Mathematikern, Physikern und Chemikern in Formeln gebracht werden. Als die ersten mathematischen, logischen und naturwissenschaftlichen Gleichförmigkeiten, die ersten *Gesetze,* entdeckt wurden, da waren die Menschen von der Klarheit, Schönheit und

Einfachheit, die darin waltete, so hingerissen, daß sie überzeugt waren, sie hätten die ewigen Gedanken des Allmächtigen authentisch entziffert. Sein Geist war es, der in Syllogismen donnerte und erdröhnte. Er dachte in Kegelschnitten, in Quadraten, Wurzeln und Verhältnissen. Er trieb Geometrie wie *Euklid.* Er machte *Keplers* Gesetze, auf daß ihnen die Planeten folgen. Er ließ bei fallenden Körpern die Geschwindigkeit im Verhältnis zur Zeit zunehmen. Er schuf das Sinusgesetz für die Brechung des Lichtes. Er schuf die Klassen, Ordnungen, Familien und Arten der Pflanzen und Tiere und stellte ihre Unterschiede fest. Er hatte die Urformen aller Dinge gedacht und ihre Variation geregelt. Und wenn wir eine seiner wunderbaren Einrichtungen wieder entdecken, dann erfassen wir ganz die Intention seines Geistes.

Aber wie die Wissenschaften sich weiter entwickelt haben, hat der Gedanke Boden gewonnen, daß die meisten Gesetze, vielleicht alle, nur Annäherungsformeln sind. Die Gesetze selbst sind so zahlreich geworden, daß man sie nicht mehr zählen kann. Dabei werden in allen Wissenschaften so verschiedene Formulierungen ausgesprochen, daß die Forscher sich an den Gedanken gewöhnt haben, keine Theorie sei eine genaue Kopie der Wirklichkeit, sondern jede von ihnen könnte von einem bestimmten Standpunkt aus brauchbar sein. Der große Nutzen der Theorien besteht darin, daß sie alte Tatsachen zusammenfassen und zu neuen hinführen. Sie sind nur eine von Menschen geschaffene Sprache, eine Art begrifflicher Kurzschrift, wie jemand sie genannt hat, in der wir unsere Berichte über die Natur niederschreiben. Jede Sprache aber läßt bekanntlich Mannigfaltigkeit in der Wahl des Ausdrucks zu und es gibt da immer verschiedene Dialekte.

So ist aus der wissenschaftlichen Logik die göttliche Notwendigkeit vertrieben worden und menschliche Willkür ist an ihre Stelle getreten. Wenn ich die Namen *Sigwart, Mach, Ostwald, Pearson, Milhaud, Poincaré, Duhem, Heymans* nenne, so werden die Fachmänner unter Ihnen leicht die Richtung erkennen, von der ich spreche, und es werden Ihnen dabei noch weitere Namen einfallen.

Getragen von dieser Bewegung erscheinen nun *Schiller* und *Dewey* mit ihrer pragmatischen Erklärung dessen, was Wahrheit überall bedeutet. Wahrheit, so lehren diese Männer, in unsern Gedanken und Überzeugungen bedeutet genau dasselbe, was Wahrheit in der Wissenschaft ist. Diese Bedeutung besteht einzig und allein darin, daß Gedanken, die ja selbst nur Teile der Erfahrung sind, genau in dem Umfang wahr sind, als sie uns behilflich sind, uns in zweckentsprechende Beziehungen zu andern Teilen unsrer Erfahrung zu setzen, diese Erfahrungen zusammenzufassen und, anstatt der unendlichen Reihe der einzelnen Phänomene nachzugehn, es uns möglich machen, uns mit Hilfe begrifflicher Abkürzungen innerhalb unserer Erfahrungen zu bewegen. Jeder Gedanke, der uns sozusagen als Vehikel dient, jeder Gedanke, der uns glücklich von irgend einem Teile unserer Erfahrung zu irgend einem andern Teile hinführt, indem er die Dinge zweckentsprechend verknüpft, sicher arbeitet, vereinfacht, Arbeit erspart, ist genau in dem Umfange, genau in dem Grade wahr, als er dies alles tut. Jede solche Idee ist wahr als *Denkmittel*. Dies ist die »instrumentale« Theorie der Wahrheit, die so erfolgreich in Chicago gelehrt wird, dies die Theorie, wonach Wahrheit unserer Ideen soviel bedeutet als ihr Arbeitswert, die so geistvoll in Oxford vorgetragen wird.

Dewey, Schiller und ihre Anhänger sind zu diesem allgemeinen Begriff der Wahrheit gelangt, indem sie einfach dem Beispiel der Geologen, Biologen und Philologen folgten.

Beim Aufbau dieser Wissenschaften bestand die erfolgreiche Operation immer darin, daß man einen einfachen Vorgang hernahm, den man tatsächlich beobachten konnte, z. B. Denudation durch die Witterung, Abweichung vom elterlichen Typus, eine Änderung der Sprache durch Einverleibung neuer Wörter und neuer Arten der Aussprache – diesen Vorgang dann verallgemeinerte, ihn auf alle Zeiten anwendete und große Ergebnisse gewann, indem man die sich summierenden Wirkungen desselben durch alle Perioden verfolgte.

Der beobachtbare Vorgang, den *Schiller* und *Dewey* zur Verallgemeinerung herausgriffen, ist der bekannte, den jeder einzelne Mensch erlebt, wenn er sich *neuen Ansichten* anpaßt. Der Vorgang ist hier immer derselbe. Der einzelne Mensch hat bereits einen Vorrat von *alten Ansichten*. Jetzt stößt er auf eine neue Erfahrung und dies setzt die alten Meinungen in Bewegung. Jemand widerspricht ihnen, oder wir entdecken in einem Augenblicke des Nachdenkens, daß sie einander widersprechen; oder wir hören von Tatsachen, mit denen sie unvereinbar sind. Oder es entsteht in uns ein Verlangen, das durch die alten Meinungen nicht befriedigt wird. Das Resultat ist eine Verwirrung in unserem Innern, die unserm Geiste bis jetzt fremd war, von der wir uns nun befreien wollen, indem wir unsere früheren Meinungen modifizieren. Wir retten davon, so viel wir können, denn in solchen Glaubenssachen sind wir alle extrem konservativ. Wie versuchen also zuerst diese, dann jene Meinung zu ändern (sie leisten nämlich der Änderung in sehr verschiedenem Grade Widerstand), bis endlich eine neue Idee kommt, die wir dem alten Vorrat mit einem Minimum von Störung einverleiben können, eine Idee, die zwischen dem alten Vorrat und der neuen Erfahrung vermittelt und beide miteinander in sehr glücklicher und bequemer Weise verschmilzt.

Dieser neue Gedanke wird dann als wahr angenommen. Er läßt den alten Vorrat von Wahrheiten mit einem Minimum der Modifikation bestehen, dehnt die alten Überzeugungen nur so weit aus, daß sie die neue Erscheinung in sich aufnehmen können, bewegt sich aber dabei auf so vertrauten Gedankenbahnen, als es der Fall nur immer zuläßt. Eine zu weit gehende Erklärung, die alle unsere Vorurteile zerstört, würde niemals für eine wahre Erklärung der neuen Erscheinung gelten können. Wir würden uns den Kopf zerbrechen, bis wir etwas weniger Exzentrisches gefunden hätten. Die gewaltsamste Umwälzung in den Überzeugungen eines Menschen läßt noch immer das meiste vom alten Vorrat bestehen. Zeit und Raum, Ursache und Wirkung, Natur und Geschichte, unsere persönliche Lebensentwicklung bleiben von solchen Revolutionen unangetastet. Jede neue Wahrheit ist ein Vermitteln, ein Mildern von Übergängen. Sie vermählt die alte Meinung mit der neuen Tatsache, mit einem Minimum von Erschütterung und einem Maximum von Kontinuität. Wir halten eine Theorie in dem Maße für wahr, als sie dieses Problem der Maxima uns Minima erfolgreich zu lösen vermag. Diese Lösung ist freilich immer nur eine approximative. Wir sagen: Diese Theorie löst dieses Problem in befriedigenderer Weise als jene; aber »befriedigender« heißt befriedigender *für uns*, und jeder wird dabei auf einen anderen Punkt mehr Gewicht legen. Bis zu einem gewissen Grade ist hier alles im Flusse.

Der Punkt nun, den ich Sie besonders zu beachten bitte, ist die Rolle, die die *alten Wahrheiten* dabei spielen. Die Nichtberücksichtigung dieser Rolle hat zum großen Teile die ungerechte Kritik verursacht, die gegen den Pragmatismus aufgeboten wurde. Der Einfluß dieser alten Wahrheiten ist unbedingt maßgebend. Ehrliche Rücksicht auf denselben ist der erste Grundsatz, oft sogar der einzige Grundsatz. Denn in den meisten Fällen, wo Phänomene behandelt werden, die so neu sind, daß sie eine ernstliche Neugestaltung unserer frühern Auffassung verlangen, pflegt man die Vor-Urteile zu ignorieren oder diejenigen schlecht zu behandeln, die auf ihr Vorhandensein hinweisen.

Sie wünschen gewiß Beispiele für diesen Entwicklungsprozeß der Wahrheit und die einzige Schwierigkeit ist hier die Überfülle. Der einfachste Fall einer neuen Wahrheit ist dann gegeben, wenn wir neue Arten von Tatsachen oder neue Einzeltatsachen alter Art einfach zu unserer Erfahrung zahlenmäßig hinzu addieren, eine Addition, die keine Änderung in den alten Überzeugungen zur Folge hat. Ein Tag folgt dem andern und der Inhalt des nächsten wird einfach zu dem früheren dazu addiert. Die neuen Inhalte sind an sich nicht wahr, sie *kommen* und *sind da.* Wahrheit liegt nur in dem, was wir von ihnen aussagen, und wenn wir sagen, daß sie gekommen sind, so besteht die Wahrheit hier in der einfachen Additionsformel.

Oft aber zwingt der Inhalt des Tages zu Umgestaltungen. Wenn ich jetzt durchdringende Schreie ausstieße und mich auf der Rednerbühne wie ein Wahnsinniger gebärdete, so würde dies viele von Ihnen dazu veranlassen, Ihre Gedanken über den wahrscheinlichen Wert meiner Philosophie zu ändern. Eines Tages stellte sich das Radium als Tageserlebnis ein und schien für einen Augenblick unseren Ansichten über die Natur zu widersprechen, da die Ordnung der Natur auf das Gesetz der Erhaltung der Energie gestellt war. Wenn man sah, wie das Radium gleichsam aus der eigenen Tasche ins Unendliche Wärme ausstrahlte, so schien das Energiegesetz verletzt. Was sollte man da denken? Wenn die Ausstrahlungen nichts anderes wären als eine Entladung potentieller Energie, die im Innern der Atome vorhanden war, so wäre das Prinzip der Erhaltung gerettet. Die Entdeckung des Helium, als Ergebnis der Strahlung, öffnete einen Weg zu dieser Überzeugung. Deshalb wird *Ramsays* Ansicht, obgleich sie unsern Begriff der Energie erweitert, doch allgemein für wahr gehalten, weil sie nur ein Minimum von Veränderung der alten Auffassung bewirkt.

Ich brauche die Beispiele nicht zu häufen. Eine neue Meinung gilt in dem Maße für wahr, als sie unser Bedürfnis, das Neue der Erfahrung mit den alten Überzeugungen zu assimilieren, zu befriedigen vermag. Die neue Ansicht muß sich sowohl an die alte Wahrheit anlehnen als auch neue Tatsachen in sich begreifen, und der Erfolg ist dabei, wie ich eben sagte, von unserer subjektiven Bewertung mitbedingt. Wenn also alte Wahrheiten sich durch Hinzufügung neuer weiter entwickeln, so spielen dabei subjektive Gründe mit. Wir sind selbst in den Vorgang eingeschaltet und lassen uns durch diese subjektiven Gründe bestimmen. Der neue Gedanke ist dann am wahrsten, wenn er unserer doppelten Forderung am glücklichsten gerecht wird. Die Art, wie der Gedanke wirkt, macht ihn wahr und läßt ihn als wahr anerkannt werden. Er pfropft sich gleichsam selbst auf den alten Stamm von Wahrheiten, der dann ebenso weiter wächst, wie ein Baum durch die Wirkung eines neuen Kambriumringes.

Dewey und *Schiller* gehen nun weiter, verallgemeinern diese Beobachtung und wenden sie auf die ältesten Wahrheiten an. Auch diese waren einst im Flusse. Auch sie vermittelten zwischen noch ältern Wahrheiten und dem, was damals neue Beobachtungen waren. Rein objektive Wahrheit, die nicht frühere Teile der Erfahrung mit neuer Erfahrung vermählte, eine Wahrheit, bei deren Befestigung die subjektive Befriedigung über diese Vermittlung keine Rolle gespielt hätte, ist nirgends zu finden. Wir nennen die Dinge wahr, weil sie *wahr sind*, denn wahr-sein heißt nichts anderes, als eben diesen Vermählungsakt vollziehen.

Der Schlangenschweif des Menschlichen haftet an jeglichem Ding. Unabhängige Wahrheit, Wahrheit, die wir bloß finden, Wahrheit, die nicht zur Befriedigung menschlicher Bedürfnisse verwendet wird, unabänderliche Wahrheit, ja die gibt es in der Tat in überreichem Maße – oder wird wenigstens von rationalistisch gestimmten Denkern als existierend angenommen. Aber dann bedeutet sie nur das tote Herz des lebendigen Baumes und ihr Vorhandensein will nur sagen, daß auch die Wahrheit ihre Paläontologie und ihre Verjährungsfrist hat, daß auch die Wahrheit nach vielen Dienstjahren steife Glieder bekommt und in den Meinungen der Menschen vor lauter Alter versteinert. Aber wie plastisch selbst die ältesten Wahrheiten trotzdem tatsächlich sind, das hat sich in unsern Tagen in der Umgestaltung der logischen und mathematischen Ideen gezeigt, einer Umgestaltung, die jetzt auch in die Physik einzudringen scheint. Die alten Formeln werden umgedeutet und als Spezialfälle weit umfassenderer Prinzipien aufgefaßt, Prinzipien, von deren heutiger Gestaltung und Formulierung unsere Vorfahren keine Ahnung hatten.

Schiller gibt dieser Wahrheitstheorie den Namen Humanismus. Aber auch für diese Lehre scheint der Name Pragmatismus sich immer mehr zu verbreiten und so will ich sie in diesen Vorlesungen unter dem Namen Pragmatismus behandeln.

Das wäre also das Wesen des Pragmatismus. Erstens eine Methode und zweitens eine genetische Wahrheitstheorie.

[…]

Der Pragmatismus nun hat, so sehr er sich auch an Tatsachen hält, doch nicht die Hinneigung zum Materialismus, an der der gewöhnliche Empirismus krankt. Er hat nichts gegen Abstraktionen, so lange wir uns mit ihrer Hilfe auf dem Gebiete der Einzeltatsachen bewegen und so lange sie uns tatsächlich zu etwas hinführen. Da er sich nur für solche Schlüsse interessiert, die unser Geist und unsere Erfahrung gemeinsam herausarbeiten, hat er keineswegs von vornherein ein Vorurteil gegen die Theologie. Wenn theologische Gedanken einen Wert für das wirkliche Leben haben, dann werden sie für den Pragmatismus in dem Sinne wahr sein, daß sie eben dieses Gute an sich haben. Ihr etwaiger höherer Wahrheitswert wird ganz und gar von den Beziehungen zu andern Wahrheiten abhängen, die ebenfalls anerkannt werden müssen.

[…]

Ich bin mir dessen wohl bewußt, daß es Ihnen recht seltsam vorkommt, wenn Sie mich sagen hören, ein Gedanke sei so lang wahr, als der Glaube an ihn für unser Leben nützlich ist. Daß er gut ist, insofern er nützt, werden Sie gerne zugeben. Wenn das, was wir mit Hilfe eines Gedankens tun, gut ist, so werden Sie auch zugeben, daß der Gedanke selbst so weit gut ist, denn wir sind besser daran, weil wir ihn besitzen. Aber, werden Sie sagen, ist es nicht ein seltsamer Mißbrauch des Wortes »Wahrheit«, Gedanken aus diesem Grunde auch *wahr* zu nennen?

Auf diese schwierigen Fragen erschöpfend zu antworten, ist mir zu dieser Stunde noch nicht möglich. Sie berühren hier den zentralen Punkt von *Schillers, Deweys* und meiner eigenen Wahrheitstheorie, die ich ausführlich erst in dem sechsten Vortrag erörtern kann. Lassen Sie mich jetzt nur soviel sagen, daß die Wahrheit *eine Art des Guten* und nicht, wie man gewöhnlich annimmt, eine davon verschiedene, dem Guten koordinierte Kategorie ist. *Wahr heißt alles, was sich auf dem Gebiete der intellektuellen Überzeugung aus bestimmt angebbaren Gründen als gut erweist.* Wenn wahre Gedanken – das müssen Sie wohl zugeben – nichts enthielten, was für das Leben gut ist, oder wenn die Kenntnis dieser wahren Gedanken positiv schädlich und falsche Urteile die einzig nützlichen wären, dann hätte die allgemein geltende Ansicht, daß die Wahrheit göttlich und köstlich und daß ihr nachzustreben Pflicht ist, sich niemals zu einem Dogma entwickeln können. In einer so beschaffenen Welt wäre es vielmehr unsere Pflicht, die Wahrheit zu *scheuen*. Aber in dieser wirklichen Welt ist es nicht so. So wie gewisse Nahrungsmittel nicht nur für unseren Geschmack angenehm, sondern auch für unsere Zähne, für unsern Magen, für den Aufbau unserer Gewebe gut sind, so sind gewisse Ideen nicht nur angenehm zu denken, nicht nur angenehm, weil sie andere uns lieb gewordene Ideen stützen, sondern sie helfen uns auch in den praktischen Kämpfen des Lebens. Wenn es eine Lebensführung gibt, die besser ist als eine andere, und wenn eine Idee, vorausgesetzt, daß wir an sie glauben, uns helfen könnte, das bessere Leben zu führen, dann wäre es ja tatsächlich besser für uns, an diese Idee zu glauben, es sei denn, daß dieser Glaube mit andern wichtigen Lebensförderungen in Konflikt käme.

»Was für uns zu glauben besser wäre!« Das klingt ganz so wie eine Definition der Wahrheit. Es ist beinahe so viel, als wenn ich sagte: »Was wir glauben sollten«, und in dieser Definition würde wohl keiner von Ihnen eine Ungereimtheit erblicken. Sollen wir nicht wirklich immer das glauben, was zu glauben für uns besser ist? Und können wir dann den Begriff dessen, was für uns besser ist, und dessen, was für uns wahr ist, auf die Dauer auseinanderhalten?

Der Pragmatismus sagt: »Nein,« und ich stimme vollständig mit ihm überein. Vielleicht stimmen Sie auch zu, solange es bei der abstrakten allgemeinen Konstatierung bleibt, können aber einen Verdacht nicht unterdrücken. Ich meine den Verdacht, daß, wenn wir in der Praxis alles glauben wollten, was uns für unser persönliches Leben wohl tut, wir dann leicht dazu kämen, uns allen Phantastereien über die Dinge dieser Welt und jedem sentimentalen Aberglauben in bezug auf eine künftige Welt hinzugeben. Ihr Verdacht ist unzweifelhaft wohl begründet, und es ist klar, daß beim Übergang vom Abstrakten zum Konkreten etwas geschieht, wodurch die Situation komplizierter wird.

Ich sagte soeben, was für uns besser sei, zu glauben, das sei wahr, vorausgesetzt, daß es nicht mit andern Lebensförderungen in Konflikt kommt. Nun frage ich: Mit was für Lebensförderungen können einzelne bestimmte Überzeugungen am leichtesten in Konflikt kommen? Offenbar mit den Lebensförderungen, die durch andere Überzeugungen vermittelt werden, wenn diese sich mit den frühern als unvereinbar erweisen. Mit andern Worten: Die größten Feinde jeder einzelnen von unsern Wahrheiten sind unsere übrigen Wahrheiten. Wahrheiten haben einmal diesen unwiderstehlichen Trieb der Selbsterhaltung und die Tendenz, alle Wahrheiten zu vernichten, die ihnen widersprechen.

[...]

William James, Was will der Pragmatismus?, in: Der Pragmatismus. Ein neuer Name für alte Denkmethoden, Nachdruck der Übers. von Wilhelm Jerusalem von 1908. Mit Einl. u. Register hg. von Klaus Oehler. (Philosophische Bibliothek Bd. 297). 2. Aufl. mit neuen bibliogr. Hinweisen Hamburg (Felix Meiner) 1994; 237–247 u. 250–253.

(1) Horkheimer kritisiert Pra. als: Reduktion der Vernunft auf ein bloßes Instrument

Text 4

Pierre Duhem

Pierre Maurice Marie Duhem, *10.6.1861 (Paris), Studium der Physik in Paris; 1888 Promotion mit einer Arbeit über die Theorie des Magnetismus. Nach Lehrtätigkeit in Lille und Rennes 1894 Professor für theoretische Physik in Bordeaux. Den Ruf auf den neu eingerichteten Lehrstuhl für Geschichte der Naturwissenschaften am Collège de France in Paris lehnte er ab. †14.9.1916 (Cabrespine). – Duhem hat Bedeutendes geleistet als Physiker (u.a. zur Hydrodynamik und Strömungslehre), als Wissenschaftshistoriker (u.a. Entdeckung wichtiger physikalischer Arbeiten aus dem 14. Jahrhundert) und als Wissenschaftsphilosoph. Er hatte einen starken Einfluß auf den Wiener Kreis, aber er hatte auch Einsichten, deren Bedeutung erst einige Jahrzehnte später, im Zuge der Kritik am logischen Empirismus, voll erkannt wurde. Theorien sind nach Duhem (1904, 1905) formale Systeme, mit deren Hilfe man Schlußfolgerungen über die beobachtbaren Phänomene ziehen (Instrumentalismus), nicht jedoch die Wirklichkeit hinter den Phänomenen abbilden kann. In bezug auf das Experiment lehrte er, daß bei einer empirischen Prüfung einer Hypothese stets ein Gefüge weiterer Annahmen vorausgesetzt werden muß – heute als Duhem-Quine-These bekannt.
Werke: L'évolution de la mécanique (1903); La théorie physique, son objet et sa structure (1904/1905); Études sur Léonard de Vinci (1906–1913); Sozein ta Phainomena: Essai sur la notion de théorie physique de Platon à Galilée (1908); Le système du monde: Histoire des doctrines cosmologiques, de Platon à Copernic (1913–1917); La science allemande (1915).

Die physikalische Theorie und das Experiment (1908)

[...]

§2. – Ein physikalisches Experiment kann niemals zur Verwerfung einer isolierten Hypothese, sondern immer nur zu der einer ganzen theoretischen Gruppe, führen.

Der Physiker, der ein Experiment ausführt oder über dasselbe berichtet, anerkennt implizite die Richtigkeit einer ganzen Gruppe von Theorien. Nehmen wir dieses Prinzip an und sehen wir, welche en man daraus ableiten kann, wenn man die Rolle und gweite eines physikalischen Experimentes einschätzen

Um jeden Irrtum zu vermeiden, unterscheiden wir zwei Arten von Experimenten: Experimentelle *Anwendungen,* die uns ohne weiteres eine Angabe machen und experimentelle *Prüfungen,* wie sie uns vor allem beschäftigen werden.

Wir befinden uns einem physikalischen Problem gegenüber, das wir praktisch lösen sollen. Um diese oder jene Wirkung hervorzubringen, müssen wir von den von den Physikern erlangten Kenntnissen Gebrauch machen. Wir wollen zum Beispiel eine Glühlampe zum Leuchten bringen. Die als zulässig erkannten Theorien geben uns die Hülfsmittel zur Lösung dieses Problems an. Aber um von diesen Hülfsmitteln Gebrauch machen zu können, müssen wir uns gewisse Aufschlüsse verschaffen. Wir müssen, wie wir annehmen wollen, die elektromotorische Kraft der Akkumulatorenbatterie, die wir besitzen, bestimmen. Wir messen diese elektromotorische Kraft. Hier haben wir eine *experimentelle Anwendung* vor uns. Dieses Experiment hat nicht den Zweck festzustellen, ob die als zulässig erkannten Theorien richtig sind oder nicht; es soll einfach aus diesen Theorien Nutzen ziehen. Um es auszuführen, machen wir von diesen Instrumenten, durch die die Richtigkeit dieser selben Theorien dargelegt wird, Gebrauch. Darin ist nichts, was die Logik verletzt.

Aber der Physiker hat es nicht nur mit den experimentellen Anwendungen, durch die die Wissenschaft allein die Praxis unterstützen kann, zu tun. Nicht durch sie wurde die Wissenschaft geschaffen und entwickelt, sondern durch die *experimentellen Prüfungen,* die neben den experimentellen Anwendungen vorgenommen werden.

Wie wird ein Physiker, wenn er ein bestimmtes Gesetz bestreitet, wenn er einen gewissen Punkt der Theorie in Zweifel zieht, die Entscheidung über seine Zweifel fällen, wie wird er die Unrichtigkeit des Gesetzes beweisen? Er wird aus dem in Frage gestellten Lehrsatz eine Vorhersage einer experimentellen Tatsache folgern, und sodann die Bedingungen, unter denen diese Tatsache entstehen muß, realisieren. Wenn die angekündigte Tatsache nicht entsteht, ist der Lehrsatz, der sie vorhergesagt, unrettbar gerichtet.

F. E. Neumann meinte, daß die Schwingung eines polarisierten Lichtstrahles parallel zur Polarisationsebene sei. Viele Physiker haben diesen Lehrsatz in Zweifel gezogen. Was hat Hr. O. Wiener getan, um diesen Zweifel in Gewißheit zu verwandeln, um zu zeigen, daß der Lehrsatz von Neumann zu verwerfen sei? Er leitete aus diesem Lehrsatz folgende Konsequenz ab: Wenn man ein Lichtbündel, das unter 45° an einer Glasplatte reflektiert wurde mit dem einfallenden Bündel, das normal zur Einfallsebene polarisiert ist, interferieren läßt, müssen helle und dunkle Fransen, die parallel zur reflektierenden Fläche sind, entstehen. Er realisierte die Bedingungen, unter denen diese Fransen entstehen sollten und zeigte, daß die erwartete Erscheinung nicht eintrat. Er folgerte daraus, daß der Lehrsatz von F. E. Neumann falsch sei, daß in einem polarisierten Strahl die Schwingung nicht parallel zur Polarisationsebene sei. Eine derartige Beweismethode scheint ebenso überzeugend und unwiderlegbar, wie wenn etwas nach der bei den Mathematikern üblichen Methode ad absurdum geführt wird. Dieser Beweis ist übrigens der Methode des ad-absurdum-Führens nachgebildet, wobei der experimentelle Widerspruch im einen Falle, die Rolle des logischen Widerspruches im anderen spielt.

In Wirklichkeit fehlt viel dahin, daß die Beweiskraft der experimentellen Methode ebenso streng und absolut sei. Die Bedingungen, unter denen sie zur Anwendung kommt, sind viel verwickelter als wir es vorausgesetzt haben. Die Bestimmung der Resultate ist viel heikler und der Bestätigung bedürftig.

Ein Physiker will die Unrichtigkeit eines Lehrsatzes beweisen. Um aus diesem Lehrsatz eine zu erwartende Erscheinung abzuleiten, um das Experiment, das zeigen soll, ob diese Erscheinung eintritt oder nicht, anzuordnen, um die Resultate dieses Experimentes zu interpretieren und um zu konstatieren, ob die erwartete Erscheinung aufgetreten sei, kann er sich nicht auf die Anwendung des in Frage stehenden Lehrsatzes beschränken. Er wendet noch eine ganze Gruppe von Theorien an, die von ihm nicht in Frage gestellt sind. Das Auftreten oder Nichtauftreten der Erscheinung, das die Debatte entscheiden soll, ergibt sich nicht aus dem strittigen Lehrsatz allein, sondern aus der Verbindung desselben mit dieser ganzen Gruppe von Theorien. Wenn die erwartete Erscheinung nicht auftritt, wird nicht nur der einzige strittige Lehrsatz widerlegt, sondern das ganze theoretische Gerüst, von dem der Physiker Gebrauch gemacht hat. Das Experiment lehrt uns bloß, daß unter allen Lehrsätzen, die dazu gedient haben, die Erscheinung vorauszusagen und zu konstatieren, daß sie nicht auftritt, mindestens einer ein Irrtum sei. Aber wo dieser Irrtum liegt, sagt es uns nicht. Erklärt der Physiker, daß dieser Irrtum gerade in dem Lehrsatz, den er widerlegen will, enthalten sei und nirgends anders? Das würde bedeuten, daß er implizite die Richtigkeit aller anderen Lehrsätze, von denen er Gebrauch macht, annimmt. Ebensoviel, wie dieses Vertrauen, ist sein Schluß wert.

Nehmen wir zum Beispiel das von Zenker erdachte und von Hrn. O. Wiener realisierte Experiment. Als Hr. O. Wiener die Gestalt der Fransen unter gewissen Bedingungen voraussagte und zeigte, daß dieselben nicht auftreten, machte er nicht nur von dem berühmten Lehrsatz von F. E. Neumann, den er widerlegen wollte, Gebrauch. Er nahm nicht nur an, daß in einem polarisierten Strahl die Schwingungen parallel zur Polarisationsebene seien, sondern er bediente sich auch unter anderem der allgemein anerkannten Lehrsätze, der Gesetze und der Hypothesen, aus denen die Optik besteht. Er nahm an, daß das Licht aus einfachen, periodischen Schwingungen bestehe, daß diese Schwingungen normal zum Lichtstrahl seien, daß in jedem Punkte die mittlere lebendige Kraft der Schwingungsbewegung die Lichtintensität messe, daß die verschiedenen Grade dieser Intensität daran gemessen werden, inwieweit eine photographische Platte angegriffen wird. Diese verschiedenen Lehrsätze und viele andere, die aufzuzählen zu weitläufig wäre, mußte er dem von Neumann hinzufügen, damit er eine Voraussage formulieren und erkennen konnte, daß das Experiment dasselbe widerlege. Wenn nach Hrn. Wiener die Widerlegung einzig und allein dem Lehrsatz von Neumann gilt, wenn dieser allein die Verantwortung für den Fehler, den diese Widerlegung aufgedeckt hat, trägt, so bedeutet das, daß Hr. Wiener die anderen Sätze, die er verwendete, über allen Zweifel erhaben hielt. Aber dieses Vertrauen tritt nicht mit logischer Notwendigkeit auf. Nichts hindert uns, den Lehrsatz von F. E. Neumann für richtig zu halten und die Schuld des experimentellen Widerspruches irgend einem anderen gewöhnlich für zulässig gehaltenen Lehrsatz der Optik zuzuschreiben. Man kann sehr wohl, wie Hr. H. Poincaré gezeigt hat, die Hypothese von Neumann vor den Fangarmen des Experimentes des Hrn. O. Wiener bewahren, aber nur unter der Bedingung, daß man zum Tausch dafür die Hypothese, die die mittlere lebendige Kraft der Schwingungsbewegung zum Maß der Lichtintensität macht, preisgibt. Man kann, ohne mit dem Experiment in Widerspruch zu kommen, die Schwingung parallel zur Polarisationsebene annehmen, vorausgesetzt, daß man die Lichtintensität durch die mittlere potentielle Energie des Mediums, das durch die Schwingungsbewegung deformiert wird, mißt.

Diese Prinzipien haben eine solche Bedeutung, daß es vielleicht nicht unnütz sein dürfte, sie auf ein anderes Beispiel anzuwenden. Wählen wir noch ein Experiment, das als eines der entscheidendsten in der Optik betrachtet wird.

Wie bekannt hat Newton eine Theorie der optischen Erscheinungen, die Emissionstheorie, entworfen. Die Emissionstheorie nimmt an, daß das Licht aus außerordentlich feinen Projektilen besteht, die mit ungeheurer Geschwindigkeit von der Sonne und anderen Lichtquellen weggeschleudert werden. Diese Projektile durchdringen alle durchsichtigen Körper. Von den verschiedenen Teilen der Medien, in deren Innern sie sich bewegen, werden auf sie anziehende oder abstoßende Kräfte ausgeübt. Dieselben sind sehr kräftig, wenn die Distanz, die die wirkenden Partikeln trennt, ganz klein ist, sie verschwinden, wenn die Massen, zwischen denen sie auftreten, sich merkbar voneinander entfernen. Diese grundlegenden Hypothesen führen in Verbindung mit mehreren andern, die wir mit Stillschweigen übergehen wollen, zu einer vollständigen Theorie der Reflexion und Refraktion des Lichtes. Im besonderen ergibt sich aus ihnen folgende Konsequenz: Der Brechungsindex des Lichtes beim Übergang aus einem Medium in ein anderes ist gleich der Geschwindigkeit des leuchten Projektils im Innern des Mediums, in das es eintritt, geteilt durch die Geschwindigkeit desselben Projektils im Innern des Mediums, das es verläßt.

Diese Konsequenz hat Arago gewählt, um zu beweisen, daß die Emissionstheorie mit den Tatsachen in Widerspruch stehe. Aus diesem Lehrsatz ergibt sich nämlich folgender andere: Das Licht bewegt sich im Wasser schneller als in Luft. Arago gab nun ein Verfahren an, um die Geschwindigkeit des Lichtes in Luft mit der in Wasser zu vergleichen. Das Verfahren war allerdings unanwendbar, aber Foucault modifizierte das Experiment in der Art, daß es ausgeführt werden konnte und führte es auch aus. Er fand, daß das Licht sich weniger schnell im Wasser als in der Luft bewege. Daraus kann man mit Foucault schließen, daß das System der Emission mit den Tatsachen unvereinbar sei.

Ich sage das *System* der Emission, und nicht die *Hypothese* der Emission, denn es ist in der Tat die ganze Gruppe der von Newton, ebenso wie nachher von Laplace und Biot anerkannten Lehrsätze, in der das Experiment einen Fehler aufgewiesen hat. Es ist die ganze Theorie, aus der die Beziehung zwischen dem Brechungsindex und der Lichtgeschwindigkeit in verschiedenen Medien abgeleitet wird. Aber indem das Experiment dieses System als ganzes verwirft, indem es erklärt, daß es mit einem Fehler behaftet sei, sagt es nichts darüber, wo dieser Fehler liegt. Liegt er in der fundamentalen Hypothese, daß das Licht aus Projektilen besteht, die mit großer Geschwindigkeit von den leuchtenden Körpern weggeschleudert werden? Liegt er in irgend einer anderen Annahme über die Wirkungen, die die leuchtenden Teilchen von seiten der Medien, in deren Innern sie sich bewegen, erfahren? Wir wissen darüber nichts. Es wäre verwegen zu glauben, wie Arago gedacht zu haben scheint, daß das Experiment von Foucault unwiderbringlich die Emissions-Hypothese selbst, die Ersetzung eines Lichtstrahles durch einen Schwarm von Projektilen, vernichte. Wenn die Physiker einen Preis auf die Aufstellung eines optischen Systems, das auf diese Annahme gegründet und dabei mit dem Experiment von Foucault in Übereinstimmung steht, gesetzt hätten, würden sie sicher eine derartige Arbeit erhalten haben.

All dies zusammengefaßt ergibt sich, daß der Physiker niemals eine isolierte Hypothese, sondern immer nur eine ganze Gruppe von Hypothesen der Kontrolle des Experimentes unterwerfen kann. Wenn das Experiment mit seinen Voraussagungen in Widerspruch steht, lehrt es ihn, daß wenigstens eine der Hypothesen, die diese Gruppe bilden, unzulässig ist und modifiziert werden muß.

Wir befinden uns da recht weit von der experimentellen Methode, wie sie gerne jene Leute, die ihrer Funktion fremd gegenüberstehen, auffassen. Man denkt gewöhnlich, daß jede Hypothese, deren sich die Physik bedient, isoliert genommen und der Kontrolle des Experimentes unterworfen werden kann. Wenn dann verschiedene und vielfache Prüfungen den Wert derselben konstatieren ließen, kann sie in definitiver Weise in dem System der Physik ihren Platz finden. In Wirklichkeit ist es nicht so. Die Physik ist keine Maschine, die sich demontieren läßt. Man kann nicht jedes Stück isoliert untersuchen und voraussetzen, daß nur genau auf ihre Festigkeit kontrollierte Stücke montiert werden. Die physikalische Wissenschaft ist ein System, das man als Ganzes nehmen muß, ist ein Organismus, von dem man nicht einen Teil in Funktion setzen kann, ohne daß auch die entferntesten Teile desselben ins Spiel treten, die einen in höherem die anderen in geringerem, aber alle in irgend einem Grade. Wenn irgend eine Störung, irgend eine Beschwerde in seiner Funktion auftritt, so ist sie in der Tat durch das gesamte System hervorgerufen, und der Physiker muß das Organ finden, welches in Ordnung gebracht oder modifiziert werden muß, ohne daß es ihm möglich wäre, dieses Organ zu isolieren und es einzeln zu prüfen. Der Uhrmacher, dem man eine Uhr gibt, die nicht geht, nimmt alle Räder derselben heraus und prüft jedes einzeln, bis er das gefunden, welches fehlerhaft oder gebrochen ist. Der Arzt, der einen Kranken untersucht, kann diesen nicht zerschneiden, um seine Diagnose aufzustellen. Er muß den Sitz und die Ursache des Übels einzig und allein durch die Feststellung der Unregelmäßigkeiten, die am Körper als Ganzes auftreten, erkennen. Diesem und nicht jenem gleicht der Physiker, der eine lahme Theorie wieder auf die Beine bringen soll.

[…]

§ 10. – Der gesunde Menschenverstand hat zu beurteilen, welche Hypothesen aufgegeben werden müssen.

Wenn das Experiment gewissen Konsequenzen einer Theorie widerspricht, lehrt es uns wohl, daß diese Theorie modifiziert, aber es sagt uns nicht, was an ihr geändert werden müsse. Dem Scharfsinn des Physikers bleibt die Sorge überlassen, den Fehler zu suchen, an dem das ganze System leidet. Kein absolutes Prinzip leitet diese Untersuchung, die die verschiedenen Physiker auf sehr verschiedene Art und Weise ausführen können, ohne das Recht zu haben, einander als unlogisch anzuklagen. Der eine kann sich zum Beispiel bemüßigt sehen, gewisse fundamentale Hypothesen aufrechtzuerhalten, indem er sich bemüht, durch Komplikation der Darstellung, in der diese Hypothesen angewendet werden, durch Aufsuchung verschiedener Fehlerquellen, durch Vermehrung der Korrektionen, die Übereinstimmung zwischen den Konsequenzen der Theorie und den Tatsachen wieder herzustellen. Ein anderer, der diese komplizierten Kniffe verschmäht, kann zum Entschluß kommen, eine der wesentlichen Annahmen, die das ganze System tragen, zu ändern. Der erstere hat nicht das Recht, von vornherein die Kühnheit des zweiten zu verdammen, ebensowenig, wie der zweite, die Zaghaftigkeit des ersten als absurd behandeln darf. Die Methoden, die sie verfolgen, können nur durch das Experiment gerechtfertigt werden, und wenn sie alle beide seinen Anforderungen genügen, ist es *logisch* zulässig, daß sowohl der eine wie der andere mit seiner Arbeit zufrieden ist.

Das will keineswegs sagen, daß man nicht mit sehr großer Berechtigung die Arbeit des einen der des anderen vorziehen kann. Die reine Logik ist keineswegs die einzige Regel unserer Urteile. Gewisse Meinungen, die nicht durch das Prinzip des Widerspruchs unmöglich werden, können dennoch vollkommen unvernünftig sein. Jene Motive, die nicht aus der Logik hervorgehen und dennoch unsere Wahl bestimmen, jene »Gründe, die die Vernunft nicht kennt«, die zum Scharfsinn und nicht zum mathematischen Denken sprechen, bilden das, was man recht geeignet als *gesunden Menschenverstand* bezeichnet.

Es kann nun geschehen, daß der *gesunde Menschenverstand* uns ermöglicht, zwischen unseren beiden Physikern zu entscheiden. Es kann geschehen, daß wir die Eile, mit der der zweite die Prinzipien einer großen und harmonisch gebauten Theorie zertrümmert, wenig verständig finden, während eine Änderung im Detail, eine einfache Korrektion genügt hätte, diese Theorie wieder mit den Tatsachen in Einklang zu bringen. Es kann dagegen geschehen, daß wir die Hartnäckigkeit, mit der der erste Physiker, koste es was es wolle, um den Preis fortwährender Verbesserungen und eines Wirrwarrs verwickelter Stützpfeiler an den wurmstichigen Säulen eines Gebäudes festhält, das an allen Ecken wackelt, für kindisch und unvernünftig halten, während es nach Demolierung dieses Gebäudes möglich wäre, auf neuen Hypothesen ein einfaches, elegantes und widerstandsfähiges System zu bauen.

Aber diese Gründe des gesunden Menschenverstandes drängen sich nicht mit derselben unabänderlichen Strenge, wie die Vorschriften der Logik auf; sie besitzen etwas Unsicheres, Schwankendes; sie zeigen sich nicht zu gleicher Zeit, mit gleicher Klarheit in alten Köpfen. Daher rührt die Möglichkeit der langen Streitigkeiten zwischen den Anhängern eines alten Systems und den Vorkämpfern einer neuen Lehre, in denen jedes Lager behauptet, den gesunden Menschenverstand auf seiner Seite zu haben, in denen jede Partei die Gründe des Gegners für unzureichend hält. Solche Streitigkeiten zeigt uns die Geschichte der Physik in unzähligen Fällen, in allen Epochen, auf allen Gebieten. Beschränken wir uns darauf, an die Hartnäckigkeit und Scharfsinnigkeit zu erinnern, mit der Biot in der Optik durch fortgesetztes Anbringen von Korrektionen und Zusatzhypothesen an der Emissionstheorie festhielt, während Fresnel dieser Lehre stets neue Experimente entgegenhielt, die der Undulationstheorie günstig waren.

Dennoch dauert dieser Zustand der Unentschiedenheit stets nur eine gewisse Zeit. Eines Tages erklärt sich der gesunde Menschenverstand so deutlich zugunsten der einen der beiden Parteien, daß die andere auf den Kampf verzichtet, wenn auch die reine Logik seine Fortsetzung nicht verbieten würde. Nachdem das Experiment von Foucault gezeigt hatte, daß das Licht sich schneller in Luft als in Wasser fortpflanze, verzichtete Biot auf die Aufrechterhaltung der Emissionshypothese. In aller Strenge hätte die reine Logik zu diesem Verzicht nicht genötigt, denn das Foucaultsche Experiment war keineswegs das *Experimentum crucis,* das Arago in ihm zu sehen glaubte. Wenn aber Biot länger der Undulationstheorie Widerstand geleistet hätte, würde es ihm *an gesundem Menschenverstand gemangelt haben.*

Da der Augenblick, in dem eine ungenügende Hypothese einer fruchtbaren Annahme Platz machen muß, nicht mit strenger Präzision durch die Logik vorgezeichnet wird, da der gesunde Menschenverstand diesen Augenblick erkennen muß, können die Physiker diesen Entscheid beschleunigen und die Schnelligkeit des wissenschaftlichen Fortschrittes steigern, indem sie sich bemühen, in sich selbst den gesunden Menschenverstand möglichst hell und wachsam zu erhalten. Nichts trägt nun mehr dazu bei, den gesunden Menschenverstand einzuengen, die klare Einsicht zu trüben, als Leidenschaften und Interessen. Nichts verzögert daher mehr die Entscheidung, die in einer physikalischen Theorie eine glücklichere Form bestimmen soll, als die Eitelkeit, die den Physiker zu nachsichtig gegen sein eigenes, zu strenge gegen ein fremdes System macht. Wir sind daher zu folgendem Schluß gelangt, der überaus klar von Claude Bernard formuliert wurde: Die gesunde experimentelle Kritik einer Hypothese ist bestimmten moralischen Bedingungen unterworfen; zur richtigen Einschätzung der Übereinstimmung einer physikalischen Theorie mit den Tatsachen genügt es nicht, daß man ein guter Mathematiker und geschickter Experimentator sei, man muß auch ein unparteiischer und aufrichtiger Richter sein.

[…]

Pierre Duhem

Pierre Duhem, Die physikalische Theorie und das Experiment, in: Ziel und Struktur der physikalischen Theorien, Autorisierte Übersetzung von Friedrich Adler. Mit einem Vorwort von Ernst Mach. Mit einer Einl. u. Bibliographie hg. von Lothar Schäfer (Philosophische Bibliothek Bd. 477). Hamburg (Felix Meiner) 1998; 243–249 u. 290–293.

Text 5

Karl R. Popper

Karl Raimund Popper, *28.7.1902 (Wien). Neben verschiedenen Studien an der Wiener Universität absolvierte Popper eine Tischlerlehre und eine Lehrerausbildung. 1928 Promotion (»Zur Methodenfrage der Denkpsychologie«) bei Karl Bühler. 1930–1935 Hauptschullehrer in Wien. Kontakte zum »Wiener Kreis« regten ihn an zu seiner »Logik der Forschung« (1935). 1937 Flucht vor den Nationalsozialisten nach Neuseeland; dort entstand »The Open Society and Its Enemies«. 1946 Prof. an der London School of Economics; Gründung des Department of Philosophy, Logic, and Scientific Method. 1965 Erhebung in den Adelsstand. †17.9.1994 (nahe London). – Popper zählt zu den bedeutendsten Denkern dieses Jahrhunderts. Berühmt wurde er bald nach dem Erscheinen seiner »Logik der Forschung«, die seine Lehre von der Falsifizierbarkeit wissenschaftlicher Theorien enthält. Diese Lehre erweiterte er später zum kritischen Rationalismus: Menschliche Problemlösungsversuche (in Erkenntnis, Moral, Politik usw.) sind grundsätzlich fehlbar, Gewißheit ist nicht erreichbar, Rationalität bedeutet Offenheit für Kritik. Poppers Lehre, ursprünglich eine Kritik am logischen Empirismus (wie ihn der Wiener Kreis vertrat), bestimmte bis in die 70er Jahre wesentlich die Problemstellungen und Diskussionsthemen der modernen Wissenschaftsphilosophie. Noch bekannter wurden in der breiten Öffentlichkeit seine Werke zur Sozialphilosophie, in denen er gegen jede Art totalitärer Systeme und für eine offene Gesellschaft eintrat.
Werke: Logik der Forschung (1935); The Open Society and Its Enemies (1945); The Poverty of Historicism (1957); Conjectures and Refutations (1963); Objective Knowledge (1972); The Self and Its Brain (1977, with J. C. Eccles); The Postscript to the Logic of Scientific Discovery (1982–1983).

Logik der Forschung (1935)

I. Kapitel

Grundprobleme der Erkenntnislogik

Die Tätigkeit des wissenschaftlichen Forschers besteht darin, Sätze oder Systeme von Sätzen aufzustellen und systematisch zu überprüfen; in den empirischen Wissenschaften sind es insbesondere Hypothesen, Theoriensysteme, die aufgestellt und an der Erfahrung durch Beobachtung und Experiment überprüft werden.

Wir wollen festsetzen, daß die Aufgabe der Forschungslogik oder Erkenntnislogik darin bestehen soll, dieses Verfahren, die empirisch-wissenschaftliche Forschungsmethode, einer logischen Analyse zu unterziehen.

Was aber sind empirisch-wissenschaftliche Methoden? Was nennen wir »empirische Wissenschaft«?

1. Das Problem der Induktion. Die empirischen Wissenschaften können nach einer weitverbreiteten, von uns aber nicht geteilten Auffassung durch die sogenannte induktive Methode charakterisiert werden; Forschungslogik wäre demnach Induktionslogik, wäre logische Analyse dieser induktiven Methode.

Als induktiven Schluß oder Induktionsschluß pflegt man einen Schluß von *besonderen Sätzen,* die z. B. Beobachtungen, Experimente usw. beschreiben, auf *allgemeine Sätze,* auf Hypothesen oder Theorien zu bezeichnen.

Nun ist es aber nichts weniger als selbstverständlich, daß wir logisch berechtigt sein sollen, von besonderen Sätzen, und seien es noch so viele, auf allgemeine Sätze zu schließen. Ein solcher Schluß kann sich ja immer als falsch erweisen: Bekanntlich berechtigen uns noch so viele Beobachtungen von weißen Schwänen nicht zu dem Satz, daß *alle* Schwäne weiß sind.

Die Frage, ob und wann induktive Schlüsse berechtigt sind, bezeichnet man als Induktionsproblem.

Man kann das Induktionsproblem auch als die Frage nach der Geltung der allgemeinen Erfahrungssätze, der empirisch-wissenschaftlichen Hypothesen und Theoriensysteme, formulieren. Denn diese Sätze sollen ja »auf Grund von Erfahrung gelten«; Erfahrungen (Beobachtungen, Ergebnisse von Experimenten) können wir aber vorerst nur in besonderen Sätzen aussprechen. Spricht man von der »empirischen Geltung« eines allgemeinen Satzes, so meint man, daß seine Geltung auf die von besonderen Erfahrungssätzen zurückgeführt, also auf induktive Schlüsse gegründet werden kann. Die Frage nach der Geltung der Naturgesetze ist somit nur eine andere Form der Frage nach der Berechtigung des induktiven Schlusses.

Versucht man, die induktiven Schlüsse in irgendeiner Weise

zu rechtfertigen, so muß man ein »*Induktionsprinzip*« aufstellen, d.h. einen Satz, der gestattet, induktive Schlüsse in eine logisch zugängliche Form zu bringen. Nach Auffassung der Induktionslogiker ist ein solches Induktionsprinzip für die wissenschaftliche Methode von größter Bedeutung: »... dieses Prinzip entscheidet über die Wahrheit wissenschaftlicher Theorien. Es aus der Wissenschaft streichen zu wollen, hieße nichts anderes, als die Entscheidung über Wahrheit und Falschheit der Theorien aus der Wissenschaft herauszunehmen. Aber es ist klar, daß dann die Wissenschaft nicht mehr das Recht hätte, ihre Theorien von den willkürlichen Gedankenschöpfungen der Dichter zu unterscheiden.« [Reichenbach][1]

Ein solches Induktionsprinzip kann keine logische Tautologie, kein analytischer Satz sein: Gäbe es ein tautologisches Induktionsprinzip, so gäbe es ja gar kein Induktionsproblem, denn die induktiven Schlüsse wären dann, genau wie andere logische (deduktive) Schlüsse, tautologische Umformungen. Das Induktionsprinzip muß demnach ein synthetischer Satz sein, ein Satz, dessen Negation nicht kontradiktorisch (logisch möglich) ist; man muß also fragen, welche Gründe dafür sprechen, ein solches Prinzip aufzustellen, d.h., wie es wissenschaftlich *gerechtfertigt* werden kann.

Zwar betonen die Induktionslogiker, »daß das Induktionsprinzip von der gesamten Wissenschaft rückhaltlos anerkannt wird, und daß es keinen Menschen gibt, der dieses Prinzip, auch für das tägliche Leben, ernstlich bezweifelt«[2]; aber selbst wenn dem so wäre – auch »die gesamte Wissenschaft« könnte ja schließlich irren –, so würden wir doch die Auffassung vertreten, daß die Einführung eines Induktionsprinzips überflüssig ist und zu logischen Widersprüchen führen muß.

Daß Widersprüche zumindest schwer vermeidbar sind, steht wohl (seit Hume) außer Zweifel: Das Induktionsprinzip kann natürlich nur ein *allgemeiner* Satz sein; versucht man, es als einen »empirisch gültigen« Satz aufzufassen, so tauchen sofort dieselben Fragen nochmals auf, die zu seiner Einführung Anlaß gegeben haben. Wir müßten ja, um das Induktionsprinzip zu rechtfertigen, induktive Schlüsse anwenden, für die wir also ein Induktionsprinzip höherer Ordnung voraussetzen müßten usw. Eine empirische

---

[1] Reichenbach, Erkenntnis 1 (1930), S. 186 (vgl. auch S. 64f.). [...]
[2] Reichenbach, Erkenntnis 1 (1930), S. 67.

Auffassung des Induktionsprinzips scheitert also daran, daß sie zu einem *unendlichen Regreß* führt.

Einen gewaltsamen Ausweg aus dieser Schwierigkeit hat Kant dadurch versucht, daß er das Induktionsprinzip (in Form eines »Kausalprinzips«) als »a priori gültig« betrachtete; sein geistvoller Versuch, synthetische Urteile *a priori zu begründen,* ist jedoch nicht geglückt.

Die angedeuteten Schwierigkeiten der Induktionslogik sind, wie wir glauben, unüberwindlich; und zwar auch für die heute wohl meistens vertretene Auffassung, daß induktive Schlüsse zwar nicht »strenge Gültigkeit«, aber doch einen gewissen *Grad von »Sicherheit« oder »Wahrscheinlichkeit«* vermitteln. Induktive Schlüsse wären danach »Wahrscheinlichkeitsschlüsse«[3]. »Wir nannten das Induktionsprinzip das Mittel für den Wahrheitsentscheid der Wissenschaft. Genauer müssen wir sagen, daß es dem Wahrscheinlichkeitsentscheid dient. Denn Wahrheit oder Falschheit ist ... nicht die Alternative der Wissenschaft, sondern es gibt für wissenschaftliche Sätze nur stetige Wahrscheinlichkeitsstufen, deren unerreichbare Grenzen nach oben und unten Wahrheit und Falschheit sind.« [Reichenbach][4]

Wir können hier davon absehen, daß die Induktionslogiker, die diese Auffassung vertreten, einen Wahrscheinlichkeitsbegriff verwenden, den wir, als höchst unzweckmäßig gebildet, ablehnen werden (vgl. *80);* die besprochenen Schwierigkeiten werden nämlich durch Berufung auf die »Wahrscheinlichkeit« nicht berührt. Denn wenn man den induzierten Sätzen einen gewissen Grad von Wahrscheinlichkeit zuschreibt, muß man sich wieder auf ein – entsprechend modifiziertes – Induktionsprinzip berufen und dieses seinerseits wieder rechtfertigen. Und wenn man das Induktionsprinzip selbst nicht als »wahr«, sondern als bloß »wahrscheinlich« hinstellt, ändert sich darin nichts: Ebenso wie jede andere Form der Induktionslogik führt auch die »Wahrscheinlichkeitslogik« entweder zu einem unendlichen Regreß oder zum Apriorismus.

---

[3] Vgl. Keynes, Über Wahrscheinlichkeit (deutsch von Urban, 1926); Külpe, Vorlesungen über Logik (herausg. von Selz, 1923); Reichenbach (der von »Wahrscheinlichkeitsimplikationen« spricht), Axiomatik der Wahrscheinlichkeitsrechnung, Mathem. Zeitschr. *34,* 1932 (und viele andere Arbeiten).

[4] Reichenbach, Erkenntnis 1 (1930), S. 186.

Unsere im folgenden entwickelte Auffassung steht in schärfstem Widerspruch zu allen induktionslogischen Versuchen; man könnte sie etwa als Lehre von der *deduktiven Methodik der Nachprüfung* kennzeichnen.

Um diese (»deduktivistische«[5]) Auffassung diskutieren zu können, müssen wir zunächst den Gegensatz zwischen der empirischen *Erkenntnispsychologie* und der nur an logischen Zusammenhängen interessierten *Erkenntnislogik* klarstellen; das induktionslogische Vorurteil hängt nämlich eng mit einer Vermengung von psychologischen und erkenntnistheoretischen Fragestellungen zusammen – die, nebenbei bemerkt, nicht nur für die Erkenntnistheorie, sondern auch für die Psychologie unangenehme Folgen hat.

2. Ausschaltung des Psychologismus. Wir haben die Tätigkeit des wissenschaftlichen Forschers eingangs dahin charakterisiert, daß er Theorien aufstellt und überprüft.

Die erste Hälfte dieser Tätigkeit, das Aufstellen der Theorien, scheint uns einer logischen Analyse weder fähig noch bedürftig zu sein: An der Frage, wie es vor sich geht, daß jemandem etwas Neues einfällt – sei es nun ein musikalisches Thema, ein dramatischer Konflikt oder eine wissenschaftliche Theorie –, hat wohl die empirische Psychologie Interesse, nicht aber die Erkenntnislogik. Diese interessiert sich nicht für *Tatsachenfragen* (Kant: »quid facti«), sondern nur für *Geltungsfragen* (»quid juris«) – das heißt für Fragen von der Art: ob und wie ein Satz begründet werden kann; ob er nachprüfbar ist; ob er von gewissen anderen Sätzen logisch abhängt oder mit ihnen in Widerspruch steht usw. Damit aber ein Satz in diesem Sinn erkenntnislogisch untersucht werden kann, muß er bereits vorliegen; jemand muß ihn formuliert, der logischen Diskussion unterbreitet haben.

Wir wollen also scharf zwischen dem Zustandekommen des Einfalls und den Methoden und Ergebnissen seiner logischen Dis-

---

[5] Als erster dürfte wohl Liebig (Induktion und Deduktion, 1865) im Namen der Naturforschung die induktive Methode abgelehnt haben; er wendet sich gegen Bacon. Ausgeprägt *»deduktivistische«* Gedankengänge vertreten Duhem (Ziel und Struktur der physikalischen Theorien, deutsch von Adler, 1908) [es finden sich aber in Duhems Buch auch induktivistische Ansichten, z. B. im dritten Kapitel des ersten Teiles, wo wir erfahren, daß nur Experimente, Induktion und Verallgemeinerung Descartes' zu seinem Brechungsgesetz führten]; und in V. Kraft (Die Grundformen der wissenschaftlichen Methoden, 1925); vgl. auch Carnap (Erkenntnis 2, 1932, S. 440).

kussion unterscheiden und daran festhalten, daß wir die Aufgabe der Erkenntnistheorie oder Erkenntnislogik (im Gegensatz zur Erkenntnispsychologie) derart bestimmen, daß sie lediglich die Methoden der systematischen Überprüfung zu untersuchen hat, der jeder Einfall, soll er ernst genommen werden, zu unterwerfen ist.

Hier könnte man einwenden, es wäre zweckmäßiger, die Aufgabe der Erkenntnistheorie dahin zu bestimmen, daß sie den Vorgang des Entdeckens, des Auffindens einer Erkenntnis, »rational nachkonstruieren« soll. Es kommt aber darauf an, *was* man nachkonstruieren will: Will man die Vorgänge bei der *Auslösung* des Einfalls nachkonstruieren, dann würden wir den Vorschlag ablehnen, darin die Aufgabe der Erkenntnislogik zu sehen. Wir glauben, daß diese Vorgänge nur empirisch-psychologisch untersucht werden können und mit Logik wenig zu tun haben. Anders, wenn der Vorgang der nachträglichen *Prüfung* eines Einfalls, durch die ja der Einfall erst als Entdeckung entdeckt, als Erkenntnis erkannt wird, rational nachkonstruiert werden soll: Sofern der Forscher seinen Einfall kritisch beurteilt, abändert oder verwirft, könnte man unsere methodologische Analyse auch als eine rationale Nachkonstruktion der betreffenden denkpsychologischen Vorgänge auffassen. Nicht, daß sie diese Vorgänge so beschreibt, wie sie sich tatsächlich abspielen: sie gibt nur ein logisches Gerippe des Prüfungsverfahrens. Gerade das aber dürfte man wohl unter der rationalen Nachkonstruktion eines Erkenntnisvorganges verstehen.

Unsere Auffassung (von der die Ergebnisse unserer Untersuchung jedoch unabhängig sind), daß es eine logische, rational nachkonstruierbare Methode, etwas Neues zu entdecken, nicht gibt, pflegt man oft dadurch auszudrücken, daß man sagt, jede Entdeckung enthalte ein »irrationales Moment«, sei eine »schöpferische Intuition« (im Sinne Bergsons); ähnlich spricht Einstein über »... das Aufsuchen jener allgemeinsten ... Gesetze, aus denen durch reine Deduktion das Weltbild zu gewinnen ist. Zu diesen ... Gesetzen führt kein logischer Weg, sondern nur die auf Einfühlung in die Erfahrung sich stützende Intuition.«[1]

[1] Ansprache zu Max Plancks 60. Geburtstag. Die zitierten Sätze beginnen mit den Worten: »Höchste Aufgabe des Physikers ist also das Aufsuchen ...« usw. (zitiert nach: Einstein, Mein Weltbild, 1934, S. 168). Ähnliche Gedanken zuerst wohl bei Liebig, a. a. O.; vgl. auch Mach, Prinzipien der Wärmelehre (1896), S. 443 ff.

3. Die deduktive Überprüfung der Theorien. Die Methode der kritischen Nachprüfung, der Auslese der Theorien, ist nach unserer Auffassung immer die folgende: Aus der vorläufig unbegründeten Antizipation, dem Einfall, der Hypothese, dem theoretischen System, werden auf logisch-deduktivem Weg Folgerungen abgeleitet; diese werden untereinander und mit anderen Sätzen verglichen, indem man feststellt, welche logischen Beziehungen (z. B. Äquivalenz, Ableitbarkeit, Vereinbarkeit, Widerspruch) zwischen ihnen bestehen.

Dabei lassen sich insbesondere vier Richtungen unterscheiden, nach denen die Prüfung durchgeführt wird: der logische Vergleich der Folgerungen untereinander, durch den das System auf seine innere Widerspruchslosigkeit hin zu untersuchen ist; eine Untersuchung der logischen Form der Theorie mit dem Ziel, festzustellen, ob es den Charakter einer empirisch-wissenschaftlichen Theorie hat, also z. B. nicht tautologisch ist; der Vergleich mit anderen Theorien, um unter anderem festzustellen, ob die zu prüfende Theorie, falls sie sich in den verschiedenen Prüfungen bewähren sollte, als wissenschaftlicher Fortschritt zu bewerten wäre; schließlich die Prüfung durch »empirische Anwendung« der abgeleiteten Folgerungen.

Diese letzte Prüfung soll feststellen, ob sich das Neue, das die Theorie behauptet, auch praktisch bewährt, etwa in wissenschaftlichen Experimenten oder in der technisch-praktischen Anwendung. Auch hier ist das Prüfungsverfahren ein deduktives: Aus dem System werden (unter Verwendung bereits anerkannter Sätze) empirisch möglichst leicht nachprüfbare bzw. anwendbare singuläre Folgerungen (»Prognosen«) deduziert und aus diesen insbesondere jene ausgewählt, die aus bekannten Systemen nicht ableitbar sind bzw. mit ihnen in Widerspruch stehen. Über diese – und andere – Folgerungen wird nun im Zusammenhang mit der praktischen Anwendung, den Experimenten usw., entschieden. Fällt die Entscheidung positiv aus, werden die singulären Folgerungen anerkannt, *verifiziert*, so hat das System die Prüfung vorläufig bestanden; wir haben keinen Anlaß, es zu verwerfen. Fällt eine Entscheidung negativ aus, werden Folgerungen *falsifiziert*, so trifft ihre Falsifikation auch das System, aus dem sie deduziert wurden.

Die positive Entscheidung kann das System immer nur vorläufig stützen; es kann durch spätere negative Entscheidungen immer wieder umgestoßen werden. Solang ein System eingehenden und strengen deduktiven Nachprüfungen standhält und durch die fortschreitende Entwicklung der Wissenschaft nicht überholt wird, sagen wir, daß es sich *bewährt*.

Induktionslogische Elemente treten in dem hier skizzierten Verfahren nicht auf; niemals schließen wir von der Geltung der singulären Sätze auf die der Theorien. Auch durch ihre verifizierten Folgerungen können Theorien niemals als »wahr« oder auch nur als »wahrscheinlich« erwiesen werden.

Unsere Untersuchung wird darin bestehen, die hier nur kurz angedeuteten deduktiven Nachprüfungsmethoden eingehender zu analysieren und zu zeigen, daß wir im Rahmen dieser Auffassung über jene Fragen Auskunft geben können, die man als »erkenntnistheoretisch« zu bezeichnen pflegt; daß also die ganze induktionslogische Problematik eliminierbar ist, ohne daß dadurch neue Schwierigkeiten entstehen.

4. Das Abgrenzungsproblem. Der ernsteste unter den Einwänden, die man gegen unsere Ablehnung der induktiven Methode erheben kann, ist wohl der, daß wir damit auf ein, wie es scheint, entscheidendes Kennzeichen der empirischen Wissenschaft verzichten, wodurch die Gefahr eines Abgleitens der empirischen Wissenschaften in Metaphysik entsteht. Was uns aber zur Ablehnung der Induktionslogik bestimmt, das ist gerade, daß wir in dieser induktiven Methode kein geeignetes *Abgrenzungskriterium* sehen können, d.h. kein Kennzeichen des empirischen, nichtmetaphysischen Charakters eines theoretischen Systems.

Die Aufgabe, ein solches Kriterium zu finden, durch das wir die empirische Wissenschaft gegenüber Mathematik und Logik, aber auch gegenüber »metaphysischen« Systemen abgrenzen können, bezeichnen wir als *Abgrenzungsproblem*[1].

Schon Hume hat diese Aufgabe gesehen und zu lösen versucht[2], aber erst von Kant wurde sie in den Mittelpunkt der erkenntnistheoretischen Problematik gestellt. Bezeichnet man (nach

[1] Dazu (aber auch zu *1* bis *6*, *13* bis *24)* vgl. meine Note: Erkenntnis 3 (1933), S. 426 […]. [Die Ziffern *1* bis *6* beziehen sich auf die jeweiligen Abschnitte der *Logik der Forschung*.]

[2] Vgl. die letzten Sätze der Enquiry on Human Understanding. […]

Kant) das Induktionsproblem als »Humesches Problem«, so könnte man das Abgrenzungsproblem »Kantsches Problem« nennen.

Von diesen beiden Problemen, auf die fast alle anderen Probleme der Erkenntnistheorie zurückgehen, ist das Abgrenzungsproblem wohl das grundlegende: Die Vorliebe der empiristischen Erkenntnistheorie für die »Methode der Induktion« kann zwanglos dadurch erklärt werden, daß man in dieser Methode ein geeignetes Abgrenzungskriterium zu finden glaubte; insbesondere gilt das für jene empiristischen Richtungen, die man durch das Schlagwort »Positivismus« zu kennzeichnen pflegt.

Der ältere Positivismus wollte als wissenschaftlich [oder legitim] nur solche *Begriffe* anerkennen, die »aus der Erfahrung stammen«; also etwa jene, die sich auf elementare Erfahrungsbegriffe (Empfindungen, Impressionen, Wahrnehmungen, Erinnerungserlebnisse oder dgl.) logisch zurückführen lassen. Der neuere Positivismus sieht meist deutlicher, daß die Wissenschaft kein System von Begriffen ist, sondern ein System von *Sätzen*, und will nur jene Sätze als »wissenschaftlich« oder »legitim« anerkennen, die sich auf elementare Erfahrungssätze (insbesondere »Wahrnehmungsurteile«, »Elementarsätze«, »Protokollsätze« oder dgl.) logisch zurückführen lassen. Es ist klar, daß dieses Abgrenzungskriterium mit der Forderung der Induktionslogik identisch ist.

Dadurch, daß wir die Induktionslogik ablehnen, sind auch diese Abgrenzungsversuche für uns unbrauchbar. Damit erhält aber das Abgrenzungsproblem für uns erhöhte Bedeutung: Die Lösung der Aufgabe, ein brauchbares Abgrenzungskriterium anzugeben, ist entscheidend für jede nichtinduktionslogische Erkenntnistheorie.

Der Positivismus faßt das Abgrenzungsproblem »naturalistisch« auf: nicht als Frage nach einer zweckmäßigen Festsetzung, sondern als Frage eines sozusagen »von Natur aus« existierenden Unterschiedes zwischen Erfahrungswissenschaft und Metaphysik. Immer wieder versucht er, zu beweisen, daß die Metaphysik sinnloses Gerede ist – »Blendwerk« (wie Hume sagt), das »ins Feuer« gehört.

Sofern man nun unter »*sinnlos*« per definitionem nichts anderes verstehen wollte, als »nicht empirisch-wissenschaftlich«, wäre eine Kennzeichnung der Metaphysik durch den Terminus »sinnlos« trivial; denn man hat die Metaphysik wohl meist als nichtempirisch definiert. Aber natürlich glaubt der Positivismus über die Metaphysik viel mehr sagen zu können, als daß sie nichtempirische Sätze enthält: Unzweifelhaft steckt in dem Worte »sinnlos« eine abfällige Wertung; nicht um eine Abgrenzung geht es, sondern um die Überwindung[3], um die Vernichtung der Metaphysik. Dennoch liefen dort, wo der Positivismus versuchte, seinen Sinnbegriff schärfer zu präzisieren, diese Bemühungen im wesentlichen darauf hinaus, die »sinnvollen Sätze« (im Gegensatz zu den »sinnlosen Scheinsätzen«) durch das oben formulierte induktionslogische Abgrenzungskriterium zu definieren.

Besonders deutlich zeigt sich das bei Wittgenstein, bei dem jeder »sinnvolle Satz« logisch auf »Elementarsätze« zurückführbar[4] sein muß, die, wie übrigens alle »sinnvollen Sätze«, als »Bilder der Wirklichkeit«[5] charakterisiert werden. Das Wittgensteinsche Sinnkriterium stimmt somit mit dem oben gekennzeichneten induktionslogischen Abgrenzungskriterium überein, wenn man die Worte »wissenschaftlich-legitim« durch das Wort »sinnvoll« ersetzt. Dieser Abgrenzungsversuch scheitert aber am Induktionsproblem. Der positivistische Radikalismus vernichtet mit der Metaphysik auch die Naturwissenschaft: Auch die Naturgesetze sind auf elementare Erfahrungssätze *logisch* nicht zurückführbar. Wendet man das Wittgensteinsche Sinnkriterium konsequent an, so sind auch die Naturgesetze, die aufzusuchen »höchste Aufgabe des Physikers ist« (Einstein[6]), sinnlos, d. h. keine echten (legitimen) Sätze; und in der Tat ist eine solche Auffassung, die das Induktionsproblem als »gegenstandslos«, als ein Scheinproblem zu entlarven suchte, [von Schlick] vertreten worden: »Das Induktionsproblem besteht ja in der Frage nach der logischen Rechtfertigung *allgemeiner Sätze* über die Wirklichkeit … Wir erkennen mit Hume, daß es für sie keine logische Rechtfertigung gibt; es kann sie nicht geben, weil sie *keine echten Sätze* sind.«[7]

---

[3] Carnap, Erkenntnis 2 (1932), S. 219 ff. Bereits Mill verwendet den Ausdruck »sinnlos« in ähnlicher Weise […].

[4] Wittgenstein, Tractatus Logico-Philosophicus (1918/1922), Satz 5. […]

[5] Wittgenstein, a. a. O., Sätze 4,01, 4,03, 2,221.

[6] Vgl. Anm. 1 zu 2.

[7] Schlick, Naturwissenschaften 19 (1931), S. 156 (im Original kein Kursivdruck.) Schlick schreibt über die Naturgesetze (a. a. O. S. 151): »Es ist ja oft bemerkt worden, daß man von einer absoluten Verifikation eines Gesetzes eigentlich nie sprechen kann, da wir sozusagen stets stillschweigend den Vorbehalt machen, es auf Grund späterer Erfahrungen modifizieren zu dürfen. Wenn ich nebenbei ein paar Worte über die logische Situation sagen darf, so bedeutet der eben erwähnte Umstand, daß ein Naturge-

Das induktionslogische Abgrenzungskriterium führt also nicht zu einer Abgrenzung, sondern zu einer Gleichsetzung der naturwissenschaftlichen und metaphysischen Theoriensysteme (die, vom Standpunkt des positivistischen Sinndogmas beurteilt, beide nur sinnlose Scheinsätze sind); nicht zu einer Ausschaltung, sondern zu einem Einbruch der Metaphysik in die empirische Wissenschaft[8].

Im Gegensatz zu diesen »antimetaphysischen« Versuchen sehen wir unsere Aufgabe nicht darin, die Metaphysik zu überwinden, sondern darin, die empirische Wissenschaft in zweckmäßiger Weise zu kennzeichnen, die Begriffe »empirische Wissenschaft« und »Metaphysik« zu *definieren.* Und zwar derart, daß wir auf Grund dieser Kennzeichnung von einem Satzsystem sagen können, ob seine nähere Untersuchung für die empirische Wissenschaft von Interesse ist.

Unser Abgrenzungskriterium wird also als ein *Vorschlag für eine Festsetzung* zu betrachten sein. Über die Zweckmäßigkeit einer Festsetzung kann man verschiedener Meinung sein; einen vernünftigen, argumentierenden Meinungsstreit kann es jedoch nur zwischen denen geben, die denselben Zweck verfolgen; die Wahl des Zweckes aber ist allein Sache des Entschlusses, über den es einen Streit mit Argumenten nicht geben kann.

Wer daher den Zweck, die Aufgabe der empirischen Wissenschaft etwa darin sieht, ein System von absolut gesicherten, unumstößlich wahren Sätzen aufzustellen[9], der wird die definitorischen Vorschläge, die wir hier machen werden, ablehnen müssen; ebenso, wer das »Wesen der Wissenschaft … in ihrer Würde« sucht und diese in der »Ganzheit«, in der »rechten Wahrheit und Wesentlichkeit«[10] findet: Der modernen theoretischen Physik (in der *wir* die bisher vollkommenste Realisierung dessen sehen, was wir »empirische Wissenschaft« nennen wollen) wird er eine solche »Würde« wohl kaum zusprechen.

Wir gehen von anderen Zwecken aus. Den Versuch, diese zu rechtfertigen, sie als die wahren, die eigentlichen Zwecke der Wis-

setz im Grunde auch nicht den logischen Charakter einer ›Aussage‹ trägt, sondern vielmehr eine ›Anweisung zur Bildung von Aussagen‹ darstellt.« […]

8 Vgl. dazu *78* (z.B. Anm. 1). […]

9 Das ist die Auffassung Dinglers; vgl. Anm. 1 zu *19.*

10 Das ist die Auffassung von O. Spann (Kategorienlehre, 1924).

senschaft hinzustellen, würden wir für eine Verschleierung, für einen Rückfall in den positivistischen Dogmatismus halten. Nur in *einer* Weise glauben wir, für unsere Festsetzungen durch Argumente werben zu können: durch Analyse ihrer logischen Konsequenzen, durch den Hinweis auf ihre Fruchtbarkeit, auf ihre aufklärende Kraft gegenüber den erkenntnistheoretischen Problemen.

Wir geben also offen zu, daß wir uns bei unseren Festsetzungen in letzter Linie von unserer Wertschätzung, von unserer Vorliebe leiten lassen. Wer, wie wir, logische Strenge und Dogmenfreiheit schätzt, wer praktische Anwendbarkeit sucht, wer gefesselt wird von dem Abenteuer der Forschung, die uns immer wieder vor neue, unvorhergesehene Fragen stellt und uns anregt, immer wieder neue, vorher ungeahnte Antworten zu erproben, der wird den Festsetzungen, die wir vorschlagen werden, wohl zustimmen können.

Wenn wir uns bei unseren Vorschlägen von Wertschätzungen leiten lassen, so verfallen wir damit keineswegs in den Fehler, den wir dem Positivismus vorgeworfen haben: die Metaphysik durch Wertungen abzutun. Wir sprechen ihr nicht einmal jeden »Wert« für die empirische Wissenschaft ab: Man kann nicht leugnen, daß es neben metaphysischen Gedankengängen, die die Entwicklung der Wissenschaft hemmten, auch solche gibt (wir erwähnen nur den spekulativen Atomismus), die sie förderten. Und wir vermuten, daß wissenschaftliche Forschung, psychologisch gesehen, ohne einen wissenschaftlich indiskutablen, also, wenn man will, »metaphysischen« Glauben an [rein spekulative und] manchmal höchst unklare theoretische Ideen wohl gar nicht möglich ist[11].

Dennoch halten wir es für die wichtigste Aufgabe der Erkenntnislogik, einen Begriff der empirischen Wissenschaft anzugeben, der den schwankenden Sprachgebrauch in möglichst eindeutiger Weise festlegt und damit insbesondere auch eine klare Abgrenzung gegenüber diesen historisch-genetisch manchmal so förderlichen metaphysischen Bestandteilen gestattet.

5. Erfahrung als Methode. Die Aufgabe, eine brauchbare Definition der »empirischen Wissenschaft« aufzustellen, hat gewisse Schwierigkeiten. Diese hängen u. a. damit zusammen, daß es *viele* theoretische deduktive Systeme geben kann, die hinsichtlich ihrer

[11] Vgl. dazu auch: Planck, Positivismus und reale Außenwelt (1931) und: Einstein, Die Religiosität der Forschung, in: Mein Weltbild (1934), S. 43. […]

logischen Struktur der jeweils anerkannten »empirischen Wissenschaft« weitgehend analog gebaut sind. Man pflegt das auch so auszudrücken, daß es sehr viele, ja vermutlich unendlich viele »logisch mögliche Welten« gibt; jenes System, das wir »empirische Wissenschaft« nennen, soll aber nur die *eine* »wirkliche Welt« die »Welt unserer Erfahrungswirklichkeit« darstellen.

Wenn wir versuchen, diese Überlegung logisch schärfer zu fassen, so können wir drei Forderungen unterscheiden, die wir an das »empirische« Theoriensystem stellen: Es muß *synthetisch* sein (eine nicht widerspruchsvolle, »mögliche« Welt darstellen); es muß dem Abgrenzungskriterium genügen (vgl. *6, 21*), darf also *nicht metaphysisch* sein (es muß eine mögliche, »Erfahrungswelt« darstellen); und es soll ein auf irgendeine Weise gegenüber anderen derartigen Systemen (als *»unsere* Erfahrungswelt« darstellend) *ausgezeichnetes* System sein.

In welcher Weise wird nun dieses System ausgezeichnet? Die Auszeichnung erfolgt offenbar auf dem Wege der Nachprüfung, also mit Hilfe jener deduktiven Methode, die darzustellen wir uns zum Ziel gesetzt haben.

Die »Erfahrung« erscheint in dieser Auffassung als eine bestimmte *Methode* der Auszeichnung eines theoretischen Systems; nicht allein durch ihre logische Form ist die empirische Wissenschaft gekennzeichnet, sondern darüber hinaus durch eine bestimmte Methode. (Das ist ja auch die Auffassung der Induktionslogik, die die empirische Wissenschaft durch die »induktive Methode« zu kennzeichnen versucht.)

Die Erkenntnislogik, die diese Methode, das Verfahren der Auszeichnung der empirischen Wissenschaft zu untersuchen hat, kann als eine Theorie der empirischen Methode bezeichnet werden – als *die Theorie dessen, was wir »Erfahrung« nennen.*

6. *Falsifizierbarkeit als Abgrenzungskriterium.* Das *induktionslogische* Abgrenzungskriterium, die Abgrenzung durch den positivistischen Sinnbegriff ist äquivalent mit der Forderung, daß alle empirisch-wissenschaftlichen Sätze (alle »sinnvollen Aussagen«) *endgültig entscheidbar* sein müssen: Sie müssen eine solche Form haben, daß *sowohl ihre Verifikation als auch ihre Falsifikation* logisch möglich ist. So lesen wir z. B. bei Schlick[1]: »... eine echte Aus-

[1] Schlick, Naturwissenschaften 19 (1931), S. 150.

sage muß sich endgültig verifizieren lassen«, und noch deutlicher bei Waismann[2]: »Kann auf keine Weise angegeben werden, wann ein Satz wahr ist, so hat der Satz überhaupt keinen Sinn; denn der Sinn eines Satzes ist die Methode seiner Verifikation.«

Nach unserer Auffassung aber gibt es keine Induktion. Der Schluß von den durch »Erfahrung« [was immer wir auch mit diesem Worte meinen] verifizierten besonderen Aussagen auf die Theorie ist logisch unzulässig, Theorien sind somit niemals empirisch verifizierbar. Wollen wir den positivistischen Fehler, die naturwissenschaftlich-theoretischen Systeme durch das Abgrenzungskriterium auszuschließen, vermeiden, so müssen wir dieses so wählen, daß auch Sätze, die nicht verifizierbar sind, als empirisch anerkannt werden können.

Nun wollen wir aber doch nur ein solches System als empirisch anerkennen, das einer *Nachprüfung* durch die »Erfahrung« fähig ist. Diese Überlegung legt den Gedanken nahe, als Abgrenzungskriterium nicht die Verifizierbarkeit, sondern die *Falsifizierbarkeit* des Systems vorzuschlagen; mit anderen Worten: Wir fordern zwar nicht, daß das System auf empirisch-methodischem Wege endgültig positiv ausgezeichnet werden kann, aber wir fordern, daß es die logische Form des Systems ermöglicht, dieses auf dem Wege der methodischen Nachprüfung negativ auszuzeichnen: *Ein empirisch-wissenschaftliches System muß an der Erfahrung scheitern können*[3].

(Den Satz: »Hier wird es morgen regnen oder auch nicht regnen« werden wir, da er nicht widerlegbar ist, nicht als empirisch bezeichnen; wohl aber den Satz: »Hier wird es morgen regnen«.)

Gegen das hier vorgeschlagene Abgrenzungskriterium können verschiedene Einwände erhoben werden: Zunächst wird es vielleicht befremden, daß wir von der empirischen Wissenschaft, die uns doch etwas Positives mitteilen soll, etwas Negatives, ihre Widerlegbarkeit postulieren. Der Einwand wiegt nicht schwer, denn wir werden noch zeigen *[31–46]*, daß uns ein theoretisch-wissenschaftlicher Satz um so mehr Positives über »unsere Welt« mitteilt, je eher er auf Grund seiner logischen Form mit möglichen besonde-

---

[2] Waismann, Erkenntnis 1, S. 229.

[3] Verwandte Gedanken finden sich z. B. bei: Frank, Die Kausalität und ihre Grenzen (1931), Kap. I, § 10 (S. 15 f.); Dubislav, Die Definition (3. Aufl., 1931), S. 100 f. (vgl. auch Anm. 1 zu 4).

ren Sätzen in Widerspruch geraten kann. (Nicht umsonst heißen die Naturgesetze »Gesetze«: Sie sagen um so mehr, je mehr sie verbieten.)

Sodann könnte man versuchen, unsere Kritik des »induktionslogischen Abgrenzungskriteriums« gegen uns zu wenden und gegen die Falsifizierbarkeit als Abgrenzungskriterium ähnliche Einwände zu erheben, wie wir sie gegen die Verifizierbarkeit erhoben haben; aber auch dieser Versuch wird uns keine Schwierigkeiten machen: Unsere Auffassung stützt sich auf eine Asymmetrie zwischen Verifizierbarkeit und Falsifizierbarkeit, die mit der logischen Form der allgemeinen Sätze zusammenhängt; diese sind nämlich nie aus besonderen Sätzen ableitbar, können aber mit besonderen Sätzen in Widerspruch stehen. Durch rein deduktive Schlüsse (mit Hilfe des sogenannten »modus tollens« der klassischen Logik) kann man daher von besonderen Sätzen auf die *»Falschheit«* allgemeiner Sätze schließen (die einzige streng deduktive Schlußweise, die sozusagen in »induktiver Richtung«, d.h. von besonderen zu allgemeinen Sätzen fortschreitet).

Ernster scheint ein dritter Einwand zu sein: daß wohl eine solche Asymmetrie bestehe, ein theoretisches System dennoch aus verschiedenen Gründen niemals endgültig falsifiziert werden könne. Es sind ja immer gewisse Auswege möglich, um einer Falsifikation zu entgehen, – etwa ad hoc eingeführte Hilfshypothesen oder ad hoc abgeänderte Definitionen; ist es doch sogar logisch widerspruchsfrei durchführbar, sich einfach auf den Standpunkt zu stellen, daß man falsifizierende Erfahrungen grundsätzlich nicht anerkennt. Zwar pflegt der Wissenschaftler nicht in dieser Weise vorzugehen; aber, logisch betrachtet, ist ein solches Vorgehen möglich, und damit erscheint der logische Wert des vorgeschlagenen Abgrenzungskriteriums zumindest als fraglich.

Die Berechtigung dieses Einwandes müssen wir zugeben; trotzdem werden wir unseren Vorschlag, die Falsifizierbarkeit als Abgrenzungskriterium zu wählen, nicht zurückziehen. Wir werden nämlich versuchen [in *20* ff.], die *empirische Methode* gerade durch den Ausschluß jener Verfahren zu kennzeichnen, die der angeführte Einwand mit Recht als logisch zulässig hinstellt: Nach unserem Vorschlag kennzeichnet es diese Methode, daß sie das zu überprüfende System in jeder Weise einer Falsifikation aussetzt; nicht die Rettung unhaltbarer Systeme ist ihr Ziel, sondern: in möglichst strengem Wettbewerb das relativ haltbarste auszuwählen.

Durch das vorgeschlagene Abgrenzungskriterium wird auch das Humesche Problem der Induktion, die Frage nach der Geltung der Naturgesetze, einer Auflösung zugeführt. Die Wurzel dieses Problems ist der scheinbare Widerspruch zwischen der »Grundthese jedes Empirismus« – der These, daß nur »Erfahrung« über empirisch-wissenschaftliche Aussagen entscheiden kann – und der Humeschen Einsicht in die Unzulässigkeit induktiver Beweisführungen. Dieser Widerspruch besteht nur dann, wenn man postuliert, daß alle empirisch-wissenschaftlichen Sätze »vollentscheidbar«, d.h. verifizierbar *und* falsifizierbar sein müssen. Hebt man dieses Postulat auf, läßt man als empirisch auch »teilentscheidbare«, einseitig falsifizierbare Sätze zu, die durch methodische Falsifikationsversuche überprüft werden können, so verschwindet der Widerspruch: Die Methode der Falsifikation setzt keine induktiven Schlüsse voraus, sondern nur die unproblematischen tautologischen Umformungen der Deduktionslogik[4].

[…]

Karl Popper, Logik der Forschung, Tübingen (Mohr Siebeck) [10]1994; 3–17.

[4] Vgl. dazu meine in Anm. 1 zu 4 angeführte Note […].

Text 6

Rudolf Carnap

Paul Rudolf Carnap, *18.5.1891 (Ronsdorf bei Wuppertal), Studium der Philosophie, Physik und Mathematik an den Universitäten Jena (bei Gottlob Frege) und Freiburg. 1914–1917 Kriegsdienst. 1921 Promotion in Jena (»Der Raum«). Kontakte zu Hans Reichenbach und Moritz Schlick; 1926 Habilitation und Dozentur in Wien. Mitglied des Wiener Kreises um Schlick. 1931–1935 Professor für Naturphilosophie in Prag. Wegen der Bedrohung der Tschechoslowakei durch die Nationalsozialisten 1935 Emigration in die USA. Professor in Chicago (1936–1952), am Institute for Advanced Study in Princeton (1952–1954) und in Los Angeles (1954–1961). †14.9.1979 (Santa Monica). – Carnap gilt als Mitbegründer und einer der bedeutendsten Vertreter des logischen Empirismus, und er war das führende Mitglied des Wiener Kreises (der einflußreichsten Schule des logischen Empirismus). Er hat die heutige analytische Philosophie, vor allem in den USA, entscheidend geprägt. In der Denktradition von Frege und Russel stehend trat er für die Anwendung der modernen Logik und künstlicher Sprachsysteme ein, um Aussagen mit größtmöglicher Klarheit zu formulieren. Metaphysik hielt er für sinnlos, sie befasse sich mit Scheinproblemen. Die Suche und mehrmalige Neufassung eines entsprechenden Sinnkriteriums war ein Hauptanliegen seines philosophischen Denkens. Die Ausgangsidee hierbei war, daß wissenschaftliche Begriffe (im Unterschied zu metaphysischen) stets Begriffe der Logik sind oder Begriffe zur Beschreibung von Erfahrung. Zu seinen wichtigsten Arbeiten gehört weiterhin die Konstruktion eines Systems der induktiven Logik.
Werke: Der Logische Aufbau der Welt (1928); Scheinprobleme der Philosophie (1928); Logische Syntax der Sprache (1934); Testability and Meaning (1936/1937); Foundations of Logic and Mathematics (1939); Meaning and Necessity (1947); Logical Foundations of Probability (1950); Einführung in die symbolische Logik (1954); Induktive Logik und Wahrscheinlichkeit (1959, mit W. Stegmüller); Philosophical Foundations of Physics (1966).

Rudolf Carnap

Induktive Logik und Wissenschaft (1953)

Die Brauchbarkeit der induktiven Logik für die Wissenschaft, ja sogar die bloße Möglichkeit der induktiven Logik, sind heute noch umstritten. Die hier entwickelte Vorstellung unterscheidet sich von der vieler anderer Gelehrter.

Zunächst möchte ich betonen, daß induktive Logik nicht beabsichtigt, neue Denkweisen vorzuschlagen, sondern lediglich, alte zu erklären. Sie sucht gewisse Formen des Urteilens explizit zu machen, die implizit oder instinktiv im täglichen Leben und in der Wissenschaft immer schon angewandt wurden. Dies entspricht der Situation am Anfang der deduktiven Logik. Aristoteles hat das deduktive Schließen nicht erfunden; das gab es schon solange wie die menschliche Sprache. Wenn jemand zu Aristoteles gesagt hätte: »Was nützt uns deine neue Theorie? Wir haben uns gut genug ohne sie geholfen. Warum sollen wir unsere Denkweisen ändern und deine neue Erfindung übernehmen?«, hätte er antworten können: »Ich schlage keine neuen Denkweisen vor; ich möchte euch nur helfen, das bewußt und daher mit größerer Klarheit und Sicherung gegen Fallen zu tun, was ihr immer getan habt. Ich möchte lediglich den gesunden Menschenverstand durch exakte Regeln ersetzen.«

Genauso ist es mit der induktiven Logik. Das induktive Denken ist gleichfalls so alt wie die menschliche Sprache. Ich verstehe hier unter induktivem Denken alle Formen des Urteilens oder Schlußfolgerns, in denen die Konklusion über den Inhalt der Prämissen hinausgeht und daher nicht mit Gewißheit behauptet werden kann.

So vollzieht zum Beispiel der Physiker einen induktiven Schluß, wenn er ein neues Gesetz oder eine Theorie als ein System von Gesetzen auf der Grundlage experimenteller Ergebnisse aufstellt, die er gefunden hat. Und so auch ein Wissenschaftler, der eine einzelne unbekannte Tatsache auf der Grundlage bekannter Tatsachen annimmt; zum Beispiel der Meteorologe, der das Wetter für morgen voraussagt, der Physiker, der eine bestimmte Geschwindigkeitsverteilung von Gasmolekülen annimmt, die er nicht unmittelbar beobachten kann, ein Historiker, der eine überlieferte Handlung Abraham Lincolns zu erklären versucht, indem er hypothetisch eine bestimmte Motivation annimmt, die nicht überliefert ist, oder ein Statistiker, der eine Schätzung für den unbekannten Wert eines Parameters in einer Population auf der Grundlage einer beobachteten Stichprobe der Population macht. Weil die induktive Logik lediglich alltägliche Arten des induktiven Schließens zu erklären trachtet, führt die Frage nach ihrer Nützlichkeit zurück zu der allgemeinen Frage: Ist es wünschenswert, Verfahrensweisen, die allgemein angewendet werden – wenn auch nur intuitiv oder instinktiv –, ins helle Tageslicht zu bringen, sie in der Form exakter Regeln zu analysieren und zu systematisieren? Wer auf diese allgemeine Frage bejahend antwortet, wird auch die Wichtigkeit des besonderen Problems zugeben, das induktive Schließen zu erklären, das heißt ein System der induktiven Logik mit so exakten Regeln wie denen des älteren, gut begründeten Systems der deduktiven Logik zu konstruieren. Natürlich ist es eine andere Frage, ob irgendein besonderes System, das als Lösung dieses Problems vorgeschlagen wurde, praktikabel und fruchtbar ist.

Meiner Ansicht nach ist *Wahrscheinlichkeit* der grundlegende Begriff der induktiven Logik. Alle induktiven Schlüsse sind Wahrscheinlichkeitsschlüsse. Das Wort »Wahrscheinlichkeit« ist jedoch nicht gerade eindeutig. Ich beziehe mich hier auf Wahrscheinlichkeit in einem besonderen Sinn, dem logischen Sinn, in welchem wir sie *induktive Wahrscheinlichkeit* nennen könnten. Dieser Begriff muß klar von Wahrscheinlichkeit im statistischen Sinn unterschieden werden. Die Unterscheidung ist praktisch wichtig und theoretisch grundlegend.

Statistische Wahrscheinlichkeit ist ein bestimmtes quantitatives Merkmal physikalischer Systeme. Wie jede andere physikalische Größe ist sie empirisch zu bestimmen: durch Beobachtungen. In diesem Falle sind die Beobachtungen statistischer Natur. Sie bestehen darin, Häufigkeiten zu zählen. Statistische Wahrscheinlichkeit ist offensichtlich mit Häufigkeit sehr eng verknüpft – aber sie ist nicht ganz dasselbe wie Häufigkeit. Wenn wir sagen, die Wahrscheinlichkeit, mit einem gegebenen Würfel eine Eins zu werfen, sei gleich 0,158, dann bezieht sich diese Aussage auf ein physikalisches Merkmal des Würfels und unterscheidet sich daher nicht grundlegend von Aussagen über seine Masse, Temperatur, elektrische Leitfähigkeit usw. Stellen wir uns einen fiktiven Physiker vor, der – wie der Laplacesche Übermensch – den gegenwärtigen Mikrozustand des Würfels in Form der Verteilung von Teilchen und Feldern kennt – und außerdem alle darauf bezogenen Gesetze. Dieser Physiker könnte durch rein mathematische Überlegungen nicht nur die gegenwärtige Temperatur des Würfels, seine Leitfähigkeit usw., sondern auch die Wahrscheinlichkeit, unter spezifischen Bedingungen eine Eins zu werfen, herausfinden. Da der Mikrozustand tatsächlich nicht bekannt ist, erhebt sich die Frage, wie sich eine Aussage über Wahrscheinlichkeiten prüfen läßt, wie sie zu bestätigen oder zu widerlegen ist. Die Antwort im Fall der Wahrscheinlichkeit unterscheidet sich nicht grundlegend von der im Fall der Temperatur oder anderer physikalischer Größen. Die Aussage ist zu prüfen, indem experimentelle Anordnungen getroffen werden, die beobachtbare Phänomene zeitigen, welche mit der fraglichen Größe verknüpft sind, deren Wert nicht selbst direkt beobachtbar ist. Zur Prüfung der Wahrscheinlichkeitsaussage bestimmen wir die relative Häufigkeit von Einsen in einer hinreichend langen Reihe von Würfen. Diese Häufigkeit ist selbst nicht die Wahrscheinlichkeit; sie ist vielmehr eine Konsequenz des Wahrscheinlichkeits-Zustands des Würfels, eine Konsequenz, die beobachtbar ist und daher als Symptom für den Wahrscheinlichkeits-Zustand dienen kann, genauso wie die Ausdehnung der Quecksilbersäule des Thermometers nicht selbst die Temperatur, aber eine beobachtbare Folge des Temperaturzustandes und daher ein brauchbares Mittel zur Prüfung einer Aussage über die Temperatur ist. Zuweilen wird gesagt, der statistische Begriff der Wahrscheinlichkeit enthalte eine besondere Schwierigkeit, weil offensichtlich eine endliche Reihe von Würfen nicht ausreicht, um die Wahrscheinlichkeit mit absoluter Präzision und Gewißheit zu bestimmen. Das ist zwar wirklich wahr, aber dasselbe gilt für alle physikalischen Größen. Es gibt gleichfalls kein mögliches Verfahren, um die Temperatur mit absoluter Präzision und Gewißheit zu bestimmen. Die Antwort auf die Frage: »Wie oft sollen wir würfeln, um die Wahrscheinlichkeit zu bestimmen?« ist dieselbe wie die auf die Frage: »Ein wie empfindliches Thermometer sollten wir verwenden, um die Temperatur zu messen?« In beiden Fällen hängt die Antwort einerseits von der verfügbaren Zeit und vom verfügbaren Geld, andererseits vom erwünschten Präzisionsgrad ab; genauer: sie hängt ab von den theoretischen und praktischen Vorteilen, die von größerer Präzision zu erwarten sind. Je empfindlicher das Thermometer und je länger die Reihe von Würfen, desto höher ist die erreichte Präzision. In keinem Fall gibt es ein vollkommenes Verfahren. – Der Begriff der statistischen Wahrscheinlichkeit läßt sich entweder durch eine explizite Definition in Grenzwertbegriffen einführen, wie dies Mises und Reichenbach getan haben, oder durch ein Axiomensystem mit Anwendungsregeln, wie dies die Mehrheit der gegenwärtigen Statistiker tut. In beiden Fällen ist der Begriff logisch gerechtfertigt und praktisch brauchbar für die Arbeit in Statistik und allen Zweigen der Wissenschaft, die statistische Methoden anwenden. Daher stimme ich mit den Vertretern des induktiven Begriffs der Wahrscheinlichkeit, wie Keynes und Jeffreys, nicht überein, die den statistischen Begriff verwerfen. Andererseits stimme ich auch nicht mit Mises, Reichenbach und den Statistikern überein, die den induktiven Begriff verwerfen. Beide Wahrscheinlichkeitsbegriffe sind für die wissenschaftliche Arbeit wichtig, jeder in seinem Bereich: der eine im Bereich der Wissenschaft selbst, der andere in der induktiven Logik, die Regeln für bestimmte Operationen mit Aussagen der Wissenschaftssprache liefert. Der statistische Begriff ist heute allgemein anerkannt. Obwohl bestimmte, mit ihm verknüpfte, Probleme noch untersucht werden, ist eine Verteidigung seiner Berechtigung und Brauchbarkeit nicht länger notwendig. Der Status des induktiven Begriffs ist jedoch noch umstritten. Daher ist es heute noch notwendig, seine Existenzberechtigung zu verteidigen und seine Brauchbarkeit aufzuzeigen.

Eine induktive Wahrscheinlichkeitsaussage stellt eine Beziehung her zwischen einer Hypothese und einer gegebenen Datengrundlage*, z.B. den Ergebnissen tatsächlicher oder möglicher Beobachtungen. Der behauptete Wahrscheinlichkeitswert bedeutet den Grad, in dem die Hypothese durch die Daten bestätigt oder gestützt wird. Es ist wichtig zu beachten, daß eine Aussage über die induktive Wahrscheinlichkeit oder den *Grad der Bestätigung* relativ zu den Daten gilt. Das bedeutet nicht nur, daß die Aussage sich auf Beobachtungen gründet oder von ihnen abgeleitet ist. Dies gilt für *jede* wissenschaftliche Aussage. Zum Beispiel ist die Aussage »Die Wahrscheinlichkeit, daß es morgen regnen wird, beträgt ⅕« unvollständig, wenn wir nicht hinzufügen »bezogen auf die und die Daten«, z.B. bestimmte meteorologische Beobachtungen. Für die Gültigkeit der Aussage kommt es nicht darauf an, ob die Datenaussage, auf die sich die Aussage bezieht, wahr und ob sie dem Sprecher bekannt ist. Sicherlich sind die Prämissen in der praktischen Anwendung eines Schlusses – ob deduktiv oder induktiv –

* Hier und im folgenden wird »evidence« durch »Datum« oder Zusammensetzungen mit »Datum« wiedergegeben; ebenso Zusammensetzungen mit und Ableitungen von »evidence«. (Anm. d. Übers.)

gewöhnlich bekannt. Aber das ist nicht notwendig. Man braucht sie nicht zu kennen oder man kann sogar wissen, daß sie falsch sind. Wenn das aber so ist, was kann dann die Grundlage der Gültigkeit der Wahrscheinlichkeitsaussage sein – unterschieden von der Gültigkeit der Hypothese oder der Datenaussage? Offensichtlich kann sie nicht empirischer Natur sein. Alles relevante empirische Wissen oder alle Annahmen sind in der Datenaussage enthalten. In unserem Beispiel können wir die Wahrheit der Datenaussage bezüglich vergangener meteorologischer Ereignisse erneut empirisch untersuchen. Wenn wir bis morgen warten, können wir empirisch die Wahrheit der Hypothese überprüfen, daß es morgen regnen wird. Keinesfalls können wir aber die Wahrheit der Wahrscheinlichkeitsaussage selbst überprüfen. Wir werden morgen entweder Regen oder keinen Regen sehen, wir werden einen Regen von kurzer der langer Dauer beobachten – aber wir werden keinen Regen mit der Wahrscheinlichkeit ⅕ sehen. Einige Kritiker der induktiven Logik haben auf diese Tatsache hingewiesen und daraus geschlossen, daß die induktive Wahrscheinlichkeitsaussage wissenschaftlich bedeutungslos sein muß, weil sie nicht empirisch prüfbar ist. Ihr Fehler bestand darin, die Wahrscheinlichkeitsaussage als synthetische Tatsachenaussage anzusehen; sie ist aber rein logischer Natur. Daher besteht weder ein Zwang noch die Möglichkeit empirische Prüfung. In einer Hinsicht ist die induktive Wahrscheinlichkeitsaussage einer Aussage der deduktiven Logik ähnlich: die Beziehung zwischen der Hypothese und der Datenaussage, die sie gültig macht, ist eine logische Beziehung, ähnlich den deduktiven Beziehungen der Ableitbarkeit oder Inkompatibilität – aber schwächer als diese. Wenn die Wahrscheinlichkeitsaussage einen Wert nahe 1 annimmt, ist die damit ausgedrückte Wahrscheinlichkeitsbeziehung nahezu eine Ableitbarkeitsbeziehung: die Hypothese ist fast aus der Datenaussage ableitbar, aber nicht ganz. Andererseits, wenn der angenommene Wahrscheinlichkeitswert nahe an 0 liegt, ist die Wahrscheinlichkeitsbeziehung nahezu eine deduktive Beziehung der Inkompatibilität: die Hypothese ist fast unvereinbar mit den Daten, aber nicht ganz. Für jeden dazwischenliegenden Wahrscheinlichkeitswert ist die Wahrscheinlichkeitsbeziehung weiter von den deduktiven Beziehungen entfernt, die sozusagen die Extremfälle bilden. Daher bedeutet induktive Wahrscheinlichkeit in gewisser Weise partielle Ableitbarkeit. Genau wie eine deduktive Beziehung ist sie eine logische Beziehung, da sie sich ja durch bloße Anwendung der logischen Analyse, in diesem Falle der Regeln der induktiven Logik, ohne Bezug auf Beobachtungen begründen läßt, sobald zwei Aussagen als Hypothese und Datenaussage gegeben sind. Obwohl die Aussage lediglich eine logische Beziehung ausdrückt, hat sie dennoch Bedeutung. Sie steckt die Grenzen einer vernünftigen Haltung ab. Wenn zum Beispiel für einen Beobachter die Wahrscheinlichkeit, daß es morgen regnet, bezogen auf die erreichbare Datenaussage $1/5$ beträgt, wäre es für ihn nicht vernünftig, auf den morgigen Regen mit einem höheren Einsatz als 1:4 zu wetten.

Wenn wir erkennen, daß Aussagen über induktive Wahrscheinlichkeit einen rein logischen Charakter haben, sind wir in der Lage, eine Frage aufzuklären, die zweihundert Jahre lang umstritten war: das Problem des sogenannten Prinzips des unzureichenden Grundes oder des *Indifferenzprinzips*. Meiner Ansicht nach begannen die Entwicklung der induktiven Logik Männer wie Bernoulli, Bayes und Laplace mit der klassischen Wahrscheinlichkeitstheorie. Viele Teile der klassischen Theorie, unter ihnen auch grundlegende, sind mehr als hundert Jahre hindurch und besonders in unserem Jahrhundert kritisiert worden. Ich denke, daß diese Kritik weitgehend zutrifft. Ich stimme mit den Kritikern darin überein, daß es heute unmöglich ist, zur klassischen Vorstellung zurückzukehren. Aber ich stimme nicht mit denen überein, die sagen, der einzige Ausweg sei, die klassische Vorstellung völlig zu verwerfen. Das klassische Prinzip der Indifferenz setzt fest: »Wenn keine Gründe bekannt sind, die eines von mehreren Ereignissen begünstigen würden, dann sind die Ereignisse als gleich wahrscheinlich zu behandeln.« Der gewöhnliche Einwand gegen dieses Prinzip ist, daß es eine Prämie auf Unwissenheit setzt; wenn man nichts über die Alternativen weiß, gestattet einem das Prinzip eine bestimmte Aussage über sie; wenn man bestimmte Dinge weiß, ist diese Aussage nicht länger erlaubt. Eine Aussage aus Unwissenheit herzuleiten, erscheint ziemlich absurd. Und es wäre tatsächlich absurd, dieses Verfahren auf eine Tatsachenaussage anzuwenden. Aber die Behauptung der Gleichwahrscheinlichkeit, zu der das Indifferenzprinzip führt, ist keine Tatsachenaussage, sondern eine logische Aussage – wie alle Aussagen über induktive Wahrscheinlichkeit. Wenn das Wissen des Beobachters keines der möglichen Ereignisse begünstigt, *sind* alle Ereignisse in Bezug auf dieses Wissen als Datenmaterial gleich wahrscheinlich. Die Aussage, die in diesem Fall gleiche Wahrscheinlichkeit geltend macht, behauptet nicht das geringste über die Tatsachen, sondern lediglich über die logischen Beziehungen zwischen dem gegebenen Datenmaterial und jeder der Hypothesen; nämlich, daß diese Beziehungen logisch gleichartig sind. Diese Beziehungen sind offensichtlich gleichartig, wenn der Datenkomplex in bezug auf die möglichen Ereignisse eine symmetrische Struktur hat. Die Behauptung der Gleichwahrscheinlichkeit macht nichts geltend außer der Symmetrie.

Aus diesen Gründen glaube ich, daß die grundlegende Idee des alten Indifferenzprinzips gültig ist. Andererseits kann kein Zweifel daran bestehen, daß viele Anwendungen dieses Prinzips, besonders in der früheren Periode, ungültig waren und daß einige der gezogenen Schlüsse sogar völlig absurd waren. Aber ich glaube, daß die klassischen Pioniere das richtige Ziel ins Auge faßten. Unsere Aufgabe ist es, die klassische Vorstellung nicht völlig preiszugeben, sondern einen exakten Begriff des Bestätigungsgrades zu konstruieren, der die klassische Vorstellung von induktiver Wahrscheinlichkeit aus einer vorsichtigen und triftigen Begründung entwikkelt.

Wir wollen nun die Funktion der induktiven Logik im Bereich der Wissenschaft betrachten. Auf der einen Seite macht ein Wissenschaftler Beobachtungen natürlicher Phänomene oder der Ergebnisse von Experimenten. Diese bilden sein Datenmaterial. Auf der anderen Seite entwirft er Hypothesen, die sich auf bis jetzt noch nicht beobachtete oder sogar nicht beobachtbare Tatsachen beziehen. Die Hypothese kann eine einzelne Tatsache betreffen, oder sie kann eine bedingte Voraussage der Form sein: »Wenn wir die und die Dinge tun würden, würden die und die Ereignisse eintreten«; sie kann auch eine allgemeine Form haben: wie z. B. eine Aussage über den Wert einer materiellen Konstante oder ein allgemeines Gesetz, das die Beziehungen zwischen verschiedenen physikalischen Größen in Form mathematischer Funktionen festlegt. Das Gesetz kann eine deterministische oder statistische Form haben, es kann z. B. Proportionen, Durchschnitte oder andere statistische Parameter der Verteilungen bestimmter Größen festlegen. Zweck des Gesetzes ist es, bekannte Phänomene zu erklären und neue vorauszusagen. Aufgabe der induktiven Logik ist nicht, ein Gesetz zur Erklärung gegebener Phänomene zu *finden*. Diese Aufgabe kann nicht durch irgendein mechanisches Verfahren oder durch feste Regeln erfüllt werden; sie wird eher erfüllt durch Intuition, Inspiration und das Glück des Wissenschaftlers. Die Funktion der induktiven Logik beginnt, *nachdem* eine Hypothese zur Prüfung vorgelegt wurde. Ihre Aufgabe ist es, die *Erhärtung* zu messen, die die gegebenen Daten für versuchsweise angenommene Hypothesen bereitstellen. Besonders oft wird die Aufgabe darin bestehen, unter mehreren konkurrierenden Hypothesen die zu bestimmen, die durch die gegebenen Daten am nachdrücklichsten bestätigt wird. Die konkurrierenden Hypothesen können z. B. die möglichen Ergebnisse eines noch anzustellenden Experimentes betreffen, die möglichen Ursachen eines beobachteten Ereignisses oder die möglichen Folgen einer Geschäftsbeteiligung. Oder sie können verschiedene Gesetze sein, die wechselweise inkompatibel sind und von denen sich jedes als Erklärung einer gegebenen Reihe von Beobachtungsergebnissen auffassen läßt, die neue, bisher nicht erklärte Phänomene betreffen.

Zuweilen wird gegen die Idee eines Systems der induktiven Logik, das exakte Regeln zur Bestimmung des Bestätigungsgrades enthält, folgender Einwand erhoben: wenn ein Wissenschaftler aus einer Anzahl aufgestellter Hypothesen eine auswählt, beeinflussen ihn viele nicht-rationale Faktoren. Dennoch wäre er nicht bereit, diese Aufgabe einer Maschine zu übertragen – oder sich sozusagen selbst in eine Maschine zu verwandeln, die nur fixe Regeln anwendet. Nun ist es wahr, daß viele nicht-rationale Faktoren die Wahl des Wissenschaftlers beeinflussen, und ich glaube, das wird immer so bleiben. Der Einfluß einiger dieser Faktoren ist vielleicht unerwünscht, wie z. B. der eines Vorurteils zugunsten einer Hypothese, die vorher öffentlich gestützt wurde, oder im Fall einer Hypothese der Sozialwissenschaften: der Einfluß eines durch moralische oder politische Präferenzen verursachten Vorurteils. Aber es gibt auch nicht-rationale Faktoren, deren Wirkung wichtig und fruchtbar ist; z. B. der Einfluß des wissenschaftlichen »Instinkts« oder »Riechers«. Die induktive Logik ist nicht darauf aus, Faktoren *dieser* Art zu eliminieren. Sie hat nur die Funktion, dem Wissenschaftler ein klareres Bild der Situation zu geben, indem sie zeigt, in welchem Grad die verschiedenen angenommenen Hypothesen durch die Daten bestätigt sind. Dieses durch die induktive Logik bereitgestellte logische Bild wird den Wissenschaftler beeinflussen (oder sollte es), aber es bestimmt nicht ausschließlich seine Entscheidung der Wahl einer Hypothese. Er wird bei dieser Entscheidung in derselben Weise unterstützt werden wie ein Tourist durch eine gute Landkarte. Auch wenn er die induktive Logik verwendet, bleibt die

Entscheidung seine eigene; sie wird jedoch eine aufgeklärte Entscheidung anstelle einer mehr oder weniger blinden sein.

Außer der Beurteilung des Status von Hypothesen hat die induktive Logik auch die Aufgabe, Regeln der *Schätzung* zu liefern. Es gibt viele Diskussionen und Kontroversen zwischen Statistikern bezüglich der Geltung besonderer Methoden der Schätzung und bezüglich der Wahl einer geeigneten Methode der Schätzung in einer gegebenen Problemsituation. Ich glaube, wenn die Grundlage der induktiven Logik durch die Festlegung von Regeln für die Berechnung des Bestätigungsgrades konstruiert wird, dann kann eine allgemeine Schätzungsfunktion in Begriffen des Bestätigungsgrades definiert werden, die auf alle Arten von Größen anwendbar ist, die in der fraglichen Sprache ausdrückbar sind. Die Definition, die ich vorschlage, nimmt als Schätzung der Größe auf der Grundlage gegebener Daten das gewogene Mittel aller möglichen Werte der Größe – wobei das Gewicht jedes Wertes sein Bestätigungsgrad bezüglich der gegebenen Daten ist. Das ist dasselbe wie der Erwartungswert der Größe (wenn wir den Begriff »Erwartungswert« im induktiven Sinn, auf induktiver Wahrscheinlichkeit beruhend, verstehen – im Gegensatz zu seinem statistischen Sinn, beruhend auf statistischer Wahrscheinlichkeit). Eine allgemeine Methode der Schätzung zu gewinnen wäre äußerst wichtig sowohl vom *theoretischen* Gesichtspunkt her, als auch für das Problem, *praktische* Entscheidungen auf rationale Weise zu bestimmen. Angenommen, jemand hat eine Entscheidung in einer gegebenen ökonomischen Situation zu fällen, z.B. Investitionen betreffend. Das bedeutet, daß er unter einer Anzahl alternativer Handlungen zu wählen hat, die ihm in der Situation möglich sind. Für jede mögliche Handlung erwägt er die verschiedenen möglichen Ergebnisse in Form des verdienten Geldes. Wenn er in der Lage ist, den Bestätigungsgrad für jedes mögliche Ergebnis im Fall der betrachteten Handlung zu bestimmen, kann er die Summe dieser Gewinne berechnen, indem er jeden davon mit seinem Grad der Bestätigung multipliziert. Dies wird seine Schätzung im Fall der betrachteten Handlung sein. Auf dieselbe Weise kann er die Schätzung des Gewinns für jede der möglichen Handlungen berechnen. Dann wird er, wenn er ein vernünftiger Mensch ist, die Handlung unter allen möglichen wählen, für die der geschätzte Gewinn ein Maximum ist. (Ein exakteres Verfahren würde den Gewinn nicht in Geld betrachten, sondern in seiner Nützlichkeit, in seinem Maß an Befriedigung, das die Person aus dem Gewinn zieht.) Auf diese Weise dient die induktive Logik als Instrument zur Bestimmung rationaler Entscheidungen.

Wie früher erwähnt, begann die Entwicklung der induktiven Logik mit der klassischen Theorie der Wahrscheinlichkeit. Ihre Systematisierung in einem Zweig der modernen Logik ist jedoch jüngeren Ursprungs: sie begann mit John Maynard Keynes vor dreißig Jahren. Ich habe eine Menge von Regeln der induktiven Logik für ein einfaches Sprachsystem konstruiert, das darauf eingeschränkt ist, Dinge qualitativ zu beschreiben, ohne meßbare Größen verwenden zu können – Häufigkeitsaussagen jedoch einschließt. Diese Regeln ermöglichen die Berechnung von Bestätigungsgraden für jede Hypothese und jede Datengrundlage, die sich in diesem Sprachsystem ausdrücken läßt, sowie die Berechnung der Schätzung einer Häufigkeit auf der Grundlage gegebener Daten. Die weitere Entwicklung der induktiven Logik für allgemeinere Sprachsysteme und schließlich für die Sprache der Wissenschaft als ganzer bleibt eine Aufgabe für die Zukunft.

Rudolf Carnap, Induktive Logik und Wissenschaft, in: L. Krüger (Hg.), Erkenntnisprobleme der Naturwissenschaften, Köln (Kiepenheuer & Witsch) 1970; 205–212 / Frankfurt/Main (Athenäum).

Text 7

Thomas S. Kuhn

Thomas Samuel Kuhn, *18.7.1922 (Cincinnati, Ohio), Studium der Physik in Harvard; 1949 Promotion (Ph.D.); 1951 Ass.-Prof. in Harvard. Professor für Wissenschaftsgeschichte in Berkeley (1958–1964) und in Princeton (1964–1979). Ab 1979 Professsor für Wissenschaftstheorie und Wissenschaftsgeschichte am Massachusetts Institute of Technology (Cambridge). †17.6.1996 (Cambridge, Mass.) – Mit seinem Werk »Die Struktur wissenschaftlicher Revolutionen« hat Kuhn die Wissenschaftsphilosophie nachhaltig beeinflußt. In einer reifen Wissenschaft wird nach Kuhn jeweils ein bestimmtes Paradigma unhinterfragt akzeptiert, bis es durch eine wissenschaftliche Revolution zu einem Paradigmenwechsel kommt. Dieses Geschehen sei nicht von jenen logischen oder methodologischen Regeln geleitet, die der logische Empirismus und Popper vorgeschlagen haben. Kuhns Wissenschaftsauffassung ist eine Synthese von Wissenschaftstheorie, Wissenschaftsgeschichte und Wissenschaftssoziologie. Sein Werk gab allen drei Disziplinen entscheidende neue Impulse.
Werke: The Copernican Revolution (1957); The Structure of Scientific Revolutions (1962); Die Entstehung des Neuen: Studien zur Struktur der Wissenschaftsgeschichte (1977).

Die Struktur wissenschaftlicher Revolutionen (1962)

[...]

III. Das Wesen der normalen Wissenschaft

Was ist nun das Wesen der spezialisierten und esoterischen Forschung, wie die Annahme eines Paradigmas durch eine Gruppe sie möglich macht? Wenn das Paradigma eine abgeschlossene Arbeit darstellt, welche weiteren Probleme läßt es dann der durch es vereinten Gruppe noch zu lösen übrig? Diese Fragen erscheinen noch zwingender, wenn wir feststellen, daß die bisher benutzten Ausdrücke in gewisser Hinsicht irreführend sind. In seinem herkömmlichen Gebrauch ist ein Paradigma ein anerkanntes Modell oder Schema, und dieser Aspekt seiner Bedeutung macht es mir möglich, hier die Bezeichnung »Paradigma« zu gebrauchen, da ein besseres Wort fehlt. Es wird sich aber bald zeigen, daß der Sinn von »Modell« und »Schema«, den wir im Auge haben, nicht ganz der sonst für die Definition von »Paradigma« übliche ist. In der Grammatik beispielsweise ist »amo, amas, amat« ein Paradigma, da es das Schema darstellt, nach dem eine große Anzahl von lateinischen Verben konjugiert wird, so daß beispielsweise »laudo, laudas, laudat« herauskommt. Bei dieser normalen Anwendung fungiert das Paradigma, indem es die Wiederholung von Beispielen gestattet, von denen jedes einzelne es grundsätzlich ersetzen könnte. In einer Wissenschaft hingegen ist ein Paradigma selten ein Objekt der Wiederholung. Es ist vielmehr, einer anerkannten juristischen Entscheidung im allgemeinen Recht ähnlich, ein Objekt für weitere Präzisierung und Spezifizierung unter neuen oder strengeren Voraussetzungen.

Um zu sehen, warum dem so ist, müssen wir uns darüber klar werden, wie eng begrenzt ein Paradigma in seinem Anwendungsbereich und in seiner Exaktheit im Zeitpunkt seines ersten Erscheinens sein kann. Paradigmata erlangen ihren Status, weil sie bei der Lösung einiger Probleme, welche ein Kreis von Fachleuten als brennend erkannt hat, erfolgreicher sind als die mit ihnen konkurrierenden. Erfolgreicher sein heißt jedoch nicht, bei einem einzelnen Problem völlig erfolgreich oder bei einer größeren Anzahl bemerkenswert erfolgreich sein. Der Erfolg eines Paradigmas – sei es Aristoteles' Analyse der Bewegung, Ptolemäus' Berechnung von Planetenstellungen, Lavoisiers Anwendung der Waage oder Maxwells Mathematisierung des elektromagnetischen Feldes – ist am Anfang weitgehend eine Verheißung von Erfolg, die in ausgesuchten und noch unvollkommenen Beispielen liegt. Die normale Wissenschaft besteht in der Verwirklichung jener Verheißung, einer Verwirklichung, die durch Erweiterung der Kenntnis der vom Paradigma als besonders aufschlußreich offenbarten Fakten, durch Verbesserung des Zusammenspiels dieser Fakten mit den Voraussagen des Paradigmas sowie durch weitere Präzisierung des Paradigmas selbst herbeigeführt wird.

Von denen, die nicht tatsächlich Fachleute in einer ausgereiften Wissenschaft sind, erkennen nur wenige, wieviel »Aufräumarbeit« solcher Art ein Paradigma übrig läßt und wie faszinierend diese Arbeit tatsächlich sein kann. Das aber gilt es zu verstehen. Aufräumtätigkeiten sind das, was die meisten Wissenschaftler während ihrer gesamten Laufbahn beschäftigt, und sie machen das aus, was ich hier normale Wissenschaft nenne. Bei näherer Untersuchung, sei sie historisch oder im modernen Labor, erscheint dieses Unternehmen als Versuch, die Natur in die vorgeformte und relativ starre Schublade, welche das Paradigma darstellt, hineinzuzwängen. In keiner Weise ist es das Ziel der normalen Wissenschaft, neue Phänomene zu finden; und tatsächlich werden die nicht in die Schublade hineinpassenden oft überhaupt nicht gesehen. Normalerweise erheben die Wissenschaftler auch nicht den Anspruch, neue Theorien zu finden, und oft genug sind sie intolerant gegenüber den von anderen gefundenen.[1] Normalwissenschaftliche Forschung ist vielmehr auf die Verdeutlichung der vom Paradigma bereits vertretenen Phänomene und Theorien ausgerichtet.

Vielleicht sind das Mängel. Die von der normalen Wissenschaft untersuchten Gebiete sind natürlich recht klein; das jetzt zur Diskussion stehende Unternehmen hat die Sicht stark eingeengt. Diese Einengungen aber, die das Vertrauen zu einem Paradigma zeitigt, erweisen sich als wesentlich für die Entwicklung der Wissenschaft. Durch Konzentration der Aufmerksamkeit auf einen kleinen Bereich relativ esoterischer Probleme zwingt das Paradigma die Wissenschaftler, ein Teilgebiet der Natur mit einer Genauigkeit und bis zu einer Tiefe zu untersuchen, die sonst unvorstellbar wären. Und die normale Wissenschaft besitzt einen eingebauten Mechanismus, der ein Nachlassen der Restriktionen gewährleistet, welche die Forschung immer dann lähmen, wenn das Paradigma, von dem sie hergeleitet sind, nicht mehr wirksam funktioniert. An diesem Punkt beginnen die Wissenschaftler, sich unterschiedlich zu verhalten, und das Wesen ihrer Forschungsprobleme ändert sich. In der Zwischenzeit jedoch, solange das Paradigma erfolgreich ist, hat die Fachwissenschaft Probleme gelöst, die sich ihre Mitglieder kaum hätten vorstellen können und niemals in Angriff genommen hätten ohne die Bindung an das Paradigma. Und zumindest ein Teil dieser Leistung erweist sich immer als dauerhaft.

Um noch deutlicher darzulegen, was mit normaler oder auf einem Paradigma basierender Forschung gemeint ist, möchte ich jetzt versuchen, die Probleme, die sich der normalen Wissenschaft stellen, zu klassifizieren und zu erläutern. Der besseren Verständ-

---

[1] Bernard Barber, »Resistance by Scientists to Scientific Discovery«, *Science*, CXXXIV (1961), 596–602.

lichkeit halber stelle ich die theoretische Bemühung zunächst zurück und beginne mit dem Faktensammeln, d.h. mit den Experimenten und Beobachtungen, die in den Fachzeitschriften beschrieben werden und durch welche die Wissenschaftler ihre Fachkollegen über die Ergebnisse ihrer laufenden Forschungsarbeit informieren. Über welche Aspekte der Natur berichten Wissenschaftler normalerweise? Was bestimmt ihre Wahl? Und, da die meisten wissenschaftlichen Beobachtungen viel Zeit, Ausrüstung und Geld verbrauchen: was veranlaßt den Wissenschaftler, an dieser Wahl festzuhalten, bis sich ein Ergebnis zeigt?

Es gibt, glaube ich, nur drei normale Brennpunkte für die wissenschaftliche Untersuchung von Fakten, und sie sind weder immer noch grundlegend verschieden. Zunächst kommt jene Klasse von Fakten, die vom Paradigma als für die Natur der Dinge besonders aufschlußreich bezeichnet wird. Durch ihre Verwendung bei der Lösung von Problemen hat das Paradigma sie dazu prädestiniert, mit größerer Exaktheit und in einer größeren Vielfalt von Zuständen bestimmt zu werden. Zu dieser oder jener Zeit gehörten zu solchen signifikanten Bestimmungen von Fakten: in der Astronomie – Sternposition und -größe, die Dauer der Finsternisse von Doppelsternen und Planeten; in der Physik – spezifische Gewichte und Kompressibilität von Stoffen, Wellenlängen und Spektralintensitäten, elektrische Leitfähigkeiten und Kontaktpotentiale; und in der Chemie – Zusammensetzung und Mischungsgewichte, Siedepunkte und Säuregrad von Lösungen, Wertigkeitsformeln und optische Vorgänge. Die Versuche, Genauigkeit und Ausmaß der Kenntnis von diesen Fakten zu vergrößern, nehmen einen beträchtlichen Teil der Literatur der experimentellen und beobachtenden Wissenschaft ein. Immer wieder sind umfangreiche Spezialgeräte für solche Zwecke entworfen worden, und die Erfindung, der Bau sowie der Einsatz dieser Geräte haben hervorragendes Talent, viel Zeit und beträchtliche finanzielle Mittel erfordert. Synchrotrone und Radioteleskope sind nur die jüngsten Beispiele dafür, wie weit Forscher gehen, wenn ihnen ein Paradigma die Gewähr bietet, daß die von ihnen gesuchten Fakten wichtig sind. Von Tycho Brahe bis zu E. O. Lawrence haben sich etliche Wissenschaftler nicht durch die Neuartigkeit ihrer Entdeckungen einen großen Ruf erworben, sondern durch die Exaktheit, Zuverlässigkeit und Reichweite der von ihnen entwickelten Methoden zur Neubestimmung eines vorher bekannten Faktums.

Eine zweite, aber kleinere Klasse üblicher Tatsachenbestimmungen betrifft jene Fakten, die, wenn auch oft ohne gesteigertes Interesse, unmittelbar mit Voraussagen aus der Paradigmentheorie verglichen werden können. Wie wir bald sehen werden, wenn ich mich von den experimentellen den theoretischen Problemen der normalen Wissenschaft zuwende, gibt es meist nur wenige Gebiete, auf denen eine wissenschaftliche Theorie, besonders wenn sie in einer überwiegend mathematischen Form ausgedrückt ist, unmittelbar mit der Natur verglichen werden kann. Bis heute sind nicht mehr als drei derartige Gebiete für Einsteins allgemeine Relativitätstheorie zugänglich.[2] Überdies müssen sogar auf den Gebieten, wo eine Anwendung möglich ist, oft theoretische und instrumentale Annäherungen in Kauf genommen werden, welche die zu erwartende Übereinstimmung streng begrenzen. Die Verbesserung dieser Übereinstimmung oder das Auffinden neuer Gebiete, auf denen eine Übereinstimmung überhaupt demonstriert werden kann, sind ein beständiger Prüfstein für die Fähigkeit und Vorstellungskraft des Experimentators oder Beobachters. Spezialteleskope, die die kopernikanische Voraussage der Jahresparallaxe demonstrieren sollten; Atwoods Maschine, die fast ein Jahrhundert nach den *Principia* erfunden wurde, um die erste unzweideutige Demonstration des Zweiten Newtonschen Gesetzes zu geben; Foucaults Apparatur, mit der gezeigt werden sollte, daß die Geschwindigkeit des Lichts in der Luft größer ist als im Wasser; oder der gigantische Szintillationszähler, der entwickelt wurde, um die Existenz des Neutrino zu zeigen – alle diese Spezialgeräte und viele ähnliche veranschaulichen die ungeheuren Anstrengungen und den Erfindungsgeist, die erforderlich waren, um Natur und Theorie in immer bessere Übereinstimmung zu bringen.[3] Dieses Bemühen, die Übereinstimmung

[2] Der einzige solche »Zugang«, der noch immer allgemein anerkannt wird, ist die Präzession des Periheliums des Merkur. Die Rotverschiebung im Lichtspektrum ferner Sterne kann von Betrachtungen hergeleitet werden, die einfacher sind als die allgemeine Relativität; das gilt vielleicht auch für die Krümmung des Lichts um die Sonne, worüber zur Zeit gestritten wird. In jedem Fall bleiben Messungen des letztgenannten Phänomens zweideutig. Ein weiterer Zugang ist vor ganz kurzer Zeit aufgezeigt worden: die Gravitationsverschiebung der Mössbauerstrahlung. Vielleicht gibt es bald noch andere auf diesem jetzt aktiven, aber lange ruhenden Gebiet. Einen aktuellen Raumkapsel-Bericht über das Problem gibt L. I. Schiff, »A Report on the NASA Conference on Experimental Tests of Theories of Relativity«, *Physics Today,* XIV (1961), 42–48.

[3] Für Angaben über zwei Parallax-Teleskope siehe Abraham Wolf, *A History of*

zu demonstrieren, ist eine zweite Form der normalen experimentellen Arbeit und hängt noch viel offensichtlicher als die erste von einem Paradigma ab. Die Existenz des Paradigmas stellt das zu lösende Problem; oft ist die Paradigmatheorie unmittelbar in den Entwurf des Geräts, mit dem das Problem sich lösen läßt, einbezogen. Ohne die *Principia* zum Beispiel hätten Messungen mit der Atwood-Maschine überhaupt nichts bedeutet.

Eine dritte Klasse von Experimenten und Beobachtungen erschöpft, glaube ich, die Faktensammlungstätigkeit der normalen Wissenschaft. Sie besteht in empirischer Arbeit, die dazu dient, die Paradigmatheorie zu präzisieren, einige ihrer restlichen Unklarheiten zu erhellen und die Lösung von Problemen zu ermöglichen, auf die sie vorher lediglich die Aufmerksamkeit gelenkt hat. Es zeigt sich aber, daß diese Klasse von allen die wichtigste ist; ihre Beschreibung erfordert eine Unterteilung. Bei den mehr mathematischen Wissenschaften zielen einige der zur Präzisierung ausgeführten Experimente auf die Bestimmung von physikalischen Konstanten. Newtons Werk deutete beispielsweise an, daß die Kraft zwischen zwei Masseeinheiten im Abstand einer Entfernungseinheit in allen Positionen im Universum für alle Stoffe gleich sei. Seine eigenen Probleme ließen sich jedoch lösen, ohne daß die Größe dieser Anziehungskraft, der allgemeinen Gravitationskonstante, auch nur geschätzt wurde; und keiner sonst erfand ein Gerät, das sie hätte bestimmen können, ein ganzes Jahrhundert lang nach dem Erscheinen der *Principia* nicht. Auch Cavendishs berühmte Bestimmung im letzten Jahrzehnt des achzehnten Jahrhunderts war nicht endgültig. Wegen ihrer zentralen Stellung in der physikalischen Theorie waren verbesserte Werte für die Gravitationskonstante seither das Ziel wiederholter Anstrengungen einer Anzahl hervorragender Experimentatoren.[4] Andere Beispiele der gleichen Art

---

Science, Technology, and Philosophy in the Eighteenth Century (2. Aufl., London 1952), S. 103–5. Für Atwoods Fallmaschine siehe N. R. Hanson, *Patterns of Discovery* (Cambridge 1958), S. 100–102, 207–8. Für die beiden letzten Spezialgeräte siehe M. L. Foucault, »Méthode générale pour mesurer la vitesse de la lumière dans l'air et les milieux transparants. Vitesse relatives de la lumière dans l'air et dans l'eau …«, *Comptes rendus … de l'Académie des sciences,* XXX (1850), 551–60; und C. L. Cowan, Jr., et al., »Detection of the Free Neutrino: A Confirmation«, *Science,* CXXIV (1956), 103–4.

[4] J. H. P[oynting] bespricht etwa zwei Dutzend Messungen der Gravitationskonstante zwischen 1741 und 1901 in »Gravitation Constant and Mean Density of the Earth«, *Encyclopaedia Britannica* (11. Ausg.; Cambridge, 1910–11), XII, 385–89.

sich kontinuierlich fortsetzender Arbeit sind die Bestimmung der astronomischen Einheit, der Avogadroschen Zahl, des Jouleschen Koeffizienten, der elektronischen Ladung etc. Wenige dieser umfangreichen Anstrengungen wären wohl begonnen und keine wäre zu Ende geführt worden ohne eine Paradigmatheorie, die das Problem definierte und die Existenz einer beständigen Lösung garantierte.

Die Bemühungen, ein Paradigma zu präzisieren, beschränken sich jedoch nicht auf die Bestimmung allgemeiner Konstanten. Sie können beispielsweise auch auf quantitative Gesetze gerichtet sein: das Boylesche Gesetz, das den Gasdruck auf sein Volumen bezieht, das Coulombsche Gesetz der elektrischen Anziehung, die Joulesche Formel, welche erzeugte Wärme auf elektrischen Widerstand und Strom bezieht, fallen in diese Kategorie. Vielleicht ist es nicht ganz einleuchtend, daß ein Paradigma die Voraussetzung für die Entdekkung derartiger Gesetze sein sollte. Wir hören oft, daß sie durch die Untersuchung von Messungen gefunden werden, die um ihrer selbst willen und ohne Bindung an eine Theorie vorgenommen werden. Die Geschichte bietet aber für eine so übertrieben Baconsche Methode keinen Anhaltspunkt. Boyles Experimente waren nicht denkbar (und hätten, wären sie ersonnen worden, eine andere oder gar keine Interpretation erfahren), bevor die Luft als eine elastische Flüssigkeit erkannt war, auf welche alle ausgearbeiteten Begriffe der Hydrostatik angewandt werden konnten.[5] Coulombs Erfolg gründete darauf, daß er Spezialgeräte für die Messung der Kraft zwischen Spitzenladungen baute. (Jene, die vorher elektrische Kräfte mit gewöhnlichen Schalenwaagen etc. gemessen hatten, hatten überhaupt keine beständige oder einfache Regelmäßigkeit gefunden.) Aber dieser Entwurf gründete wiederum auf der vorherigen Erkenntnis, daß alle Partikel der elektrischen Flüssigkeit über die Entfernung aufeinander einwirkten. Gerade nach der Kraft zwischen solchen Partikeln – der einzigen Kraft, die mit Sicherheit als einfache Funktion der Entfernung angenommen werden kann –

---

[5] Für die vollständige Übertragung hydrostatischer Begriffe auf die Pneumatik siehe »The Physical Treatises of Pascal«, Übers. I. H. B. Spiers und A. G. H. Spiers, mit einer Einführung und Anmerkungen von F. Barry (New York 1937). Torricellis Einführung der Parallelität (»Wir leben untergetaucht auf dem Boden eines Ozeans des Elements Luft«) findet sich auf S. 164. Ihre schnelle Entwicklung wird von den beiden Hauptabhandlungen dargestellt.

suchte Coulomb.[6] Joules Experimente könnten ebenfalls als Beispiele dafür dienen, wie quantitative Gesetze durch Präzisierung eines Paradigmas in Erscheinung treten. Tatsächlich ist die Beziehung zwischen qualitativem Paradigma und quantitativem Gesetz so umfassend und eng, daß seit Galilei solche Gesetze oft mit Hilfe eines Paradigmas um Jahre früher richtig erraten worden sind, als Geräte für ihre experimentelle Bestimmung entwickelt werden konnten.[7]

Schließlich gibt es noch eine dritte Art von Experimenten zur Präzisierung eines Paradigmas. Mehr als die anderen ähnelt diese einer Erkundung, und sie ist besonders in jenen Perioden und Wissenschaften vorherrschend, die sich mehr mit den qualitativen als den quantitativen Aspekten der Gesetzmäßigkeit der Natur befassen. Oft ist ein für eine bestimmte Reihe von Phänomenen entwikkeltes Paradigma bei seiner Anwendung auf andere, eng verwandte Reihen doppelsinnig. Dann werden Experimente nötig, damit man unter den verschiedenen Möglichkeiten der Anwendung des Paradigmas auf das neue Interessengebiet wählen kann. Ein Beispiel: Das Paradigma der Wärmetheorie wurde auf Erwärmen und Abkühlen durch Mischen und Zustandsveränderung angewandt. Wärme konnte aber noch auf viele andere Arten freigegeben oder absorbiert werden – etwa durch chemische Verbindung, durch Reibung, durch Kompression oder Absorption eines Gases –, und auf alle diese Phänomene ließ sich die Theorie auf verschiedene Art und Weise anwenden. Hätte beispielsweise das Vakuum eine Wärmeaufnahmefähigkeit, so könnte die Erwärmung durch Kompression als das Ergebnis der Mischung von Gas mit dem Hohlraum erklärt werden. Oder die Ursache könnte in der Veränderung der spezifischen Wärme der Gase bei wechselndem Druck liegen. Es gab noch weitere Erklärungen. Viele Experimente wurden unternommen, um die verschiedenen Möglichkeiten herauszuarbeiten und zu unterscheiden; aber alle diese Experimente entsprangen der Wärmetheorie als Paradigma, und jeder nutzte es bei der Anord-

---

[6] Duane Roller und Duane H. D. Roller, *The Development of the Concept of Electric Charge: Electricity from the Greeks to Coulomb* (Harvard Case Histories in Experimental Science, Case 8; Cambridge, Mass., 1954), S. 66–80.

[7] Beispiele bei T. S. Kuhn, »The Function of Measurement in Modern Physical Science«, *Isis*, LII (1961), 161–93.

nung seiner Experimente und der Interpretation der Ergebnisse.[8] Nachdem das Phänomen der Erwärmung durch Kompression einmal bewiesen war, hingen also alle weiteren Experimente auf diesem Gebiet vom Paradigma ab. Wie sonst hätte ein Experiment zur Erklärung eines bestimmten Phänomens ausgewählt werden sollen?

Wir wenden uns nun den theoretischen Problemen der normalen Wissenschaft zu, die in fast die gleichen Klassen fallen wie die Experimental- und Beobachtungsprobleme. Ein Teil der normalen theoretischen Arbeit, wenn auch nur ein kleiner, besteht einfach in der Anwendung einer vorhandenen Theorie, um faktische Voraussagen von eigenem Wert zu machen. Die Erstellung astronomischer Ephemeriden, die Berechnung von Linseneigenschaften und die Aufzeichnung von Kurven der Funkwellenausbreitung sind Beispiele für Probleme dieser Art. Die Wissenschaftler betrachten sie allerdings im allgemeinen als eintönige Arbeit, die den Ingenieuren und Technikern überlassen werden sollte. Niemals erscheint sehr viel davon in den maßgeblichen wissenschaftlichen Zeitschriften. Aber diese Zeitschriften enthalten eine große Zahl theoretischer Diskussionen über Probleme, die den Nichtwissenschaftlern fast identisch erscheinen müssen. Es handelt sich um die Manipulation mit Theorien, die nicht etwa unternommen wird, weil die sich daraus ergebenden Voraussagen einen eigenen Wert haben, sondern weil sie unmittelbar mit dem Experiment konfrontiert werden kann. Ihr Zweck ist es, eine neue Anwendung des Paradigmas darzulegen oder die Exaktheit einer bereits durchgeführten Anwendung zu steigern.

Die Notwendigkeit von Arbeiten dieser Art ergibt sich aus den großen Schwierigkeiten, die oft bei der Erschließung von Berührungspunkten zwischen einer Theorie und der Natur auftauchen. Diese Schwierigkeiten können kurz durch die Geschichte der Dynamik nach Newton erläutert werden. Bis zum frühen achtzehnten Jahrhundert betrachteten jene Wissenschaftler, die in den *Principia* ein Paradigma sahen, die Mehrzahl ihrer Schlußfolgerungen als gegeben, und sie hatten allen Grund dazu. Kein anderes in der Geschichte der Wissenschaft bekanntes Werk hat eine so starke Vergrößerung sowohl der Ausdehnung wie auch der Genauigkeit der

---

[8] T. S. Kuhn, »The Caloric Theory of Adiabatic Compression«, *Isis*, XLIX (1958), 132–40.

Forschung gestattet. Für den Himmel hat Newton die Keplerschen Gesetze der Planetenbewegung abgeleitet und auch einige beobachtete Fälle, in denen der Mond diesen Gesetzen nicht folgte, erklärt. Für die Erde hat er die Ergebnisse vereinzelter Beobachtungen an Pendeln, schiefen Ebenen und den Gezeiten abgeleitet. Mit Hilfe zusätzlicher, aber ad hoc gemachter Annahmen war er auch in der Lage, das Boylesche Gesetz und eine wichtige Formel für die Schallgeschwindigkeit in der Luft abzuleiten. Unter Berücksichtigung des Status der Wissenschaft zu jener Zeit war der Erfolg dieser Demonstrationen äußerst eindrucksvoll. Doch gemessen an der mutmaßlichen Allgemeingültigkeit der Newtonschen Gesetze war die Zahl jener Anwendungen nicht groß, und Newton entwickelte fast keine anderen. Überdies waren seine wenigen Anwendungen, gemessen an dem, was jeder Kandidat der Physik heute mit den gleichen Gesetzen erreichen kann, noch nicht einmal exakt entwickelt.

Beschränken wir unsere Aufmerksamkeit einen kurzen Augenblick auf das Problem der Exaktheit. Ihren empirischen Aspekt haben wir bereits erläutert. Spezialgeräte – wie Cavendishs Waage, Atwoods Fallmaschine oder verbesserte Teleskope – waren erforderlich, um die besonderen Daten, welche die konkreten Anwendungen des Newtonschen Paradigmas verlangten, zu liefern. Ähnliche Schwierigkeiten bestanden auf Seiten der Theorie hinsichtlich der Erzielung von Übereinstimmung. Bei der Anwendung seiner Gesetze auf die Pendel war Newton beispielsweise gezwungen, das Lot als einen Massepunkt zu behandeln, um eine klare Definition der Pendellänge zu erhalten. Die meisten seiner Lehrsätze – wobei die wenigen Ausnahmen hypothetisch und vorläufig waren – ignorierten auch die Wirkung des Luftwiderstands. Es waren einwandfreie physikalische Näherungen. Und trotzdem, als Näherungen schränkten sie die zu erwartende Übereinstimmung zwischen Newtons Voraussagen und den tatsächlichen Experimenten ein. Die gleichen Schwierigkeiten erscheinen noch deutlicher bei der Anwendung der Newtonschen Theorie auf den Himmel. Einfache quantitative teleskopische Beobachtungen zeigen, daß die Planeten den Keplerschen Gesetzen nicht ganz folgen, und Newtons Theorie weist nach, daß sie es auch nicht dürften. Um diese Gesetze abzuleiten, war Newton gezwungen gewesen, die gesamte Anziehung durch Schwerkraft mit Ausnahme derjenigen zwischen den einzelnen Planeten und der Sonne außer acht zu lassen. Da die Planeten sich auch gegenseitig anziehen, konnte nur eine ungefähre Übereinstimmung zwischen der angewandten Theorie und den Teleskopbeobachtungen erwartet werden.[9]

Wie in dem Falle des Pendels war die erzielte Übereinstimmung für die, welche sie erreichten, mehr als zufriedenstellend. Keiner anderen Theorie gelang dies auch nur annähernd so gut. Keiner von denen, welche die Gültigkeit von Newtons Werk in Frage stellten, tat das wegen seiner begrenzten Übereinstimmung mit Experiment und Beobachtung. Gleichwohl hinterließ diese Begrenztheit der Übereinstimmung den Nachfolgern Newtons viele faszinierende theoretische Probleme. Theoretische Verfahren wurden benötigt, um beispielsweise die »äquivalente Länge« eines massiven Pendels zu bestimmen. Es waren auch Verfahren für die Behandlung der gleichzeitigen Bewegungen von mehr als zwei sich gegenseitig anziehenden Körpern nötig. Diese Probleme und viele andere gleicher Art beschäftigten viele der besten europäischen Mathematiker während des achtzehnten und zu Beginn des neunzehnten Jahrhunderts. Die Bernoullis, Euler, Lagrange, Laplace und Gauß, sie alle widmeten einige ihrer bedeutendsten Arbeiten dem Problem, die Anpassung von Newtons Paradigma an die Natur zu verbessern. Viele dieser Forscher arbeiteten zur selben Zeit an der Entwicklung einer Mathematik, die für Anwendungen erforderlich war, die Newton nicht einmal versucht hatte; sie erfanden beispielsweise einige sehr wirksame mathematische Verfahren für die Hydrodynamik und für die Probleme der schwingenden Saiten. Aus diesen Anwendungsproblemen erklärt sich die wohl brillanteste und aufreibendste wissenschaftliche Arbeit des achtzehnten Jahrhunderts. Weitere Beispiele könnten durch eine Untersuchung der dem Paradigma folgenden Periode in der Entwicklung der Thermodynamik, der Wellentheorie des Lichts, der elektromagnetischen Theorie oder irgendeines anderen Zweiges der Naturwissenschaft entdeckt werden, wo die fundamentalen Gesetze völlig quantitativ sind. Zumindest bei den mehr mathematischen Wissenschaften ist der größte Teil der theoretischen Arbeit von dieser Art.

Aber nicht alle Arbeit ist von dieser Art. Sogar bei den mathematischen Wissenschaften gibt es auch theoretische Probleme der Paradigmapräzisierung; und während der Perioden, in denen die wissenschaftliche Entwicklung vorherrschend qualitativ ist, domi-

---

[9] Wolf, *op. cit.*, S. 75–81, 96–101; und William Whewell, *History of the Inductive Sciences* (rev. Ausg., London 1847), II, 213–71.

nieren diese Probleme. Einige Probleme sowohl in den mehr quantitativen als auch in den mehr qualitativen Wissenschaften erstreben einfach eine Klärung durch Neuformulierung. Die *Principia* zum Beispiel erwiesen sich nicht immer als ein leicht anzuwendendes Werk, teils weil es noch etwas von der bei einem ersten Wagnis unvermeidlichen Plumpheit an sich hatte, und teils weil so viel von seiner Bedeutung erst bei den Anwendungen zutage trat. Deshalb haben sich von den Bernoullis, d'Alembert und Lagrange im achtzehnten Jahrhundert bis zu Hamilton, Jacobi und Hertz im neunzehnten Jahrhundert viele der glänzendsten mathematischen Physiker wiederholt bemüht, Newtons Theorie in einer äquivalenten, aber logisch und ästhetisch zufriedenstellenderen Form neu zu formulieren. Das heißt, sie wünschten, die expliziten und impliziten Lehren der *Principia* in einer logisch zusammenhängenderen Fassung vorzutragen, einer Fassung, die in ihren Anwendungen auf die neu erarbeiteten Probleme der Mechanik weniger zweideutig wäre.[10]

Ähnliche Neuformulierungen eines Paradigmas kamen wiederholt in allen Wissenschaften vor, aber die meisten von ihnen haben im Paradigma mehr substantielle Veränderungen bewirkt als die erwähnten Neuformulierungen der *Principia*. Solche Veränderungen ergeben sich aus der empirischen Arbeit, von der vorher gesagt wurde, sie strebe die Präzisierung des Paradigmas an. In der Tat war es willkürlich, diese Arbeit als empirisch zu klassifizieren, denn mehr als bei jeder anderen normalen Forschungstätigkeit sind die Probleme bei der Paradigmapräzisierung gleichzeitig theoretisch und experimentell; die vorher angeführten Beispiele können uns auch in diesem Falle dienen. Bevor er seine Apparate konstruieren und damit Messungen machen konnte, mußte Coulomb die Elektrotheorie heranziehen, um festzulegen, wie er seine Apparate bauen sollte. Aber die Folge seiner Messungen war eine Verfeinerung jener Theorie. Und die Männer, welche die Experimente für die Unterscheidung zwischen den verschiedenen Theorien über Erwärmung durch Kompression entwickelten, waren im allgemeinen dieselben, die auch die zu vergleichenden Versionen aufgestellt hatten. Sie arbeiteten mit dem Faktum und der Theorie, und ihre Arbeit brachte nicht nur neue Informationen hervor, sondern ein exakteres Paradigma, erzielt durch die Eliminierung von Unklar-

---

[10] René Dugas, *Histoire de la mécanique* (Neuchâtel 1950), Bücher IV-V.

heiten, die dem Original, von dem sie ausgingen, noch anhafteten. Bei vielen Wissenschaften ist der größte Teil der normalen Arbeit von dieser Art.

Diese drei Klassen von Problemen – Bestimmung signifikanter Fakten, gegenseitige Anpassung von Fakten und Theorie, Präzisierung der Theorie – erschöpfen, so glaube ich, die Literatur der normalen Wissenschaft, sowohl der empirischen wie auch der theoretischen. Sie erschöpfen natürlich nicht die gesamte Literatur der Wissenschaft. Es gibt auch außerordentliche Probleme, und es kann wohl sein, daß gerade ihre Lösung die wissenschaftliche Tätigkeit als Ganze so besonders lohnend macht. Aber diese Probleme treten nur bei besonderen Gelegenheiten zutage, die durch das Fortschreiten der normalen Wissenschaft vorbereitet werden. Zwangsläufig fällt deshalb die Mehrzahl der Probleme, auch wenn sie von den allerbesten Wissenschaftlern in Angriff genommen werden, unter eine der oben beschriebenen drei Kategorien. Die Arbeit im Zeichen des Paradigmas kann auf keine andere Weise durchgeführt werden, und das Paradigma im Stich lassen hieße, die Wissenschaft, die es definiert, nicht mehr ausüben. Wir werden bald sehen, daß solche Desertionen tatsächlich vorkommen. Sie sind die Angelpunkte, um die sich die wissenschaftlichen Revolutionen drehen. Bevor wir jedoch das Studium solcher Revolutionen beginnen, brauchen wir einen größeren Überblick über die normal-wissenschaftlichen Arbeiten, die ihnen den Weg bereiten.

Thomas S. Kuhn, Die Struktur wissenschaftlicher Revolutionen, Frankfurt/Main (Suhrkamp) 1967; 44–57.

Text 8

Charles Taylor

Charles Taylor, *5.11.1931, Studium der Geschichte, Politikwissenschaft, Philosophie und Ökonomie in Montreal und in Oxford; 1961 Promotion (Ph.D.). Prof. für Politikwissenschaft und Gesellschaftstheorie in Oxford; Fellow am All Souls College in Oxford (1956–1961). Seit 1962 Professor für Philosophie und Politikwissenschaft in Montreal. Lehrtätigkeit auch in Princeton und Berkeley. Aktive Tätigkeit in der Politik. – Taylor gilt als ein bedeutender Sozialphilosoph und Wissenschaftstheoretiker der Gesellschaftswissenschaften. In seiner Philosophie führt er verschiedene Denktraditionen zusammen, vor allem Gedanken des deutschen Idealismus und der analytischen Philosophie. Seine Arbeiten erstrecken sich auf so verschiedene Gebiete wie Psychologie, Handlungsphilosophie, Sprachphilosophie, Sozialphilosophie und politische Theorie. Sein Forschungsschwerpunkt in den letzten Jahren ist die politische Kultur der westlichen Moderne. Weithin bekannt wurde er bereits durch seine Kritik an der behaviouristischen Erklärungsweise menschlichen Verhaltens (1963) bzw. am kausal erklärenden Denkansatz in den Humanwissenschaften. Einflußreich war weiterhin seine Interpretation Hegels.
Werke: Explanation of Behaviour (1964); Erklärung und Interpretation in den Wissenschaften vom Menschen (1975); Hegel (1975); Philosophy and the Human Sciences (1985); Sources of the Self: The Making of the Modern Identity (1989); The Malaise of Modernity (1991); Multiculturalism and »The Politics of Recognition« (1992); Philosophical Arguments (1995).

Interpretation und die Wissenschaften vom Menschen (1971)

I.

1.

Ist es sinnvoll zu sagen, daß in den Wissenschaften vom Menschen die Interpretation wesentlich zur Erklärung gehöre? Die Auffassung, daß dies zutrifft, daß die Wissenschaften vom Menschen eine unvermeidliche »hermeneutische« Komponente enthalten, geht auf Dilthey zurück. Aber seit kurzem ist die Frage wieder in den Vordergrund getreten, z. B. in den Werken von Gadamer[1], in Ricoeurs Freud-Interpretation[2] und in den Schriften von Habermas[3].

Interpretation, im hermeneutisch relevanten Sinn, ist der Versuch, ein Studienobjekt klar, sinnvoll zu machen. Dieses Objekt muß daher ein Text – oder ein Text-Analogon – sein, der in gewisser Weise wirr, unvollständig, verschwommen, scheinbar widersprüchlich, also auf die eine oder andere Weise unklar ist. Die Interpretation ist bestrebt, einen tieferen Zusammenhang oder Sinn ans Licht zu bringen.

Dies bedeutet, daß jede Wissenschaft, die als »hermeneutisch« selbst im weiteren Sinne bezeichnet werden kann, sich mit der einen oder anderen der verwirrend ineinandergreifenden Formen von Bedeutung *(meaning)* befassen muß. Versuchen wir etwas klarer zu erkennen, was dies beinhaltet.

1) Wir brauchen, erstens, ein Objekt oder ein Feld von Objekten, von dem ausgesagt werden kann, daß ihm Kohärenz eignet oder fehlt, daß es Sinn oder Unsinn ergibt.

2) Wir müssen, zweitens, in der Lage sein, eine, wenn auch relative Unterscheidung zu treffen zwischen dem vorhandenen Sinn oder Zusammenhang und seiner Verkörperung in einem besonderen Feld von Trägern oder Signifikanten. Denn sonst wäre die Aufgabe, das zu klären, was fragmentarisch oder verworren ist, absolut unmöglich zu lösen. Eine solche Vorstellung wäre sinnlos. Wir müssen also in der Lage sein, über unsere Interpretationen Feststellungen zu treffen, wie: Die in diesem Text oder Text-Analogon vorhandene, verworrene Bedeutung kommt hier klar zum Ausdruck. Mit anderen Worten, die Bedeutung läßt mehr als eine Ausdrucksform zu, und in diesem Sinn muß eine Unterscheidung zwischen Bedeutung und Ausdruck möglich sein.

Die obige Einschränkung, nämlich daß diese Unterscheidung nur eine relative sein kann, bezieht sich auf die Tatsache, daß es Fälle gibt, in denen es unmöglich ist, eine klare, unzweideutige, nicht-willkürliche Trennlinie zwischen dem Ausgesagten und sei-

---

[1] Vgl. z. B. H. G. Gadamer, *Wahrheit und Methode,* Tübingen 1960.

[2] Vgl. Paul Ricoeur, *De l'Interprétation,* Paris 1965 (dt.: *Die Interpretation,* Fankfurt: Suhrkamp, 1969).

[3] Vgl. z. B. Jürgen Habermas, *Erkenntnis und Interesse,* Frankfurt: Suhrkamp, 1968.

ner Ausdrucksform zu ziehen. Man kann plausibel (und, wie ich glaube überzeugend, obgleich hier nicht der Platz ist, näher darauf einzugehen) behaupten, daß dies die normale und fundamentale Bedingung des bedeutungs- oder sinnvollen Ausdrucks ist, daß die exakte Synonymie oder Äquivalenz der Bedeutung eine seltene und örtlich beschränkte Errungenschaft spezialisierter Sprachen oder Zivilisationsgebräuche ist. Aber wenn dies zutrifft (und ich glaube, das tut es), so hebt es doch nicht den Unterschied zwischen Bedeutung und Ausdruck auf. Selbst wenn man vernünftigerweise sagen kann, daß eine in einem neuen Medium wieder-ausgedrückte Bedeutung nicht als identisch mit der ursprünglichen erklärt werden kann, so folgt daraus keineswegs, daß wir das Vorhaben, eine Bedeutung in neuer Form auszudrücken, als sinnlos ansehen müßten. Gewiß ergibt sich daraus die interessante und schwierige Frage, was unter »es in klarerer Form ausdrücken« zu verstehen sei: was ist dieses »es«, welches geklärt wird, wenn eine Äquivalenz geleugnet wird? Ich hoffe hierauf zurückzukommen, wenn ich die Interpretation in den Wissenschaften von Menschen untersuche.

Daher muß der Gegenstand einer Wissenschaft der Interpretation in Begriffen wie Sinn und Unsinn, Kohärenz und fehlende Kohärenz beschreibbar sein; und er muß eine Unterscheidung zwischen Bedeutung und ihrem Ausdruck zulassen.

3) Es muß auch noch eine dritte Bedingung erfüllt sein. Wir können von Sinn oder Kohärenz oder von ihren verschiedenen Verkörperungen in Zusammenhang mit Phänomenen wie Gestalt oder Muster bei Felsbildungen oder Schneekristallen sprechen, wo der Begriff »Ausdruck« nicht wirklich angebracht ist. Was fehlt, ist der Begriff eines Subjekts, für welches diese Bedeutungen gegeben sind. Ohne ein solches Subjekt ist die Auswahl von Kriterien wie Gleichheit und Unterschied, die Wahl zwischen den verschiedenen Formen von Kohärenz, die in einem gegebenen Muster identifiziert werden können, zwischen den verschiedenen begrifflichen Feldern, auf denen sie festgestellt werden kann, willkürlich.

In einem Text oder Text-Analogon dagegen versuchen wir die ausgedrückte Bedeutung – und dies heißt: durch oder für ein Subjekt oder Subjekte ausgedrückt – zu explizieren. Der Begriff »Ausdruck« verweist uns auf den des Subjekts. Die Identifizierung des Subjekts ist keineswegs notwendig unproblematisch, wie wir später sehen werden; sie kann eines der schwierigsten Probleme sein – ein Gebiet, auf dem die herrschenden epistemologischen Vorurteile uns für das Wesen unseres Studienobjektes blind machen können. Und ich glaube, daß dies der Fall ist, wie ich unten zeigen werde. Darüber hinaus versichert die Identifikation eines Subjektes uns nicht einer klaren und absoluten Unterscheidung zwischen Bedeutung und Ausdruck, wie wir oben sahen. Aber jede solche Unterscheidung, selbst eine relative, ist ohne den Appell an ein Subjekt durch nichts begründet, vollkommen willkürlich.

Das Objekt einer Wissenschaft der Interpretation muß also aufweisen: einen vom Ausdruck unterscheidbaren Sinn, welcher nur für oder durch ein Subjekt ist.

2.

Bevor wir untersuchen, wie, wenn überhaupt, diese Bedingungen in den Wissenschaften vom Menschen realisiert sind, mag es, wie ich glaube, nützlich sein, etwas klarer festzustellen, was diese Frage besagt, warum es entscheidend ist, ob wir die Wissenschaften vom Menschen als hermeneutische ansprechen, worum es hier eigentlich geht.

Unser Problem ist im Grunde ein epistemologisches. Aber es ist unauflöslich mit einem ontologischen verbunden und daher zwangsläufig relevant für unsere Auffassung von Wissenschaft und die korrekte Durchführung der Forschung. Wir könnten sagen, daß es sich um ein ontologisches Problem handelt, das seit dem 17. Jahrhundert stets in Form epistemologischer Fragen erörtert wurde, deren einige als unbeantwortbar erschienen.

Der Sachverhalt ließe sich folgendermaßen formulieren: welches sind die Urteilskriterien in einer hermeneutischen Wissenschaft? Eine gelungene Interpretation ist eine solche, welche die ursprünglich in verworrener, fragmentarischer, unklarer Form vorhandene Bedeutung klärt. Aber woher weiß man, daß diese Interpretation richtig ist? Vermutlich, weil sie den ursprünglichen Text verständlich macht: was an ihm seltsam, rätselhaft, verwirrend, widersprüchlich ist, ist dies nun nicht mehr, ist erklärt. Die Interpretation appelliert durchaus an unser Verstehen der »Sprache«, in welcher der Ausdruck geschieht, denn dieses Verstehen erlaubt uns zu erkennen, daß dieser Ausdruck verwirrend ist, daß er sich in Widerspruch zu jenem anderen befindet usw., und daß diese Schwierigkeiten aufgeklärt sind, wenn die Bedeutung in neuer Form ausgedrückt ist.

Aber dieser Appell an unser Verständnis scheint wesentlich inadäquat zu sein. Was, wenn jemand die Adäquanz unserer Interpretation nicht »sieht«, unsere Lesart nicht akzeptiert? Wir versuchen ihm zu zeigen, wie sie den ursprünglichen Un- oder Teilsinn verständlich macht. Aber um uns zu folgen, muß er die ursprüngliche Sprache so lesen, wie wir es tun, er muß diese Ausdrücke als irgendwie verwirrend erkennen und daher nach einer Lösung für unser Problem suchen. Tut er dies nicht, was können wir dann tun? Die Antwort lautet offenbar: in gleicher Weise fortfahren. Wir müssen ihm anhand der Lesart anderer Ausdrücke zeigen, warum dieser eine Ausdruck in der von uns vorgeschlagenen Weise gelesen werden muß. Aber damit dies gelingt, ist es erforderlich, daß er uns bei diesen anderen Lesarten folgt, und so weiter – offenbar *ad infinitum*. Letzten Endes entgehen wir nicht der Forderung nach einem gemeinsamen Verständnis der Ausdrücke der betreffenden »Sprache«. Dies ist nur ein Versuch, das auszudrücken, was als »hermeneutischer Zirkel« beizeichnet wurde. Was wir zu begründen suchen, ist eine bestimmte Lesart eines Textes oder von Ausdrücken, und was wir als unsere Gründe für diese Lesart anführen, können nur weitere Lesarten sein. Dieser Zirkel kann auch in Form von Teil-Ganzes-Beziehungen dargestellt werden: wir versuchen eine Lesart für den ganzen Text zu begründen, und zu diesem Zweck berufen wir uns auf Lesarten seiner Teilausdrücke; aber da wir es mit Bedeutung, mit Verstehen zu tun haben, wobei Ausdrücke nur in Beziehung zu anderen verstehbar sind oder nicht, beruhen die Lesarten von Teilausdrücken doch auf den Lesarten anderer Teilausdrücke und schließlich des Ganzen.

Um dies forensisch darzustellen, wie wir es oben versuchten: wir können einen Gesprächspartner nur dann überzeugen, wenn er an einem gewissen Punkt unser Verständnis der betreffenden Sprache teilt. Tut er dies nicht, dann gibt es keine weitere rationale Argumentation; wir können versuchen, seine Intuition zu wecken, oder wir können einfach aufgeben; die Argumentation wird uns nicht weiterführen. Aber das forensische Dilemma kann gewiß auch auf mein eigenes Urteilen übertragen werden: wenn ich so wenig in der Lage bin, einen eigensinnigen Gesprächspartner zu überzeugen, wie kann ich mich dann selbst überzeugen? wie kann ich sicher sein? Vielleicht sind meine Intuitionen falsch oder verzerrt, vielleicht bin ich in einem Zirkel von Illusionen befangen.

Eine, vielleicht die einzige vernünftige Antwort darauf würde lauten, daß diese Unsicherheit ein unablösbarer Bestandteil unseres epistemologischen Dilemmas ist. Daß diesen Sachverhalt als »Unsicherheit« zu charakterisieren sogar heißt, ein absurd scharfes Kriterium für »Sicherheit« anzulegen, welches diesen Begriff jeglicher sinnvollen Verwendung enthebt. Aber dies war nicht die einzige oder gar wichtigste Antwort, die unserer philosophischen Tradition einfiel. Und es war eine andere Antwort, die entscheidende, weitreichende Folgen für die Wissenschaften vom Menschen hatte. Es wurde ein Grad der Sicherheit gefordert, der nur erreicht werden kann, indem der Zirkel durchbrochen wird.

Zwei Wege zu diesem Durchbruch wurden ins Auge gefaßt. Den ersten könnten wir den »rationalistischen« nennen und seinen Kumulationspunkt bei Hegel sehen. Er bedingt keine Negation der Intuition oder unseres Verständnisses von Bedeutung, sondern strebt vielmehr danach, ein Verstehen von solcher Klarheit zu erreichen, daß dieses mit der Gewißheit des Unleugbaren einherginge. In Hegels Fall z. B. geht unser volles Verstehen des Ganzen im »Denken« mit einem Begreifen seiner inneren Notwendigkeit einher, so daß wir erkennen, daß es nicht anders sein könnte. Kein höherer Grad von Gewißheit ist vorstellbar. Für ein solches Streben ist das Wort »Durchbruch« schlecht gewählt; das Ziel ist vielmehr, das Verstehen zu einer inneren Klarheit zu bringen, die absolut wäre.

Der andere Weg, den wir als den »empiristischen« bezeichnen können, ist ein genuiner Versuch, über den Zirkel unserer eigenen Interpretationen hinauszugehen, um über die Subjektivität hinauszugelangen. Dabei wird versucht, das Wissen in der Weise zu rekonstruieren, daß es nicht notwendig ist, sich letzten Endes auf Lesarten oder Urteile zu berufen, die nicht weiter überprüft werden können. Deshalb ist der Grundbaustein des Wissens nach dieser Auffassung der Eindruck, das Sinnesdatum – eine Informationseinheit, die etwas anderes ist als die Abgabe eines Urteils und die per definitionem kein Element von Lesart oder Interpretation enthält: die ein *factum brutum* ist. Das höchste Ziel wäre, unser Wissen aus solchen Bausteinen durch Urteile aufzubauen, die in einer Gewißheit jenseits der subjektiven Intuition verankert wären. Dies gerade bedingt die Attraktion der Vorstellung einer Assoziation von Ideen oder, faßt man dasselbe Verfahren als Methode auf: der Intuition. Wenn der ursprüngliche Erwerb dieser Informationseinheiten nicht die Frucht von Urteil oder Interpretation ist, dann braucht die Feststellung, daß zwei solcher Elemente zusammen auftreten, weder das Ergebnis einer Interpretation, einer Lesart, noch einer unüberpüfbaren Intuition zu sein. Denn wenn das Auftreten eines einzigen Elementes ein *factum brutum* ist, so trifft dies auch für das gemeinsame Auftreten zweier solcher Elemente zu. Der Weg zu wahrem Wissen wäre dann entscheidend von der richtigen Protokollierung solchen gemeinsamen Auftretens abhängig.

Diese Überlegungen liegen einem Ideal der Verifikation zugrunde, das zentraler Bestandteil einer bedeutenden Tradition der Wissenschaftsphilosophie ist – deren zeitgenössische Protagonisten die Vertreter des logischen Empirismus sind. Verifikation muß letzten Endes auf der Erhebung von *data bruta* gründen. Unter »*data bruta*« verstehe ich hier und generell solche Daten, deren Validität nicht durch das Angebot einer anderen Interpretation oder Lesart in Frage gestellt werden kann, Daten, deren Glaubwürdigkeit durch weiteres Schlußfolgern nicht begründet oder untergraben werden kann.[4] Wenn gegebene Daten eine so unterschiedliche Interpretation zulassen, dann muß es möglich sein, die Argumentation so zu strukturieren, daß die fundamentalen *data bruta* von den aus ihnen abgeleiteten Schlußfolgerungen unterschieden sind.

Die Schlußfolgerungen selbst müssen natürlich, um valide zu sein, in ähnlicher Weise über die Kritik durch eine konkurrierende Interpretation erhaben sein. Hier erweiterten die logischen Empiristen das Rüstzeug des traditionellen Empirismus, der auf die Methode der Induktion großen Wert legte, um den ganzen Bereich der logischen und mathematischen Schlußfolgerung, der für den rationalistischen Standpunkt (zumindest bei Leibniz, wenngleich nicht bei Hegel) von entscheidender Bedeutung war und eine weitere Spielart fragloser Gewißheit bot.

---

[4] Der Begriff *data bruta* ist verwandt, aber keineswegs gleichzusetzen mit den »*facta bruta*«, die Elizabeth Anscombe (»On Brute Facts«, *Analysis*, Vol. 18, 1957–1958, S. 69–72) und John Searle (*Speech Acts*, Cambridge 1969, S. 50–53; dt. *Sprechakte*, Frankfurt 1971, S. 78–83) diskutieren. Für Anscombe und Searle sind *facta bruta* der Gegensatz zu dem, was man als »institutionelle Fakten«, um Searles Ausdruck zu verwenden, bezeichnen könnte, d. h. Fakten, welche die Existenz gewisser Institutionen voraussetzen. Ein Beispiel dafür wäre die politische Wahl. Aber wie wir unten im Teil II sehen werden, können manche institutionelle Fakten, wie etwa: X hat liberal gewählt, als *data bruta* in dem hier verstandenen Sinn verifiziert werden und gehören daher in die Kategorie des politischen Verhaltens. Was weniger leicht mit Hilfe von *data bruta* beschrieben werden kann, sind die Institutionen selbst. [...]

Selbstverständlich wurden die mathematische Schlußfolgerung und die empirische Verifikation so kombiniert, daß zwei oder mehr Theorien aus derselben Sphäre von Fakten verifiziert werden konnten. Aber dies war eine Konsequenz, mit der sich abzufinden der logische Empirismus bereit war. Was die Surplus-Bedeutung einer Theorie betraf, die nicht mit den *data bruta* rigoros koordiniert werden konnte, so wurde diese als außerhalb der Logik der Verifikation liegend betrachtet.

Als eine Theorie der Wahrnehmung warf diese Epistemologie alle möglichen Probleme auf, nicht zuletzt das einer permanenten Gefahr des Skeptizismus und Solipsismus, die mit einer Konzeption, welche die fundamentalen Daten des Wissens als jeder Überprüfung unzulängliche *data bruta* auffaßt, untrennbar verbunden sind. Als Wahrnehmungstheorie scheint sie jedoch weitgehend der Vergangenheit anzugehören, trotz eines überraschenden Wiederaufflackerns in der angelsächsischen Welt in den dreißiger und vierziger Jahren. Aber es ist kein Zweifel daran, daß sie weiterblüht, unter anderem als eine Theorie darüber, wie der menschliche Geist und das menschliche Wissen tatsächlich funktionieren.

In gewissem Sinn erleben wir in unseren Tagen eine bessere, rigorosere Variante dieser Epistemologie in Form der komputerbeeinflußten Theorien der Intelligenz. Diese versuchen Intelligenz so darzustellen, als bestünde sie aus Operationen mit maschinenlesbaren Inputs, die ihrerseits mit Programmen, die von Maschinen abgespult werden könnten, gleichzusetzen wären. Das Maschinen-Kriterium bietet uns Gewißheit gegen die Berufung auf Intuition oder Interpretationen, welche nicht mit Hilfe von völlig expliziten, auf die *data bruta* – den Input – einwirkenden Verfahren verstanden werden können.[5]

Der Fortschritt der Naturwissenschaft hat dieser Epistemologie viel Glaubwürdigkeit verliehen, denn er kann nach diesem Modell plausibel rekonstruiert werden, wie es z. B. die logischen Empiristen taten. Und selbstversändlich war die Versuchung groß, die Wissenschaften vom Menschen nach dem gleichen Modell zu re-

[5] Vgl. Die Diskussion bei M. Minsky: *Computation,* Englewood Cliffs, N.J., 1967, S. 104–107, wo Minsky explizit behauptet, daß ein wirksames Verfahren, welches keiner Intuition oder Interpretation mehr bedarf, ein solches ist, das von einer Maschine geleistet werden kann.

konstruieren; oder vielmehr sie auf Wege der Forschung zu führen, die diesem Paradigma entsprechen, denn es wird ja ständig von ihnen behauptet, sie steckten noch »in den Kinderschuhen«. Die Psychologie, wo eine frühere Mode des Behaviourismus inzwischen durch einen Boom von Computer-Modellen ersetzt wurde, ist keineswegs das einzige Beispiel.

Dieses epistemologische Vorurteil – man könnte sagen: Obsession – nimmt in den verschiedenen Wissenschaften verschieden Formen an. Später möchte ich einen einzelnen Fall untersuchen, nämlich das Studium der Politik, wo diese Frage ausführlich behandelt werden kann. Aber im allgemeinen ist die empiristische Orientierung zwangsläufig gegen eine Forschung abgeneigt, die auf Interpretation beruht und die in der oben gekennzeichneten Weise gegen den hermeneutischen Zirkel angeht. Diese kann nicht die Anforderungen der intersubjektiven, nicht-willkürlichen Verifikation erfüllen, welche sie als wesentlich für die Wissenschaft ansieht. Und mit dem epistemologischen Standpunkt geht die ontologische Überzeugung einher, daß die Realität dem Verstehen und der Erklärung durch eine so verstandene Wissenschaft zugänglich sein muß. Hieraus folgt eine gewisse Reihe von Vorstellungen darüber, was die Wissenschaften vom Menschen sein sollten.

Andererseits würden viele, ich selbst eingeschlossen, einwenden, daß diese Auffassungen über die Wissenschaften vom Menschen steril sind, daß es uns nicht gelingen wird, wichtige Dimensionen des menschlichen Lebens innerhalb der durch diese epistemologische Orientierung gezogenen Grenzen zu verstehen. Zumindest in der einen oder anderen ihrer Verzweigungen ist diese Auseinandersetzung allen bekannt. Was ich hier behaupten möchte, ist, daß diese Frage mit Hilfe der Auffassung von Interpretation, wie ich sie oben zu skizzieren begann, fruchtbar gestellt werden kann.

Und ich glaube, daß eine solche Art der Fragestellung nützlich ist, weil sie es uns ermöglicht, die nachhaltigen epistomologischen Überzeugungen, welche der orthodoxen Auffassung der Wissenschaften vom Menschen in unserer akademischen Gemeinschaft zugrunde liegen, ans Licht zu bringen, und gleichzeitig die in der Gegenthese implizierte Auffassung von unserem emistemologischen Dilemma explizit zu machen. Dies wäre tatsächlich ungewöhnlicher und schockierender für die Tradition des wissenschaftlichen Denkens, als von seiten der Gegner eines engen

Scientismus häufig zugegeben oder erkannt wird. Vielleicht wird eine volle Klärung dessen, was eine hermeneutische Wissenschaft eigentlich ist, den Stand der Opposition, was das Überzeugen von Unentschlossenen betrifft, nicht stärken, aber ein Gewinn an Klarheit ist gewiß eine Lichtung der Reihen wert – zumindest in der Philosophie.

3.

Bevor wir im weiteren das Beispiel der politischen Wissenschaft untersuchen, mag es sich lohnen, eine andere Frage zu stellen: warum sollten wir überhaupt die Frage aufwerfen, ob die Wissenschaften vom Menschen hermeneutisch sind? Was bringt uns überhaupt auf den Gedanken, daß Menschen und ihre Handlungen ein Objekt oder eine Gruppe von Objekten darstellen, welche die oben skizzierten Bedingungen erfüllen?

Die Antwort lautet, daß auf phänomenologischer Ebene oder derjenigen der Alltagssprache (und für die Zwecke dieser Beweisführung fallen die beiden zusammen) ein gewisser Begriff von Bedeutung wesentlicher Bestandteil der Charakterisierung menschlichen Verhaltens ist. In diesem Sinn können wir davon sprechen, daß eine Situation, eine Handlung, eine Forderung, eine Aussicht für die Person eine bestimmte Bedeutung haben.

Nun wird aber häufig angenommen, daß »Bedeutung« hier in einem Sinn verwendet werde, der irgendwie eine illegitime Erweiterung des Begriffs »linguistische Bedeutung« sei. Ob hier von einer Begriffserweiterung gesprochen werden kann oder nicht, ist eine andere Frage; auf jeden Fall weicht »Bedeutung« hier von »linguistischer Bedeutung« ab. Aber daraus ist schwerlich zu folgern, daß dies eine illegitime Verwendung des Begriffs sei.

Wenn wir von der »Bedeutung« eines bestimmten Dilemmas sprechen, so verwenden wir einen Begriff, der folgende Gedankenverbindungen hat: a) Bedeutung ist für ein Subjekt gegeben; es handelt sich nicht um die Bedeutung der Situation *in vacuo,* sondern um deren Bedeutung für ein Subjekt, ein spezifisches Subjekt, eine Gruppe von Subjekten oder vielleicht um das, was sie für das menschliche Subjekt als solches bedeutet (selbst wenn einzelne Menschen der Vorwurf treffen mag, dies nicht zuzugeben oder zu erkennen). b) Bedeutung ist Bedeutung von etwas; das heißt, wir können zwischen einem gegebenen Element – einer Situation,

Handlung oder dergleichen – und ihrer Bedeutung unterscheiden. Aber dies besagt nicht, daß diese physisch voneinander zu trennen wären. Vielmehr haben wir zwei Beschreibungen des Elements vor uns, in deren einer es durch seine Bedeutung für das Subjekt charakterisiert ist. Aber die Beziehungen zwischen den beiden Beschreibungen sind nicht symmetrisch. Denn einerseits kann die Beschreibung durch die Bedeutung nicht statthaben, wenn nicht Beschreibungen der anderen Art ebenfalls zutreffen; oder anders gesagt, es kann keine Bedeutung ohne ein Substratum geben. Aber andererseits kann es sein, daß die gleiche Bedeutung einem anderen Substratum eigen ist – z. B. kann eine Situation mit derselben Bedeutung unter verschieden physikalischen Bedingungen erkannt werden. Eine notwendige Bedingung ist, daß das Substratum potentiell substituierbar ist; oder, alle Bedeutungen sind Bedeutungen von etwas.

Und drittens, c) Dinge haben nur Bedeutung innerhalb eines Feldes, d. h. in Beziehung zu den Bedeutungen anderer Dinge. Dies bedeutet, daß es so etwas wie ein einzelnes, außerhalb aller Beziehungen stehendes sinnvolles Element nicht gibt; und es bedeutet, daß Veränderungen der anderen Bedeutungen innerhalb des Feldes Veränderungen des gegebenen Elements bedingen können. Bedeutungen können ausschließlich in Beziehung zu anderen identifiziert werden, und in dieser Hinsicht gleichen sie Wörtern. Die Bedeutung eines Wortes ist z. B. von den Wörtern abhängig, zu denen es einen Gegensatz bildet, von jenen, die seinen Platz innerhalb der Sprache definieren (z. B. solche, die »bestimmbare« Dimensionen wie Farbe oder Form definieren), von jenen, welche die Aktivität oder das »Sprachspiel« definieren, in dem ersteres auftritt (beschreiben, sich berufen auf, Gemeinsamkeit feststellen) usw. In diesem Sinn verhält es sich mit den Beziehungen zwischen Bedeutungen ähnlich wie mit jenen zwischen Begriffen in einem semantischen Feld.

Genau wie unsere Farbbegriffe ihre Bedeutung durch das Kontrastfeld erhalten, das sie zusammen bilden, so daß die Einführung neuer Begriffe die Abgrenzungen der übrigen verändern würde, so werden auch die verschiedenen Bedeutungen, die das Verhalten eines Untergebenen für uns haben kann: ehrerbietig, respektvoll, kriecherisch, leicht spöttisch, ironisch, anmaßend, provozierend, regelrecht grob, durch ein Kontrastfeld hergestellt; und in dem Maß, wie mit feineren Abstufungen unsererseits oder einer entwickelteren Kultur neue Möglichkeiten entstehen, werden die anderen Begriffe dieser Reihe sich verändern. Wie die Bedeutung unserer Begriffe »rot«, »blau«, »grün« durch die Definition eines Kontrastfeldes mittels des bestimmbaren Begriffs »Farbe« festgelegt ist, so sind alle diese alternativen Arten des Benehmens nur in einer Gesellschaft vorhanden, die, unter anderen Formen, hierarchische Macht- und Befehlsbeziehungen aufweist. Und dem Sprachspiel, das der Bezeichnung farbiger Objekte zugrunde liegt, entspricht das System sozialer Praktiken, welche diese hierarchischen Strukturen stützen und in ihnen erfüllt werden.

Bedeutung in diesem Sinn – wir wollen sie empirische Bedeutung nennen – besteht also für ein Subjekt, von etwas, in einem Feld. Dies unterscheidet sie von der linguistischen Bedeutung, die keine drei-, sondern eine vierdimensionale Struktur hat. Linguistische Bedeutung besteht für Subjekte und in einem Feld, aber sie ist auch die Bedeutung von Signifikanten und betrifft ein Universum von Bezügen. Sobald wir uns über die Ähnlichkeiten und Unterschiede verständigt haben, ist kaum zu bezweifeln, daß der Begriff »Bedeutung« keine Fehlbezeichnung, kein Produkt einer illegitimen Erweiterung des Begriffs in diesem Kontext von Erfahrung und Verhalten ist.

Es gibt also einen ganz legitimen Begriff von Bedeutung, den wir verwenden, wenn wir von der Bedeutung einer Situation für einen Handelnden sprechen. Und daß dieser Begriff statthat, ist integraler Bestandteil unseres Bewußtseins von und daher unserer Sprache über unsere Handlungen. Unsere Handlungen sich für gewöhnlich durch die mit ihnen verfolgten Zwecke charakterisiert und durch Wünsche, Gefühle und Emotionen erklärt. Aber die Sprache, mit der wir unsere Ziele, Gefühle, Wünsche beschreiben, ist ebenfalls eine Definition der Bedeutung, welche die Dinge für uns haben. Der Wortschatz, der Bedeutung definiert – Wörter wie »beängstigend«, »attraktiv« –, ist mit dem Vokabular verbunden, das Gefühle beschreibt – »Furcht«, »Wunsch« – sowie mit demjenigen, das Ziele beschreibt – »Sicherheit«, »Besitz«.

Außerdem bewegt sich unser Verstehen dieser Begriffe unausweichlich in einem hermeneutischen Zirkel. Ein Gefühlswort wie z. B. »Scham« verweist uns im wesentlichen auf eine bestimmte – »beschämende« oder »demütigende« – Situation sowie auf einen gewissen Reaktionsmodus – sich verstecken, den dunklen Fleck bemänteln oder sonstwie »auslöschen«. Das heißt: damit dieses Gefühl als Scham identifiziert wird, ist es wesentlich, daß es zu dieser Situation in Beziehung gesetzt wird und diese Art der Disposition verursacht. Aber diese Situation wiederum kann nur in Beziehung zu den Gefühlen, die sie hervorruft, identifiziert werden; und die Disposition ist auf ein Ziel gerichtet, das ähnlich nur unter Bezug auf die erlebten Gefühle verstanden werden kann: Das besagte »Verstecken« soll meine Schande bemänteln; es ist nicht dasselbe, wie wenn ich mich vor einem bewaffneten Verfolger verstecke; was das »Verstecken« bedeutet, ist nur zu verstehen, wenn wir verstehen, von welcher Art Gefühl oder Situation die Rede ist. Wir müssen innerhalb des Zirkels sein.

Ein Gefühlswort wie »Scham« läßt sich nur unter Bezug auf andere Begriffe erklären, die wiederum nicht ohne den Bezug auf Scham verstanden werden können. Um diese Begriffe zu verstehen, müssen wir uns mit einer bestimmten Erfahrung auskennen, wir müssen eine bestimmte Sprache verstehen, nicht nur die der Worte, sondern auch eine bestimmte Sprache der wechselseitigen Aktion und Kommunikation, durch welche wir einander tadeln, ermahnen, bewundern, wertschätzen. Schließlich kennen wir uns damit aus, weil wir im Bereich gewisser gemeinsamer Bedeutungen aufwachsen. Aber wir machen häufig die Erfahrung, wie es ist, außen zu stehen, wenn wir der Sprache der Gefühle, Handlungen und empirischen Bedeutungen einer anderen Zivilisation begegnen. Hier gibt es keine Übersetzung, keine Möglichkeit der Erklärung in anderen, zugänglicheren Begriffen. Wir können derlei nur erfassen, wenn wir uns irgendwie, und sei es in der Phantasie, in deren Lebensart hineinversetzen. So werden wir, wenn wir menschliches Verhalten als ein vor einem Hintergrund von Wunsch, Gefühl und Emotion geschehendes Handeln auffassen, eine Realität vor uns haben, die mit Hilfe von Bedeutung charakterisiert werden muß. Aber besagt dies schon, daß sie der Gegenstand einer hermeneutischen Wissenschaft sein kann, wie sie oben skizziert wurde?

Es gibt, erinnern wir uns, drei Charakteristika, die der Gegenstand einer wissenschaftlichen Interpretation hat: er muß Bedeutung oder Kohärenz haben; diese muß von ihrem Ausdruck unterscheidbar sein; und diese Bedeutung muß für ein Subjekt bestehen.

Insofern wir nun über Verhalten als Handlung, mithin in Begriffen von Bedeutung sprechen, muß für dieses die Kategorie Sinn oder Kohärenz gelten. Dies besagt nicht, daß unser gesamtes Verhalten »sinnvoll« sein muß, wenn wir damit meinen, daß es rational sein, Widersprüche, Verwechslung von Zwecken usw. vermeiden muß. Eindeutig bleibt ein großer Teil unserer Handlungen hinter diesem Ziel zurück. Aber in einem anderen Sinn wird sogar widersprüchliches, irrationales Handeln »sinnvoll«, wenn wir verstehen, warum es unternommen wurde. Wir verstehen den Sinn einer Handlung, wenn zwischen den Handlungen des Handelnden und der Bedeutung, die seine Situation für ihn hat, Kohärenz besteht. Solange wir keine solche Kohärenz feststellen, werden wir sein Handeln verwirrend finden. Vielleicht sollte an dieser Stelle wiederholt werden, daß die Kohärenz keineswegs impliziert, daß die Handlung rational ist: die Bedeutung, welche die Situation für einen Handelnden hat, kann voller Verwirrung und Widersprüche sein; aber die adäquate Beschreibung dieser Widersprüche macht sie sinnvoll und verständlich.

Ein solches Sinnvollmachen mittels der Kohärenz von Bedeutung und Handlung, der Bedeutungen von Handlung und Situation, kann sich nur in einem hermeneutischen Zirkel bewegen. Unsere Überzeugung, daß die Erklärung sinnvoll ist, hängt von unserer Lesart der Handlung und Situation ab. Aber diese Lesarten können nur durch den Bezug auf andere solche Lesarten und ihren Zusammenhang mit dem Ganzen erklärt und gerechtfertigt werden. Wenn ein Gesprächspartner diese Lesart nicht versteht oder sie nicht als valide akzeptiert, dann ist jede weitere Argumentation abgeschnitten. Eine gute Erklärung ist schließlich eine solche, die ein Verhalten sinnvoll erscheinen läßt; um aber eine gute Erklärung anzunehmen, muß man darin übereinstimmen, was sinnvoll ist; was sinnvoll ist, hängt von den jeweiligen Lesarten ab; und diese wiederum beruhen auf dem, was man unter Sinn versteht.

Wie verhält es sich aber mit dem zweiten Charakteristikum, nämlich daß der Sinn von seiner Verkörperung unterscheidbar sein sollte? Dies ist notwendig für eine Wissenschaft der Interpretation, weil die Interpretation Anspruch erhebt, eine verworrene Bedeutung zu klären; in gewissem Sinn muß daher die »selbe« Bedeutung – aber anders – ausgedrückt werden.

Daraus ergibt sich unmittelbar eine weitere Schwierigkeit. Als oben von der empirischen Bedeutung die Rede war, erwähnte ich, daß wir zwischen einem gegebenen Element und seiner Bedeutung, zwischen Bedeutung und Substratum unterscheiden können. Dies führte zu der Behauptung, daß eine gegebene Bedeutung in einem anderen Substratum realisiert sein *kann*. Aber heißt dies, daß wir *immer* dieselbe Bedeutung in einer anderen Situation verkörpern können? Vielleicht gibt es Situationen, z.B. wenn einem der Tod bevorsteht, die eine Bedeutung haben, welche nicht anders verkörpert werden kann.

Aber glücklicherweise ist diese schwierige Frage für unsere Zwecke unerheblich. Denn hier haben wir einen Sachverhalt, bei dem die im Begriff einer hermeneutischen Wissenschaft vom Menschen implizierte Analogie von Text und Verhalten nur mit entscheidenden Modifikationen gilt. Bei der Interpretation wird der Text durch einen anderen Text ersetzt, welcher klarer ist. Das Text-Analogon Verhalten wird nicht durch ein anderes solches Text-Analogon ersetzt. Wo dies geschieht, da haben wir es mit revolutionärem Theater oder Terrorakten im Dienste einer Propaganda der Tat zu tun, wobei die versteckten Beziehungen einer Gesellschaft angeblich in einer dramatischen Konfrontation aufgezeigt werden. Doch dies ist kein wissenschaftliches Verstehen, auch wenn es vielleicht auf einem solchen Verstehen beruhen oder dies beanspruchen mag.

In der Wissenschaft aber wird das Text-Analogon durch einen Text, eine Erklärung ersetzt. Dies könnte Anlaß zu der Frage geben, wie wir hier auch nur ansatzweise von Interpretation, von einem klareren Ausdruck derselben Bedeutung sprechen können, wenn wir es mit zwei so äußerst verschiedenen Vergleichsgegenständen, einem Text und einem Verhaltensakt, zu tun haben. Ist das ganze nicht nur ein schlechtes Spiel mit Worten?

Diese Frage eröffnet uns einen weiteren Aspekt der empirischen Bedeutung, von dem wir vorhin abstrahierten. Empirische Bedeutungen sind in Kontrastfeldern definiert, gerade so wie Worte in semantischen Feldern.

Was aber oben nicht erwähnt wurde, ist der Umstand, daß diese beiden Arten der Definition nicht unabhängig voneinander sind. Die Skala der menschlichen Wünsche, Gefühle, Emotionen und mithin Bedeutungen ist an den jeweiligen Grad und Typ der Kultur gebunden, der wiederum von den durch die Sprache, die die Menschen sprechen, bezeichneten Unterscheidungen und Kategorien untrennbar ist. Das Feld von Bedeutungen, in dem eine gegebene Situation statthaben kann, ist an das semantische Feld der Begriffe gebunden, welche diese Bedeutungen und die ihnen zugehörigen Gefühle, Wünsche und Schwierigkeiten charakterisieren.

Aber die hier vorliegende Beziehung ist keine einfache. Es gibt zwei einfache Modelltypen von Beziehung, die hier angeboten werden könnten, aber beide sind inadäquat. Wir könnten uns vorstellen, daß das Gefühlsvokabular einfach prä-existente Gefühle beschreibt, Unterscheidungen bezeichnet, die auch ohne es vorhanden wären. Dies trifft jedoch nicht zu, denn wir erleben häufig bei uns selbst oder bei anderen, wie z. B. der Erwerb eines komplizierteren Vokabulars der Emotionen unser Gefühlsleben, und nicht unsere Beschreibungen desselben, komplizierter macht. Die Lektüre eines guten, eindringlichen Romans kann mir das Bild eines Gefühls vermitteln, dessen ich mir vorher nicht bewußt war. Aber wir können keine klare Trennlinie ziehen zwischen einer gesteigerten Fähigkeit, Emotionen zu identifizieren, und einer veränderten Schwierigkeit, Emotionen zu fühlen, welche dies ermöglicht.

Das andere einfache, inadäquate Modell der Beziehung besteht darin, daß man vom oben Gesagten zu der Schlußfolgerung springt, daß das Denken dies bewirke. Aber auch dieses ist sichtlich nicht geeignet, denn es kann uns nicht einfach jede neue Definition aufgezwungen werden, noch können wir sie uns selbst aufzwingen; und einige, die wir gern übernähmen, können als inauthentisch oder als von anderen in böser Absicht oder einfach irrtümlich abgegeben beurteilt werden. Diese Urteile können falsch sein, aber sie sind nicht prinzipiell unzulässig. Lieber sollten wir uns bemühen, Klarheit über uns und unsere Gefühle zu gewinnen und einen Menschen, der dies erreicht, bewundern.

Also ist weder die Auffassung von einer einfachen Entsprechung, noch die Auffassung, daß das Denken diese herstellt, richtig. Aber beide haben *prima facie*-Rechtfertigungsgründe für sich. Es gibt so etwas wie Klarheit über sich selbst, die uns auf die Auffassung einer Entsprechung hinweist; aber das Erreichen einer solchen Klarheit bedeutet moralische Veränderung, d. h. es verändert den bekannten Gegenstand. Und gleichzeitig ist der Irrtum über sich selbst nicht einfach das Fehlen einer Entsprechung; er ist auch eine Form der Inauthentizität, der bösen Absicht, der Selbsttäuschung, der Unterdrückung der eigenen menschlichen Gefühle oder etwas dieser Art; genau wie die Selbst-Kenntnis, ist es ebenso eine Frage der Qualität dessen, was wir fühlen, wie dessen, was wir darüber wissen.

Wenn dies zutrifft, dann müssen wir den Menschen als ein sich selbst interpretierendes Tier vorstellen. Er ist dies notwendig, denn es kann keine Struktur von Bedeutungen für ihn unabhängig von seiner Interpretation derselben geben: die eine ist in die andere verwoben. Aber dann ist der Text der Interpretation nicht so sehr heterogen gegenüber dem, was interpretiert wird; denn was interpretiert wird, ist selbst eine Interpretation, eine Selbst-Interpretation, die in einen Fluß von Handlungen eingebettet ist. Es ist eine Interpretation der empirischen Bedeutung, welche zu der Entstehung dieser Bedeutung beiträgt. Oder anders gesagt: dasjenige, bei dem wir die Kohärenz feststellen wollen, entsteht selbst zum Teil durch Selbst-Interpretation.

Unser Ziel ist nun, diese verworrene, unvollständige, zum Teil irrige Selbst-Interpretation durch eine richtige zu ersetzen. Und indem wir dies tun, untersuchen wir nicht nur die Selbst-Interpretation, sondern auch den Verhaltensfluß, in welchen diese eingebettet ist; genau wie wir bei der Interpretation des historischen Dokuments dieses in den Fluß der Ereignisse, auf die es sich bezieht, stellen müssen. Aber diese Analogie ist selbstverständlich nicht exakt, denn hier interpretieren wir die Interpretation und den Verhaltensstrom, in den sie eingelagert ist, gemeinsam, und nicht nur die eine oder den anderen.

Es besteht also letzten Endes keine Heterogenität zwischen der Interpretation und dem, wovon sie handelt; vielmehr ist der Begriff der Interpretation fließend. Ein lebendiger Handelnder zu sein heißt ja schon, die eigene Situation in Form gewisser Bedeutungen zu erfahren; und dies kann in gewissem Sinn als eine Art Proto-»Interpretation« aufgefaßt werden. Diese wiederum wird interpretiert und geformt durch die Sprache, in welcher der Handelnde diese Bedeutungen erlebt. Dieses Ganze ist also eine dritte Ebene, welche durch die Erklärung interpretiert wird, die wir für seine Handlungen anbieten.

Auf diese Weise wird die zweite Bedingung einer hermeneutischen Wissenschaft erfüllt. Aber diese Erklärung zeigt die eingangs gestellte Frage, ob die Interpretation jemals dieselbe Bedeutung ausdrücken kann wie das Interpretierte, in einem neuen Licht. Und in diesem Fall gibt es tatsächlich einen Betracht, in dem die beiden nicht kongruent sind. Denn wenn die Erklärung wirklich klarer ist als die erlebte Interpretation, dann wird sie dazu angetan sein, das Verhalten irgendwie zu verändern, wenn der Handelnde es als seine Selbst-Interpretation verinnerlichen würde. Daher muß eine hermeneutische Wissenschaft, welche ihr Ziel erreicht, d.h. mehr Klarheit erbringt als das unmittelbare Verstehen des Handelnden oder des Beobachters, uns eine Interpretation bieten, die folglich in wesentlicher Hinsicht nicht mit dem Explicandum übereinstimmt.

So bietet das menschliche Verhalten, verstanden als Handlung von Handelnden, die Wünsche und Motive, Ziele und Bestrebungen haben, notwendig einen Gewinn für Beschreibungen durch Bedeutung – jene, die ich als »empirische Bedeutung« bezeichnet habe. Die postulierte Norm der Erklärung verlangt, daß diese das Verhalten »sinnvoll« macht und eine Bedeutungskohärenz nachweist. Dieses »Sinnvollmachen von« ist das Anbieten einer Interpretation; und wir sahen, daß das, was interpretiert wird, die Bedingungen einer Wissenschaft der Interpretation erfüllt: erstens, daß wir von ihrem Sinn oder ihrer Kohärenz sprechen können; und zweitens, daß dieser Sinn in einer anderen Form ausgedrückt werden kann, so daß wir davon sprechen können, daß die Interpretation einen klareren Ausdruck dessen bietet, was im Explicandum nur implizit enthalten ist. Die dritte Bedingung, nämlich daß dieser Sinn für ein Subjekt sein muß, ist in diesem Fall offensichtlich erfüllt, wenngleich die Frage, wer dieses Subjekt ist, keineswegs unproblematisch ist, wie wir später sehen werden.

Dies sollte genügen, um zu zeigen, daß es gute *prima facie*-Gründe gibt, die besagen, daß Menschen und ihre Handlungen Erklärungen hermeneutischer Art zugänglich sind. Es ist daher begründet, die Frage aufzuwerfen und die epistemologische Richtung zu bezweifeln, welche die Interpretation aus den Wissenschaften von Menschen verbannen möchte. Es muß noch sehr viel mehr gesagt werden, damit wir erkennen, um was es bei den hermeneutischen Wissenschaften vom Menschen geht. Aber bevor wir zu diesem Thema kommen, mag es hilfreich sein, das Problem durch einige Beispiele aus einem spezifischen Feld, nämlich dem der Politik, zu verdeutlichen.

[…]

Charles Taylor, Interpretation und die Wissenschaften vom Menschen, in: Erklärung und Interpretation in den Wissenschaften vom Menschen, Frankfurt/Main (Suhrkamp) 1975; 154–173.

Text 9

Ronald N. Giere

Ronald N. Giere, *29.11.1938 (Cleveland, Ohio), Studium der Physik am Oberlin College und der Cornell University; 1963 Master of Science in Physik, 1968 Ph.D. in Philosophie an der Cornell University. 1966–1987 Lehrtätigkeit an der Indiana University, dort ab 1978 als Professor. Seit 1987 Professor für Philosophie an der University of Minnesota. 1987–1996 Direktor des Minnesota Center for the Philosophy of Science. – Giere gehört zu den führenden zeitgenössischen Wissenschaftsphilosophen. Er hat eine Theorie der Wissenschaften entwickelt, die Gedanken *Kuhns,* des *Non-Statement-View* und der *Kognitionswissenschaft* verbindet. In Abkehr von der normativen Wissenschaftstheorie (z. B. Popper) versucht er, Wissenschaft als kognitive Tätigkeit zu erklären, wobei er vor allem Theorien der Kognitionswissenschaft heranzieht. Eine zentrale Rolle in seiner Theorie spielt der Begriff des *Modells.*
Werke: Explaining Science: A Cognitive Approach (1988); Cognitive Models of Science (1992); Unterstanding Scientific Reasoning (1997).

Modelle und Theorien (1988)

Modelle und Hypothesen

Texte der Mechanik beziehen sich fortwährend auf Gegenstände wie den »linearen Oszillator«, die »freie Bewegung eines symmetrisch starren Körpers«, die »Schwerpunktsbewegung« usw. In den Texten selbst wird jedoch klargestellt, daß die paradigmatischen Beispiele für solche Systeme keineswegs vollständig die Gleichungen erfüllen, durch die sie beschrieben werden. Es gibt weder ein reibungsloses Pendel noch irgendeinen Körper, der keinerlei externen Kräften ausgesetzt wäre. Wie können wir diesen offensichtlichen Konflikt klären?

Ronald N. Giere

Modelle

Ich schlage vor, daß wir den einfachen harmonischen Oszillator und ähnliches als *abstrakte Entitäten* ansehen, die alle und nur jene Eigenschaften besitzen, die ihnen in Standardtexten zugeschrieben werden. Das kennzeichnende Merkmal des einfachen harmonischen Oszillators beispielsweise besteht darin, daß er das Kraftgesetz $F = -kx$ erfüllt. Der einfache harmonische Oszillator ist somit eine konstruierte Entität. Tatsächlich könnte man sagen, daß die durch die verschiedenen Bewegungsgleichungen beschriebenen Systeme *sozial* konstruierte Entitäten sind. Sie besitzen keine Realität außerhalb derjenigen, die ihnen durch die Gemeinschaft der Physiker/innen verliehen worden ist.

Für die Konstruktion einer Theorie der Wissenschaft ist es eine sinnvolle methodologische Taktik, soweit wie möglich Ausdrücke zu benutzen, die in den Wissenschaften selbst geläufig sind – in ungefähr derselben Bedeutung, die sie in diesen Wissenschaften haben. Diese Taktik ist deswegen sinnvoll, weil wir alle, die wir Wissenschaft untersuchen, bis zu einem gewissen Grad die Kultur der untersuchten Wissenschaften teilen. Und es ist unerläßlich, daß wir mit den anderen Wissenschaftler/inne/n kommunizieren, die diese Wissenschaften praktizieren. Natürlich werden wir auch gezwungen sein, in unserer Wissenschaft der Wissenschaft einige Begriffe zu verwenden, die sich in der Kultur der untersuchten Wissenschaften nicht finden. Dies ist ein notwendiger Bestandteil der Entwicklung einer unabhängigen Wissenschaft. Dabei sollten wir aber keine unnötigen Hindernisse für die Kommunikation mit unseren Wissenschaftler/inne/n aufbauen.

Ich schlage vor, die idealisierten Systeme, die in Texten zur Mechanik behandelt werden, als »theoretische Modelle«, oder, falls der Kontext klar ist, einfach als »Modelle« zu bezeichnen. Dieser Vorschlag entspricht gut der Art und Weise, wie Wissenschaftler/innen selbst diesen (vielleicht überbeanspruchten) Begriff verwenden. Darüber hinaus deckt sich diese Terminologie erfreulicherweise mit der Verwendung durch die Logiker, für die ein Modell eines Axiomensystems ein Objekt oder ein Menge von Objekten ist, die diese Axiome erfüllen. Als ein theoretisches Modell erfüllt beispielsweise der einfache harmonische Oszillator perfekt seine Bewegungsgleichungen.

Um Verwirrung zu vermeiden, sollte ich gleich zu Beginn betonen, daß wir den Ausdruck ›Modell‹ in mindestens einem weiteren bestimmten Sinne werden verwenden müssen. Nicht alle theoretischen Modelle sind Modelle in jenem weiterem Sinne, daß sie als *Musterbeispiele* dazu dienen, andere theoretische Modelle zu modellieren. Im Prinzip könnte jedes theoretische Modell diese Rolle spielen, aber tatsächlich tun es nur relativ wenige, unter denen der einfache harmonische Oszillator eines der augenfälligen Beispiele darstellt.

Die Beziehung zwischen einigen (adäquat interpretierten) Gleichungen und ihren zugehörigen Modellen kann als Charakterisierung oder sogar als Definition beschrieben werden. Es scheint sogar angemessen, hier von »Wahrheit« zu sprechen. Die interpretierten Gleichungen sind *wahr in bezug* auf das korrespondierende Modell. Aber Wahrheit hat hier keine *erkenntnistheoretische* Bedeutung. Die Gleichungen beschreiben das Modell auf wahre Weise, weil das Modell als etwas definiert worden ist, das die Gleichungen genau erfüllt.

Diese Sichtweise der Beziehung zwischen sprachlichen Entitäten (Aussagen oder Gleichungen) und Modellen, die, obwohl sie abstrakt sind, selbst keine sprachlichen Entitäten sind, ist derjenigen sehr ähnlich, die van Fraassen vertritt. Und sie besitzt dieselben Vorzüge. Wenn wir uns den Inhalt einer Wissenschaft ansehen, entdecken wir, daß die Modelle zentrale Bedeutung haben. Die besonderen sprachlichen Hilfsmittel, die zur Bestimmung jener Modelle dienen, sind bestenfalls von sekundärem Interesse. Für die Ziele einer metawissenschaftlichen Analyse ist es nicht notwendig, die rationale Rekonstruktion wissenschaftlicher Theorien in irgendeiner bevorzugten Sprache vorzunehmen.

Modelle existieren ebenso wie die Aussagen, durch die sie bestimmt werden, in unterschiedlichen Stufen der Abstraktion. Auf seiner abstraktesten Stufe ist der lineare Oszillator ein System mit einer linearen Rückstellkraft plus einer beliebigen Zahl anderer, sekundärer Kräfte. Der einfache harmonische Oszillator ist ein linearer Oszillator mit nur einer linearen Rückstellkraft ohne weitere zusätzliche Kräfte. Der gedämpfte Oszillator kombiniert eine lineare Rückstellkraft mit einer dämpfenden Kraft usw. In ähnlicher Weise wird beim Federpendel die Steifheit einer idealisierten Feder als Rückstellkraft identifiziert. Beim Pendel ist die Rückstellkraft eine Funktion der Gravitation plus der Pendellänge usw.

»Den linearen Oszillator« stellt man sich also am besten nicht als ein einzelnes Modell in verschiedenen spezifischen Versionen vor, sondern als eine *Gruppe* von Modellen in unterschiedlichen Spezifikationsgraden. Mit Berufung auf eine eher biologisch orientierte Metapher kann der lineare Oszillator auch als Familie von Modellen, oder noch besser, als Familie von Familien von Modellen angesehen werden.

Hypothesen

Wie die übliche Bedeutung des Wortes ›Modell‹ nahelegt, sind theoretische Modelle dazu bestimmt, Modelle *von* etwas zu sein und nicht lediglich Musterbeispiele zum Zwecke der Konstruktion anderer theoretischer Modelle. Sie spielen meines Erachtens die Rolle von »Repräsentationen« in einer der allgemeinen Bedeutungen, die in der kognitiven Psychologie derzeit gebräuchlich sind. Theoretische Modelle sind diejenigen Mittel, mit deren Hilfe Wissenschaftler/innen für sich und für andere die Welt repräsentieren. Sie werden verwendet, um die verschiedenen Systeme zu repräsentieren, die man in der Welt vorfindet: Federn und Pendel, Projektile und Planeten, Violinsaiten und Trommelfelle.

Dieses Verständnis der Rolle von theoretischen Modellen in der Wissenschaft wirft unverzüglich Fragen des »Realismus« auf, durch die die Wissenschaftsphilosophen/innen und Wissenschaftssoziologen/innen seit geraumer Zeit stark irritiert werden. Ich werde diese Fragen im nächsten Kapitel behandeln. Hier möchte ich lediglich versuchen, mit etwas mehr Präzision die Beziehung zwischen einem theoretischen Modell und demjenigen zu beschreiben, von dem es ein Modell ist. Dies macht die Einführung des neuen Begriffs einer »theoretischen Hypothese« erforderlich. Obwohl meine Verwendung systematischer sein wird, kommt es mir hierbei abermals darauf an, daß sich der Begriff beträchtlich mit dem Gebrauch des Begriffes ›Hypothese‹ durch die Wissenschaftler/innen selbst deckt.

Anders als ein Modell ist eine theoretische Hypothese nach meiner Darstellung eine *sprachliche* Entität, nämlich eine Aussage, die irgendeine Art von Beziehung zwischen einem Modell und einem genau bestimmten realen System (oder einer Klasse von realen Systemen) behauptet. Damit ist eine theoretische Hypothese entweder wahr oder falsch in Abhängigkeit davon, ob die behauptete Beziehung besteht oder nicht. Die Beziehung zwischen Modell und realem System kann jedoch keine der Wahrheit oder Falschheit sein, da keines von beiden eine sprachliche Entität ist. Sie muß daher etwas anderes sein.[1]

Van Fraassen (1980) schlug vor, daß die gesuchte Beziehung in einer Isomorphie besteht. Nun gibt es sicherlich keinen logischen Grund dafür, daß ein reales System nicht isomorph zu irgendeinem Modell sein könnte. Andererseits wird z. B. für die in Standardtexten zur Mechanik zitierten Beispiele keinerlei Anspruch auf Isomorphie erhoben. In diesen Texten werden vielmehr ausdrücklich Aspekte aufgezeigt, in denen das Modell nicht isomorph zum realen System ist. Mit anderen Worten, in diesen Texten wird die Behauptung einer Isomorphie oft explizit ausgeschlossen. Wenn wir dem gerecht werden wollen, wie Wissenschaftler/innen ihre eigenen Theorien darstellen, müssen wir eine schwächere Interpretation der Beziehung zwischen Modell und realem System ausfindig machen.

Die adäquate Beziehung, die ich vorschlage, ist die der *Ähnlichkeit*. Demzufolge behaupten Hypothesen eine *Ähnlichkeit* zwischen Modellen und realen Systemen. Da allerdings alles mit allem anderem in gewissen Aspekten und bis zu einem gewissem Grad ähnlich ist, sind Ähnlichkeitsbehauptungen inhaltsleer, wenn nicht zumindest implizit relevante *Aspekte* und *Grade* spezifiziert werden. Die allgemeine Form einer theoretischen Hypothese lautet demgemäß: Ein so und so identifizierbares reales System ist einem genau spezifizierten Modell in festgelegten Aspekten und Graden ähnlich. Um ein anderes Beispiel zu wählen:

> Die Positionen und Geschwindigkeiten der Erde und des Mondes im Erde-Mond-System kommen denjenigen eines Newtonschen Zwei-Körper-Modells mit einer umgekehrt quadratischen Zentralkraft sehr nahe.

»Position« und »Geschwindigkeit« stellen hier die Aspekte dar, während als Grad »sehr nahe« behauptet wird.

Eine Formulierung der obenstehenden Hypothese, die weniger

---

[1] Wenn ich betone, daß Hypothesen als sprachliche Entitäten zu gelten haben, dann meine ich das in demselben Sinn, in dem Philosophen/innen oft von Propositionen im Unterschied zu Sätzen sprechen. Sätze sind in einer bestimmten Sprache geschrieben, die Wörter in bestimmter Weise anordnet. Propositionen sind abstrakter. Verschiedene Sätze, vielleicht sogar in verschiedenen Sprachen, können dieselbe Proposition ausdrücken.

künstlich klingt und gleichzeitig dem eigentlichen Sprachgebrauch der Wissenschaftler/innen näher kommt, würde lauten:

Erde und Mond stellen zu einem hohen Approximationsgrad ein Newtonsches Zwei-Körper-Gravitationssystem dar.

Die letzte Formulierung droht die Unterscheidung zwischen theoretischem Modell und realem System zu verwischen, eine Unterscheidung, der meines Erachtens eine Theorie der Wissenschaft genaue Beachtung schenken sollte. Sie versäumt es auch, Aspekte und Grade zu kontrastieren, indem sie beide in dem vageren Begriff der »Approximation« aufgehen läßt. Aber solange diese Unterscheidungen verstanden werden, ist die eher lockere Formulierung im allgemeinen hinreichend klar.

Daß theoretische Hypothesen wahr oder falsch sein können, hat, wie sich herausstellt, geringe Konsequenzen. Zu behaupten, daß eine Hypothese wahr ist, heißt nicht mehr oder weniger, als daß zwischen einem Modell und einem realen System eine festgelegte Art und ein bestimmter Grad der Ähnlichkeit besteht. Infolgedessen können wir die Wahrheit vergessen und uns auf die Details der Ähnlichkeit konzentrieren. Eine »Theorie der Wahrheit« ist keine Vorbedingung für eine adäquate Theorie der Wissenschaft.[2]

Obwohl Philosophen/innen den Begriff der Ähnlichkeit oft als zu vage abgewertet haben (Goodman 1970), spricht eine zunehmende Zahl von Befunden aus der Kognitionswissenschaft und auch der Neurowissenschaften (P. S. Churchland 1986) dafür, daß menschliches Erkennen und Wahrnehmen auf der Grundlage irgendeiner Art von Ähnlichkeitsmetrik operiert. Dies bestärkt die Idee, daß in einer naturalistischen Theorie der Wissenschaft die Ähnlichkeit eine besonders vielversprechende Beziehung ist.

---

[2] Die Ausnahme, wie die meisten Philosophen/innen anmerken werden, ist die »Redundanztheorie der Wahrheit«, derzufolge der Inhalt einer Aussage *S* exakt derselbe ist, wie der Inhalt der metasprachlichen Aussage »*S* ist wahr«. Gemäß dieser Sichtweise ist es die Hauptaufgabe des Prädikates »ist wahr«, den »semantischen Aufstieg« zu ermöglichen, das heißt über Aussagen selbst zu reden anstatt unmittelbar über nichtsprachliche Objekte.

Definitionen, Modelle und Realität

Die meisten Theorien der Wissenschaft, ob alt oder neu, unterstellen, daß jede repräsentationale Beziehung zwischen Theorie und Realität als eine »Korrespondenz« zwischen wissenschaftlichen Aussagen und Welt verstanden werden sollte. Das Schicksal jeder Interpretation von Theorien, nach der diese auf bestimmte Weise Realität repräsentieren, wurde somit an den Erfolg einer Korrespondenztheorie der Wahrheit geknüpft. Es sind diese Argumente [für bzw. gegen einen Anspruch der Repräsentation auf der Grundlage einer Korrespondenztheorie der Wahrheit, Anm. der Hg.], die gewöhnlich heftig diskutiert werden. Die obenstehende, von mir angebotene Interpretation untergräbt diese Argumente, indem sie die allgemein geteilte Voraussetzung ablehnt. Nach dieser Interpretation gibt es keine direkte Beziehung zwischen Mengen von Aussagen und der realen Welt. Die Beziehung ist eine indirekte, vermittelt durch ein theoretisches Modell, wie durch Abbildung 1 dargelegt wird.

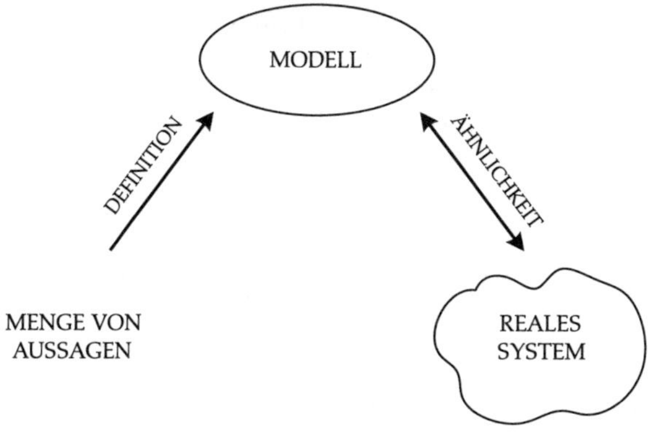

Abbildung 1: Beziehungen zwischen Mengen von Aussagen, Modellen und realen Systemen

Behauptungen über das Bestehen von Ähnlichkeitsbeziehungen zwischen Modellen und realen Systemen erfordern bekanntlich theoretische Hypothesen. Diese sind in der Tat sprachliche Entitäten. Für diese Hypothesen genügt jedoch eine »Redundanztheorie der Wahrheit« (vgl. Fußnote 2). Zugleich besteht eine Wahrheitsbeziehung in der Form einer Korrespondenz zwischen den Aussagen, die ein abstraktes Modell bestimmen, und dem Modell selbst. Allerdings stellt diese Korrespondenz, die sich auf eine Definition reduziert, kein Problem dar. Jene Beziehung, die den größten Teil der Repräsentationsleistung erbringt, ist keine der Wahrheit zwischen einer sprachlichen Entität und einem realen Gegenstand, sondern eine der Ähnlichkeit zwischen zwei Objekten, einem abstrakten und einem realen. Von diesem Standpunkt aus gesehen entstehen im Rahmen der traditionellen Auffassung deshalb Schwierigkeiten, weil diese versucht, ein direktes semantisches Bindeglied zwischen Aussagen, die das Modell bestimmen, und der Welt zu konstruieren – ein Vorgehen, das die Rolle der Modelle völlig ausschaltet.

Was ist eine wissenschaftliche Theorie?

Selbst eine nur kurze Betrachtung der Darstellung der klassischen Mechanik in modernen Lehrbüchern bietet eine Grundlage für einige substantielle Schlußfolgerungen bezüglich der Gesamtstruktur dieser wissenschaftlichen Theorie, so wie sie vom Großteil der wissenschaftlichen Gemeinschaft eigentlich verstanden wird.

Was man in Standardlehrbüchern findet, kann als Gruppe (von Gruppen von Gruppen) von Modellen beschrieben werden, oder vielleicht noch besser als eine Population von Modellen, bestehend aus verwandten Modellfamilien. Die verschiedenen Familien werden konstruiert, indem man Newtons Bewegungsgesetze, vor allem das zweite, mit verschiedenen Kraftfunktionen kombiniert – lineare Funktionen, umgekehrt quadratische Funktionen usw. Die auf diese Weise definierten Modelle werden vervielfacht, indem man der Definition weitere Kraftfunktionen hinzufügt. Diese definieren abermals weitere Modellfamilien usw. Abbildung 2 zeigt ein partielles Bild der resultierenden Gesamtstruktur der Modellfamilien.

Es muß darauf hingewiesen werden, daß Abbildung 2 nur einen Teil der Grobstruktur der Theorie offenlegt. Viele Aspekte werden nicht dargestellt. Die Abbildung weist z. B. nicht aus, daß einige Modelle spezifischere Versionen anderer, allgemeinerer Modelle sind, was etwa der Fall ist, wenn ein verallgemeinertes Modell mit einer linearen Rückstellkraft auf ein Modell eines idealisierten Federpendelsystems reduziert wird. Sie zeigt auch nicht, daß diese

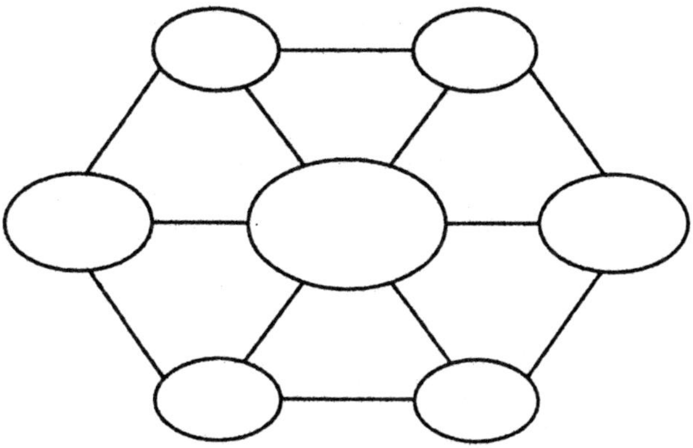

Abbildung 2: Ein partielles Bild von Modellfamilien, die mit klassischer Mechanik zusammenhängen

Modelle keine bloßen mathematischen Strukturen sind, sondern »interpretierte« Modelle. Genauer gesagt, Abbildung 2 zeigt nur die Modelle und keines der realen Systeme, zu deren Repräsentation die Modelle benutzt werden können. *Hypothesen* in meinem technischen Sinne sowie die sprachlichen Hilfsmittel, mit denen die Modelle definiert werden, scheinen im Bild ebenfalls nicht auf.

Die aufeinander abgestimmten Begriffe des theoretischen Modells und der theoretischen Hypothese liefern zusammen die Grundzutaten zu einer *Theorie über Theorien* (Bromberger 1963). Bisher habe ich allerdings noch nicht explizit gesagt, was eine Theorie ist. Ich denke aber, daß dies gar keine große zusätzliche Frage mehr ist. Wir haben bereits genug begriffliches Rüstzeug, um über Theorien alles zu sagen, was zu sagen ist. Was uns noch fehlt, ist etwas, dem wir den (oft ehrenwerten) Titel ›Theorie‹ verleihen können. Wenn wir weiterhin die methodologische Taktik verfolgen, uns so eng wie möglich am Sprachgebrauch der Wissenschaftler/innen zu orientieren, besteht das Problem einfach darin, so viel vom wissenschaftlichen Sprachgebrauch über Theorien einzufangen, wie wir dies mit dem verfügbaren begrifflichen Rüstzeug können. Dies stellt sich als eine keineswegs triviale Aufgabe heraus, da der wissenschaftliche Sprachgebrauch in mehrere, unterschiedliche Richtungen verweist.

Weil Theorien anscheinend Dinge sind, die man unter anderem in Lehrbüchern niedergeschrieben findet, ist man geneigt,

Theorien als etwas »Sprachliches« anzusehen. Allerdings darf man die Theorie der Mechanik nicht mit einer bestimmten Menge von *Sätzen* identifizieren. Das würde bedeuten, daß die Übersetzung eines Lehrbuches vom Englischen ins Französische eine neue Theorie erzeugen würde, was absurd erscheint. Um dieses Problem zu umgehen, führten Philosophen schon vor langer Zeit die abstrakten Entitäten ein, die man »Aussagen« oder »Propositionen« nennt. Unter einer Proposition versteht man, grob gesprochen, das, was ein Satz behauptet. Man kann daher dieselbe Proposition mit verschiedenen Sätzen ausdrücken, z. B. mit einigen Sätzen in Englisch oder mit einigen Sätzen in Französisch.

Wenn es um Aussagen geht, dann sind die naheliegendsten Anwärter Newtons Bewegungsgesetze und die verschiedenen Kraftgesetze, die sich in Standardtexten finden. Wenn diese Gesetze allerdings als Aussagen verstanden werden, die unmittelbar Behauptungen über die Welt aufstellen, dann sind alle Bewegungsgesetze und Kraftgesetze, die man dargestellt findet, bekanntlich falsch – was zumindest eine unangenehme Tatsache ist. Größtenteils aus diesem Grund habe ich für eine Interpretation dieser Gesetze argumentiert, nach der sie Definitionen verschiedener Modelle liefern, Modelle, die nichtsprachliche und dennoch abstrakte Entitäten sind.

Andererseits stellen die Bewegungsgesetze, als Definitionen verstanden, keine Behauptungen über die Welt auf. Nun sind sich Physiker/innen, wie wir gesehen haben, uneinig darüber, ob Newtons Gesetze empirische Behauptungen oder Definitionen sind. Aber nur höchst selten würde ein/e Physiker/in zustimmen, daß die gesamte Theorie bloß aus Definitionen besteht. Die meisten Physiker/innen würden darauf bestehen, daß die Newtonsche Mechanik Behauptungen über die Welt aufstellt, und mit jedem, der sich etwas anderes zu sagen traute, würde kurzer Prozeß gemacht.

Eine einleuchtende Alternative besteht darin, sich auf die theoretischen *Hypothesen* zu konzentrieren. Diese sind geeigneterweise sprachlicher Natur, und sie stellen Behauptungen über die Welt auf – seien diese richtig oder falsch. Als Problem dieser Alternative stellt sich heraus, daß weder Newtons Gesetze noch die Kraftgesetze zu den Aussagen [gemeint sind hier die theoretischen Hypothesen im Sinne von Giere, Anm. der Hg.] gehören, die Teil der Theorie der Newtonschen Mechanik sind. Betrachten Sie die sehr seltsam anmutende allgemeine Hypothese: Das ganze Universum ist einem Newtonschen Modell ähnlich, das wie folgt definiert wird ... Diese Hypothese enthält die Newtonschen Gesetze, die Gesetze selbst aber scheinen nicht als einzelne Aussagen auf, die zusammen die Theorie darstellen.

Als Kompromiß könnte man sagen, daß eine Theorie sowohl Aussagen umfaßt, die die Population der Modelle definieren als auch Hypothesen, die eine gute Übereinstimmung zwischen den unterschiedlichen Modellen und einigen wichtigen Typen realer Systeme behaupten. Dieser Mittelweg hat den Preis, daß eine Theorie zu etwas sehr Heterogenem wird. Sie enthält Definitionen und zugleich empirische Hypothesen. Doch ist dies ein geringer Preis dafür, den unterschiedlichen Intuitionen, was genau eine Theorie ausmacht, Rechnung getragen zu haben.

Mein einziger Einwand gegen diesen Kompromiß besteht darin, daß er die sprachliche Komponente zu sehr hervorhebt. Die Betonung liegt auf den Aussagen, welche die Population der Modelle definieren, anstatt auf den Modellen selbst. Ich würde es vorziehen, die Definitionen durch die Modelle zu ersetzen. Sowohl Newtons Gesetze als auch die Kraftgesetze würden dabei erhalten bleiben, allerdings nur implizit und nicht in sprachlicher Form. Sie würden in den Modellen verkörpert sein.

Mein bevorzugter Vorschlag lautet daher, unter einer Theorie etwas zu verstehen, das zwei Elemente umfaßt: (1) eine Population von Modellen und (2) verschiedene Hypothesen, die diese Modelle zu Systemen der realen Welt in Beziehung setzen. Was man in Lehrbüchern vorfindet, ist daher nicht wortwörtlich die Theorie selbst, es sind vielmehr Aussagen, die die zur Theorie gehörigen Modelle definieren. Was man weiterhin vorfindet, sind Formulierungen einiger der Hypothesen, die ebenfalls Teil der Theorie sind. Eine derartige Charakterisierung scheint mir der Art und Weise, wie Physiker denken und sprechen, hinreichend nahezukommen, um als brauchbar zu gelten. Ich würde jedoch keine grundsätzlichen Einwände haben, wenn jemand den zuvor genannten Kompromiß oder eine nahe Variante davon bevorzugen sollte. Der Unterschied ist nicht von großer Tragweite.

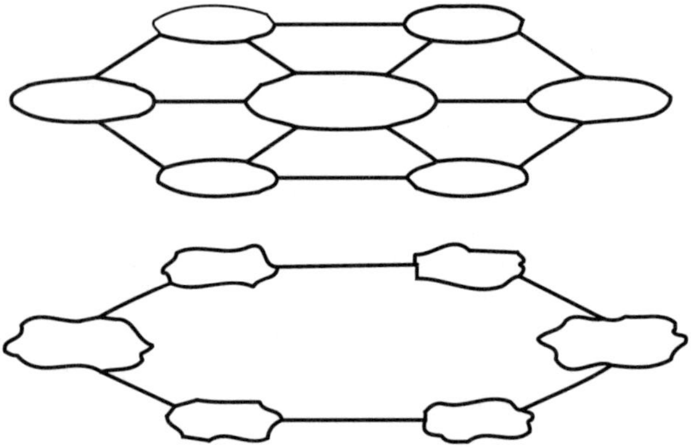

Abbildung 3: Ein Bild einer Theorie, das eine Modellfamilie und die zugehörigen realen Systeme zeigt

Abbildung 3 ist ein Versuch, die Struktur einer Theorie, wie z. B. der klassischen Mechanik, graphisch darzustellen. […] Die Ellipsen in Abbildung 3 repräsentieren nicht »Ausdrücke« oder »Begriffe«, sondern ganze Modelle – abstrakte, nicht-sprachliche Entitäten. Die Bindeglieder zwischen den Modellen sind nicht logische Verknüpfungen, sondern Ähnlichkeitsbeziehungen. In einigen Fällen ist die Beziehung zweier Modelle die einer annähernden Gleichheit – wiederum keine logische Relation. Die Bindeglieder zwischen Modellen und der realen Welt darunter sind nicht so etwas wie Korrespondenzregeln, die Ausdrücke zu Gegenständen oder Ausdrücke zu anderen Ausdrücken in Beziehung setzen. Sie sind vielmehr wiederum Ähnlichkeitsbeziehungen zwischen einem ganzen Modell und irgendeinem realen System. Ein reales System wird *identifiziert* als ähnlich einem der Modelle. Nicht Teil dieses Theoriebildes sind die *Interpretation* der Ausdrücke, die benutzt werden, um die Modelle zu definieren sowie die definierenden sprachlichen Entitäten, wie z.B. Gleichungen.[3]

[3] Abbildung 3 könnte auch auf der Grundlage jener Theorie über Theorien interpretiert werden, die von Suppes (1967, 1969), Sneed (1971) und Stegmüller (1976, 1979) vertreten wird. Die Ellipsen könnten statt Modelle mengentheoretische Prädikate repräsentieren, wie z. B. »ist ein klassisches Partikelsystem«. Trotz ihres modelltheoretischen Charakters hat die Sichtweise von Suppes, Sneed, Stegmüller allerdings den linguistischen Beigeschmack des logisch-empiristischen Ansatzes. Sie ist auch Teil

Sind Theorien wohldefinierte Entitäten?

Eine Konsequenz der obigen Interpretation ist, daß sich eine wissenschaftliche Theorie als eine nicht wohldefinierte Entität herausstellt. Das heißt, daß keine notwendigen und hinreichenden Bedingungen festlegen, welche Modelle bzw. welche Hypothesen Teil der Theorie sind.

Dies ist am offensichtlichsten im Fall der Hypothesen. Ich vermute, daß die meisten Wissenschaftler zustimmen würden, daß allgemeine Hypothesen, die Ähnlichkeiten zwischen Planeten und Newtonschen Modellen mit umgekehrt quadratischen Zentralkräften behaupten, Teil der Theorie sind. Viele würden auch zustimmen, wenn einer der Planeten als die Erde bezeichnet würde. Aber was ist mit der Behauptung, daß das Pendel meiner antiken Uhr einem Modell eines harmonisch angetriebenen linearen Oszillators ähnelt? Ist diese Behauptung Teil der »Theorie« der klassischen Mechanik? Hier scheint es, daß man für beide möglichen Antworten argumentieren könnte. Nach meiner Auffassung ist es aber gleichgültig, wie man solche Fragen beantwortet, ja sogar, ob man sie beantwortet.

Die Modellpopulation der klassischen Mechanik ist ebenfalls nicht wohldefiniert, da es keine notwendigen und hinreichenden Bedingungen für eine zulässige Kraftfunktion gibt. Dies wirft eine interessante Frage auf. Was bestimmt, ob ein Modell als echtes Newtonsches Modell zählt?

Eine Antwort besteht darin, daß ein Modell, um als Teil der Theorie der klassischen Mechanik zu gelten, eine »Familienähnlichkeit« zu einigen Modellfamilien aufweisen muß, die schon in der Theorie enthalten sind. Daß solche Familienähnlichkeiten zwischen Modellen bestehen, ist unbestreitbar. Andererseits kann nichts in der Struktur irgendwelcher Modelle selbst bestimmen, ob die Ähnlichkeit hinreichend groß ist, um zu einer Familie zu zählen. Diese Frage scheint ausschließlich eine Angelegenheit zu sein, die durch die Urteile der Mitglieder einer Scientific Community zu einer bestimmten Zeit entschieden wird. Das heißt nicht, daß es eine objektive Ähnlichkeit gäbe, die als richtig oder falsch beurteilt werden könnte. Es heißt vielmehr, daß die kollektiven Ur-

---

eines Programms der »rationalen Rekonstruktion«, das für mich hauptsächlich eine Übung in Mengenlehre zu sein scheint.

teile der Wissenschaftler/innen *bestimmen*, ob eine Ähnlichkeit als hinreichend gilt. Dies ist einer der Gesichtspunkte, unter denen Theorien nicht nur Konstruktionen, sondern auch soziale Konstruktionen sind.[4]

Zu axiomatischen Darstellungen der Mechanik

Die Struktur der Mechanik, wie sie in akademischen Standardlehrbüchern dargestellt wird, ist mit ziemlicher Sicherheit *nicht* die einer linearen Aneinanderreihung von Theoremen, abgeleitet aus einer gegebenen Menge von Axiomen – zusammen mit Anwendungen als »Spezialfällen« der einzelnen Theoreme. Das ist einfach nicht die Art und Weise, in der Theorien typischerweise dargestellt werden. Aber sogar die logischen Empiristen behaupteten nicht, daß sich Wissenschaftler Theorien tatsächlich in axiomatisierter Form vorstellen würden. Ihre Auffassung bestand darin, daß Theorien in einem gewissen Sinne »in Wirklichkeit« interpretierte axiomatische Systeme wären, ob sie nun Wissenschaftler typischerweise so verstehen oder nicht. Und tatsächlich kann man axiomatische Systeme konstruieren, die zumindest einige Aspekte der klassischen Mechanik erfassen.[5]

Ein typisches Vorgehen, der klassischen Mechanik eine axiomatische Struktur zu verleihen, besteht darin, sein Hauptaugenmerk nur auf eine besondere Kraftfunktion, wie z. B. Newtons universelles Gravitationsgesetz, zu richten. Dieses Kraftgesetz ergibt zusammen mit Newtons Bewegungsgesetzen eine bearbeitungsfähige Menge von Axiomen, aus denen man einige interessante

---

[4] Die obigen Abschnitte entstanden als Folge einer Diskussion mit David Hull. Er bestand darauf, daß aus evolutionärer Sicht Abstammung und nicht Ähnlichkeit eine biologische Spezies bestimmen. Viele Monate, nachdem dies geschrieben wurde, entdeckte ich eine abgedruckte Diskussion über denselben Punkt zwischen Kuhn und Dudley Shapere wieder (Suppe 1974, 506–9). In diesem wie in vielen anderen Fällen bin ich auf Kuhns Seite. Shapere (1985) scheint immer noch der Meinung zu sein, daß man Wissenschaft analysieren kann, ohne notwendigerweise auf die Urteile individueller Wissenschaftler zu rekurrieren, ein Standpunkt, den ich an anderer Stelle (Giere 1985a) explizit kritisiert habe.

[5] Zu den klassisch-modernen Axiomatisierungen zählen Simon (1947, 1954) und McKinsey, Sugar und Suppes (1953). Montague (1974) liefert mehr als einen Hinweis, wie ungeheuer komplex eine echte Axiomatisierung in Aussagenlogik erster Stufe sein kann.

Theoreme ableiten kann. Allerdings deckt man auf diese Weise weit weniger als ein Zehntel des Inhalts eines typischen Lehrbuchtextes ab. Um bei diesem Vorgehen mehr von der Theorie zu erfassen, wären ein Dutzend oder mehr ähnlicher axiomatischer Systeme erforderlich, von denen jedes eine andere Kraftfunktion enthält.

Einen umfassenderen axiomatischen Ansatz stellen anspruchsvolle mathematische Abhandlungen dar, wie z. B. diejenige von Abraham und Marsden (1978). Man kann mit einer Formulierung der Mechanik beginnen, indem man verallgemeinerte Kraftfunktionen verwendet, die, abstrakt gesehen, Funktionen verschiedener Variablen sind, wie z. B. Position, Geschwindigkeit und Zeit. Dann deduziert man verschiedene Ergebnisse unter alleiniger Anwendung eben dieser stark verallgemeinerten Charakterisierung der Kraftfunktion. An einem bestimmten Punkt erzeugt man zahlreiche Spezialfälle durch die Einführung verschiedener Restriktionen für die spezielle Form der Kraftfunktion, z. B. daß sie nur eine Funktion der Position sein soll. Das Resultat ist eine axiomatische Konstruktion mit vielen Verzweigungen, von denen jede einen unterschiedlichen Spezialfall darstellt.

Die Möglichkeit, eine verzweigte axiomatische Struktur zu konstruieren, legt eine andere Interpretation des axiomatischen Vorgehens nahe, als man sie gewöhnlich vorfindet. Statt Axiome und Theoreme als empirische Behauptungen zu betrachten, sollte man sie lediglich als Definitionen behandeln. Damit wird die gesamte axiomatische Struktur in erster Linie zu einem systematischen Weg, Charakterisierungen von Modellfamilien zu entwikkeln. Bei der Konstruktion der Abbildung 3 habe ich absichtlich alle sprachlichen Mittel zur Bestimmung der Modelle ausgelassen, so daß nur noch ihre Verkörperung durch die Modelle übrig blieb. Man könnte die sprachliche Komponente wiedergewinnen, indem man oberhalb der in Abbildung 3 gezeigten Modelle eine dreidimensionale, verzweigte Struktur hinzufügt. Man müßte nur die Zweigenden mit den korrespondierenden Modellen in Übereinstimmung bringen.

Obwohl das resultierende, kompliziertere Theoriebild der klassischen Mechanik ziemlich angemessen ist, würde ich es im allgemeinen nicht als Bild für Theorien benutzen. Nicht alle Dinge, die wir Theorien nennen möchten, haben eine Struktur, die so fest geknüpft ist, daß die meisten Modellfamilien in einfacher axiomatischer Weise generiert werden können. Außerdem bewirkt eine axiomatische Darstellung der Modelle im allgemeinen nicht, daß die Theorie eindeutiger definiert würde. Sie erzeugt nur den Anschein, als ob es so wäre. Entscheidungen darüber, welche Arten von Modellen zur Population zählen, beruhen auf der Form der ursprünglichen verallgemeinerten Kraftfunktion. Später werden weitere Entscheidungen getroffen, wenn den Variablen in der Kraftfunktion Restriktionen auferlegt werden, um Spezialfälle zu generieren. Solche Entscheidungen werden durch die axiomatische Darstellung nicht aufgehoben; sie werden nur verdeckt.

Ich würde nicht bestreiten, daß eine axiomatische Darstellung der Modelle möglicherweise nützliche Einsichten zu Fragen über die Wissenschaft der Mechanik erbringt. Jedoch bestreite ich nachdrücklich, daß man einem solchen Ansatz in irgendeiner Weise zubilligen kann, daß er die »wirkliche« oder »korrekte« Struktur der klassischen Mechanik erfassen würde. Und noch entschiedener bestreite ich, daß er ein korrektes Bild davon liefert, wie die Theorie von den meisten Wissenschaftler/inne/n tatsächlich verstanden und verwendet wird.

Weitere Evidenz

Mein Hauptbeleg für meine Behauptung, daß eine axiomatische Organisation der Modelle der klassischen Mechanik eine geringe Rolle für das tatsächliche Verstehen der Theorie durch die meisten Wissenschafter/innen spielt, war die Tatsache, daß akademische Standardlehrbücher nicht axiomatisch organisiert sind. Und gerade aus diesen Büchern beziehen die meisten Wissenschaftler/innen ihr Verständnis der Theorie. An dieser Stelle möchte ich zwei Beispiele als weitere Belege für dieselbe Folgerung anführen, beide aus der Literatur zum menschlichen Problemlösen.

Ein Beispiel stammt aus Studien über Schachspielexperten (Newell und Simon 1972). Man kann sich die Schachregeln als eine Menge von Axiomen vorstellen, die dazu benutzt werden können, alle möglichen Spiele zu konstruieren. Wenn Schachspieler über Schach axiomatisch nachdenken würden, wäre zu erwarten, daß sie eine Schachspielstellung mit Bezug auf die Regeln analysieren würden. Dies läßt sich jedoch empirisch nicht bestätigen. Eher vergleichen Schachmeister das gegebene Spiel mit einem erinnerten Stellungsmuster und fahren dann fort, das aktuelle Problem in bezug auf das erinnerte Muster zu analysieren. Durchschnittsschätzungen über die Zahl der Spielstellungen, die sich ein Großmeister ins Gedächtnis rufen kann, belaufen sich auf ungefähr 50000. Ich schätze, daß die erinnerbare Zahl der Modelle für einen Experten in klassischer Mechanik um ein bis zwei Größenordnungen kleiner sein dürfte.

Das zweite Beispiel taucht in den wenigen Studien darüber auf, wie Physiker/innen tatsächlich typische Probleme der klassischen Mechanik lösen. Eine der Hauptmethoden in diesen Studien besteht darin, die Wissenschaftlerin laut denken zu lassen, während sie das Problem löst. Der Untersucher analysiert anschließend die von der Wissenschaftlerin generierten Protokolle. Nach einigen publizierten Studien scheint es, daß Physiker/innen nicht damit beginnen, Newtons Gleichungen niederzuschreiben, dann eine Kraftfunktion hinzufügen und schließlich daraus Folgerungen ziehen. Vielmehr selegieren sie zunächst aus ihrem Gedächtnis eine Repräsentation des Problems – ein Modell – und beginnen damit ihre Arbeit. Was ein/e Physiker/in aus dem Langzeitgedächtnis holt, scheinen nicht die Axiome der Mechanik zu sein, sondern ein passendes Modell. In einer Zusammenfassung von Forschungen jüngeren Datums, die sich mit dem Unterschied zwischen der Leistung von Experten/innen und der von Novizen/innen bei der Lösung von physikalischen Problemen befassen, schrieben Larkin et al. (1980, S. 1342):

> In allen untersuchten Bereichen war großes Fachwissen eine wesentliche Voraussetzung für Expertenfähigkeit. Ein Experte ist jedoch nicht nur ein Kompendium von Fakten ohne Index. Vielmehr dienen dem Experten eine große Zahl von Mustern als Index, um in Sekundenbruchteilen auf relevante Teile des Wissensspeichers zugreifen zu können. Dieses Wissen umfaßt Sammlungen informationsreicher Schemata, die Interpretation und Lösungsverhalten eines Problemlösers anleiten und entscheidende Informationsbausteine hinzufügen. Diese Fähigkeit, musterindizierte Schemata zu verwenden, ist möglicherweise ein Großteil dessen, was wir Intuition nennen.

Diese empirische Evidenz mag allerdings als nicht ganz unabhängig von meiner früheren Untersuchung der Struktur von Standardlehrbüchern erscheinen. Die Physiker/innen, die als Versuchspersonen in dieser Untersuchungsreihe dienten, lernten ohne Zweifel ihre Mechanik aus ähnlichen Büchern. Daher wäre der Befund nicht überraschend, daß ihr Wissen über Mechanik nach ähnlichen Grundsätzen organisiert ist wie die Lehrbücher. Nichtsdestoweniger ist es eine reizvolle Spekulation, daß die untersuchten Physiker/innen nicht einfach deshalb mit meinem Ansatz übereinstimmen, weil dieser die Art und Weise widerspiegelt, wie Mechaniklehrbücher aufgebaut sind. Ich würde eher umgekehrt argumentieren, daß die modernen Physiklehrbücher sich in ihrer vorliegenden Form herausgebildet haben, weil eben diese Form gut an die tatsächlichen Operationen menschlicher kognitiver Fähigkeiten angepaßt ist.

Über die klassische Mechanik hinaus

Soweit beruht meine Interpretation, was eine wissenschaftliche Theorie ausmacht, auf einem einzelnen Fall – der klassischen Mechanik. [...] Nun möchte ich hoffen, daß Leser/innen, die mit anderen Wissenschaften vertraut sind, sich ohne weiteres vorstellen können, wie sie vorgehen würden, um zu ähnlichen Schlüssen über ihre eigenen Lieblingstheorien zu gelangen.[6]

Die große Lektion lautet: Wenn Sie sich einer Theorie nähern, suchen Sie zuerst die Modelle und dann die Hypothesen, die diese Modelle anwenden. Suchen Sie nicht nach allgemeinen Prinzipien, Axiomen oder dergleichen. Selbstverständlich sollen Sie genau darauf achten, was Wissenschaftler/innen schreiben und sagen. Modelle sind typischerweise mithilfe von Wörtern charakterisiert, obwohl sehr oft Diagramme von gleicher Wichtigkeit sind. Aber Sprache ist nur ein Mittel zum Zweck – zur Bestimmung einer Population von Modellen.

Literatur

Abraham, R., and J. E. Marsden: Foundations of mechanics, 2^{d} ed. Reading, Mass. 1978

Beatty, J.: What's wrong with the received view of evolutionary theory?, in: PSA 1980, vol. 2, ed. P. D. Asquith and R. N. Giere, 397–426, East Lansing, Mich. 1981

Bromberger, S.: A theory about the theory of theory and about the

---

[6] Für Diskussionen der Evolutionstheorie, die mit meinem Bild von Theorien wesentlich übereinstimmen, vgl. Beatty (1981), Thompson (1983) und Lloyd (1984).

theory of theories, in: Philosophy of Science: The Delawar Seminar, vol. 2, ed. B. Baumrin, New York 1963
Churchland, P. S.: Neurophilosophy, Cambridge 1986
Goodman, N.: Seven strictures on similarity, in: Experience and theory, ed. L. Foster and J. W. Swanson, Boston 1970
Larkin, J. et al.: Expert and novice performance in solving physics problems, in: Science 208 (1980) 1335–1342
Lloyd, E. A.: A semantic approach to the structure of population genetics, in: Philosophy of Science 50 (1984) 112–129
McKinsey, J. C. C., A. C. Sugar, and P. Suppes: Axiomatic foundations of classical particle mechanics, in: Journal of Rational Mechanics and Analysis 2 (1953) 253–272
Montague, R.: Deterministic theories, in: Formal Philosophy: Selected Papers of Richard Montague, ed. R. Thomason, 303–339, New Haven 1974
Newell, A., and H. A. Simon: Human problem solving, Englewood Cliffs, N.J. 1972
Shapere, D.: Objectivity, rationality, and scientific change, in: PSA 1984, vol. 2, ed. P. Asquith and P. Kitcher, 637–663, East Lansing, Mich. 1985
Simon, H. A.: The axioms of Newtonian mechanics, in: Philosophical Magazine 36 (1947) 888–905
Simon, H. A.: The axiomatization of classical mechanics, in: Philosophy of Science 21 (1954) 340–343
Sneed, J. D.: The logical structure of mathematical physics, Dordrecht 1971
Stegmüller, W.: The structure and dynamics of theories, New York 1976
Stegmüller, W.: The structuralist view of theories, Berlin 1979
Suppe, F.: (ed.): The structure of scientific theories, Urbana, Ill. 1974 (2[d] ed. 1977)
Suppes, P.: What is a scientific theory?, in: Philosophy of science today, ed. S. Morgenbesser, 55–67, New York 1967
Thompson, P.: The structure of evolutionary theory: A semantic approach, in: Studies in History and Philosophy of Science 14 (1983) 219–229
Van Fraassen, B.: The scientific image, Oxford 1980

Ronald Giere, Modelle und Theorien, in: Explaining Science. A Cognitive Approach, Chicago (University of Chicago Press) 1988; 78–90 (übers. v. A. Visintin).

Text 10

Hans Albert

Hans Albert, * 8.2.1921 (Köln), Studium der Wirtschaftswissenschaften in Köln, 1952 Promotion. 1957 Habilitation für Sozialpolitik in Köln; als Privatdozent Vorlesungen über Logik, Wissenschaftslehre und Kritik der Wohlfahrtsökonomie. 1963 Berufung nach Mannheim. Gründung des Lehrstuhls für Soziologie und Wissenschaftslehre. Emeritierung 1989. – Albert gilt als führender Vertreter des kritischen Rationalismus im deutschen Sprachraum. Weithin bekannt wurde er durch Teilnahme am sogenannten Positivismusstreit, der 1961 in Tübingen begann. Große Beachtung fand 1968 sein Traktat über kritische Vernunft. Albert hat den kritischen Rationalismus systematisch dargelegt, in wesentlichen Punkten weiterentwickelt und auf verschiedene Arten menschlicher Praxis angewendet, u.a. auf Wissenschaft, Wirtschaft, Moral, Politik, Recht. Kennzeichnend für seine Arbeiten ist die scharfe Kritik an jeder Art von Theorie oder Praxis, in der dogmatische Elemente zu verzeichnen sind (z.B. Anspruch auf Letztbegründung) oder Versuche gemacht werden, sich durch Bereichsabgrenzungen gegen kritische Argumente zu immunisieren (z.B. »reine« Philosophie, abgeschirmt vor den Erkenntnissen der Wissenschaft).
Werke: Marktsoziologie und Entscheidungslogik (1967, Neuausgabe 1998); Traktat über kritische Vernunft (1968); Der Positivismusstreit in der deutschen Soziologie (mit Adorno u.a. 1969); Traktat über rationale Praxis (1978); Die Wissenschaft und die Fehlbarkeit der Vernunft (1982); Kritik der reinen Erkenntnislehre (1987); Kritik der reinen Hermeneutik (1994).

Die Wertfreiheitsproblematik und der normative Hintergrund der Wissenschaften (1992)

I. Max Weber und der Werturteilsstreit

Die Behandlung normativer Probleme gehört zum philosophischen Erbe der Antike. Auch die Sozialphilosophen der Neuzeit haben sich mit derartigen Problemen auseinandergesetzt. Es ist daher verständlich, daß Fragen dieser Art auch in den modernen Sozialwissenschaften auftreten, die sich im Rahmen der neuzeitlichen

Sozialphilosophie entwickelt haben. Hier trat schon sehr früh – mit dem nach David Hume benannten »Humeschen Gesetz« – die These auf, daß man aus Aussagen über tatsächliche Zusammenhänge – Sachaussagen, Tatsachenaussagen – keine normativen Konsequenzen – Werturteile Sollsätze – ableiten könne, eine These, gegen die bisher keine stichhaltigen Einwände aufgetaucht sind, wenn sie auch bis in die neueste Zeit öfter bestritten wurde. Soweit man sich in den modernen Sozialwissenschaften auf die Analyse tatsächlicher Zusammenhänge konzentriert hat, gab es aber immer wieder mehr oder weniger explizite normative Passagen innerhalb solcher Untersuchungen, deren Zusammenhang mit den betreffenden Sachaussagen vielfach unklar war. Überdies scheint die wissenschaftliche Erkenntnis selbst teilweise auf Werturteilen zu beruhen, so daß es offenbar problematisch ist, eine strikte Trennung von Sachaussagen und Werturteilen zu verlangen.

Aus dieser Situation ergab sich um die Jahrhundertwende – vor allem unter dem Einfluß der Arbeiten Max Webers – der Werturteilsstreit in den Sozialwissenschaften, der bis heute andauert. Die Argumentation pflegt dabei auch heute noch an das methodische Prinzip der Wertfreiheit anzuknüpfen, das Weber in seiner Analyse der Möglichkeiten sozialwissenschaftlicher Forschung formuliert hat. Diesem Prinzip zufolge kann eine Realwissenschaft zwar über Handlungsmöglichkeiten informieren, aber keine Anweisungen zu Stellungnahmen oder Handlungen produzieren und daher auch keine normativen Aussagen formulieren. »Eine empirische Wissenschaft«, sagt Weber, »vermag niemanden zu lehren, was er *soll,* sondern nur, was er *kann* und – unter Umständen – was er *will*« (Weber, 1904, S. 151). Die Webersche Auffassung traf vor allem deshalb auf Kritik, weil man annahm, daß eine im Weberschen Sinne wertfreie Wissenschaft kaum praktischen Nutzen für die Lösung sozialer Probleme haben könne. Überdies wurden seiner Lösung der Wertproblematik innere Schwächen und sogar mitunter nihilistische Konsequenzen zugeschrieben (zur Werturteilsdiskussion vgl. Keuth, 1988, und Albert/Topitsch, 1971). Auch wurde behauptet, Weber habe durch sein Prinzip der Wertfreiheit Erkenntnisschranken aufgerichtet und auf mögliche Erkenntnisse verzichtet (Weippert, 1939; Strauss, 1956). Nicht selten wird die Kritik an der Weberschen Auffassung auch auf eine Analyse seiner Freiburger Antrittsrede aus den neunziger Jahren des vorigen Jahrhunderts gegründet, die aus einer Zeit stammt, in der er seine methodologischen Anschauungen noch nicht entwickelt hatte. Zentrale Thesen seiner damaligen Darstellung der Probleme hat er später selbst explizit kritisiert.

II. Logische und erkenntnistheoretische Aspekte der Wertproblematik

In seinen Untersuchungen zur Methodologie der Sozialwissenschaften hat Weber fast alle Aspekte der komplexen Wertproblematik berührt, ohne daß allerdings eine systematische Untersuchung des ganzen Problemkreises bei ihm zu finden ist. Eine logische Analyse normativer Aussagen hat Weber nicht geleistet. Für eine solche Analyse muß man auf die moderne moralphilosophische Diskussion zurückgreifen. In ihr haben sich extreme Deutungsversuche aller Art als unhaltbar herausgestellt. Das gilt zum Beispiel für rein expressive Deutungen – Werturteile als bloßer Ausdruck von Gefühlen usw., in denen der *Realitätsbezug* solcher Aussagen nicht berücksichtigt ist; für Deutungen, die der *normativen Funktion* dieser Aussagen nicht Rechnung tragen – zum Beispiel ihre Reduktion auf Tatsachenaussagen bestimmter Art, auf Urteile über quasi-faktische »Wertverhalte« oder über sogenannte »nicht-natürliche« Eigenschaften –; und für Deutungen, die die *Möglichkeit rationaler Argumentation* über Wertprobleme und den *Anspruch auf objektive Geltung* nicht verständlich machen können, der mit normativen Aussagen verbunden zu sein pflegt.

Im Alltagsdenken und teilweise auch in der philosophischen Diskussion ist ein »*Wert-Platonismus*« weit verbreitet, der diesem Anspruch nur dadurch gerecht werden zu können glaubt, daß er »Werte«, »Wertverhalte«, »Normen« und ähnliche Wesenheiten als Aspekte oder Bestandteile der Wirklichkeit auffaßt, die durch Erkenntnisakte irgendwelcher Art (mitunter in Analogie zu Akten der Warhnehmung) erfaßt werden können (vgl. Max Scheler in: Albert/Topitsch, 1971). Normative Aussagen erhalten in diesem Falle eine *kognitive Deutung*, da sie mögliche Erkenntnisse beinhalten und daher *wahrheitsfähig* sind – d.h. wahr oder falsch sein können, und zwar im Sinne einer Auffassung, der zufolge wahre Aussagen eine zutreffende Darstellung von Aspekten der Realität enthalten.

Diese Art des Kognitivismus ist dem Einwand ausgesetzt, daß

sie ontologische Annahmen macht, die für die Klärung des Charakters und der Funktion normativer Aussagen nicht nur unnötig, sondern nicht einmal nützlich sind, und durch die überdies die Ontologie mit absonderlichen Wesenheiten belastet wird (Mackie, 1981; Kraft, 1951). Tatsächlich genügt es anzunehmen, daß in solchen Aussagen unter anderem *Anforderungen* zum Ausdruck kommen, die an die Lösung bestimmter Probleme gestellt zu werden pflegen, und *Anweisungen,* die mit solchen Anforderungen zusammenhängen. Solche Anforderungen und Anweisungen sind vielfach tief verankert in natürlichen Bedürfnissen und Gefühlen, in kulturellen Idealen und in sozial akzeptierten Zwecken – in »Selbstverständlichkeiten« des sozialen Lebens –, und sie beziehen daraus ihre »*Geltung*«, das heißt: den Anspruch auf allgemeine Anerkennung, der oft mit ihnen verbunden ist. Die Objektivierung moralischer Bewertungen kann daher auf das soziale Zusammenspiel solcher Faktoren zurückgeführt werden, durch das der Wertplatonismus des Alltagsdenkens gleichzeitig erklärt und als illusionär enthüllt wird, im Gegensatz zu philosophischen Auffassungen, die ihn zu rechtfertigen suchen (Mackie, 1980, S. 148 ff.).

Einer in diesem Sinne akzeptablen Deutung zufolge (vgl. dazu Kraft, 1951; Hans Albert in: Albert/Topitsch, 1971, S. 472 ff.) hat eine normative Aussage – ein Werturteil oder ein Soll-Satz – insofern einen *normativen* (nicht kognitiven) *Realitätsbezug,* als sie bestimmte Sachverhalte für das Verhalten – die Stellungnahme oder das Handeln – auszeichnet. Dabei wird meist implizit auf eine entsprechende Regel – einen *Wertmaßstab* oder eine *Handlungsmaxime* – Bezug genommen, für die *allgemeine Anerkennung* in Anspruch genommen wird. Damit ist die (präskriptive) *Erwartung* verbunden, daß die Adressaten des Urteils sich entsprechend verhalten. Der Satz: »Die Verteilung des Sozialprodukts im Lande *L* und im Zeitraum *Z* ist ungerecht« wäre demnach etwa in folgender Weise zu deuten: »Die Verteilung des Sozialproduktes im Lande *L* und im Zeitraum *Z* ist tatsächlich *so beschaffen,* daß sie einer bestimmten *Norm* – einem Maßstab der Gerechtigkeit – *nicht entspricht,* die *allgemeine Anerkennung beanspruchen* darf (und in diesem Sinne *Geltung* hat), so daß eine *negative Stellungnahme* zu ihr angebracht ist.« Der Wertbegriff »ungerecht« macht diese Aussage zu einem Werturteil. Ein Urteil dieser Art enthält, wie man sieht, präskriptive Sinnkomponenten, die in rein kognitiven – wahrheitsfähigen – Aussagen nicht vorkommen.

Eine Diskussion über ein solches Urteil kann seine Anwendbarkeit auf die betreffende Situation in Frage stellen, weil diese sachlich anders beschaffen ist, als es in ihm unterstellt wird. Sie kann aber auch die Norm in Frage stellen, die unterstellt wurde, etwa weil ihre Realisierbarkeit problematisch ist. Jedenfalls ist eine rationale Diskussion solcher Urteile – auch unter Verwendung wissenschaftlicher Erkenntnisse – durchaus möglich, wie übrigens schon von Max Weber ausdrücklich betont worden war. Er vertrat nur die Auffassung, daß die sogenannten *letzten Wertaxiome,* die für einen bestimmten Standpunkt charakteristisch seien, einer solchen Diskussion nicht zugänglich seien. Diese Auffassung ist aber ein Spezialfall einer weitverbreiteten Anschauung, die auch von den meisten Kritikern Weberscher Auffassungen geteilt wird. Man kann sie charakterisieren als die These der *Kritikimmunität letzter Voraussetzungen* (zur Kritik dieser These vgl. Bartley, 1987; Albert, 1980). Richtig daran ist nur, daß sich jeder Standpunkt – und damit auch jedes System von Wertaussagen – dogmatisieren und damit gegen Kritik immunisieren läßt. Die Kritikimmunität ist aber keine natürliche Eigenschaft bestimmter Auffassungen. Sie läßt sich vielmehr durch geeignete Verfahrensweisen herstellen.

III. Methodologische Aspekte der Wertproblematik

Hinsichtlich der methodologischen Wertproblematik der Sozialwissenschaften, um die es in der Diskussion seit Max Weber vor allem geht, kann man drei Fragenkomplexe unterscheiden: (1) Das Problem der *Wertungen im Objektbereich* dieser Wissenschaften, das heißt die Frage, inwieweit diese Wissenschaften Wertungen zum *Gegenstand* ihrer Aussagen machen müssen; (2) das Problem der *Wertungen in ihrer Forschungspraxis* (d. h. im Meta-Bereich), daß heißt die Frage, inwieweit den Aussagen dieser Wissenschaften Wertungen *zugrunde liegen* müssen; und (3) das Problem der *Wertungen innerhalb sozialwissenschaftlicher Aussagensysteme,* d. h. also die Frage, inwieweit sozialwissenschaftliche Aussagen *selbst* den *Charakter von Werturteilen* haben müssen.

Das erste dieser Probleme ist nicht kontrovers. Da Wertungen als Weisen menschlichen Verhaltens für soziale Tatbestände konstituiv sein können, gehören sie zum Objektbereich der Sozialwissenschaften. Aussagen, dic über Wertungen informieren – sie also beschreiben oder erklären –, sind aber selbst keine Werturteile im oben erläuterten Sinne. Sie haben kognitiven Charakter und bleiben daher vom Weberschen Wertfreiheitsprinzip unberührt, wie Weber übrigens selbst betont hat.

Für das zweite Problem gilt das gleiche. Daß die sozialwissenschaftliche Forschungspraxis wie jede andere wissenschaftliche Betätigung und wie andere Bereiche sozialer Praxis von Wertgesichtspunkten abhängig ist, ist selbstverständlich. Sie betreffen zum Beispiel, wie schon Weber betont hat, die Auswahl relevanter Probleme, aber auch die Beurteilung der Brauchbarkeit von Hypothesen und Methoden, der Adäquatheit von Theorien und von mit ihrer Hilfe erzielten Erklärungen sozialer Tatbestände. Soweit die betreffenden Wertgesichtspunkte an der Zielsetzung der Erkenntnis orientiert sind, ergeben sich hier keine besonderen Probleme. Unter Bezug auf diese Zielsetzungen lassen sich die betreffenden Wertprobleme in Probleme der Forschungstechnologie – der Methodologie – verwandeln, die als Sachfragen zu diskutieren sind (s. dazu die Ausführungen zum Technologieproblem). Wie jede Praxis ist auch die Erkenntnispraxis in den Wissenschaften an bestimmten Zielen orientiert – zum Beispiel dem Ziel des Erkenntnisfortschritts –, und um diese Ziele zu erreichen, werden in ihr bestimmte Mittel und Methoden angewendet. Sie involviert daher schon auf dieser Ebene Werturteile, da sie die positive Bewertung bestimmter Erkenntnisziele und bestimmter Mittel und Methoden voraussetzt. Darüber hinaus enthalten methodologische Konzeptionen selbst Gesichtspunkte für die Bewertung konkreter Aspekte der Erkenntnispraxis, zum Beispiel für die Beurteilung von Theorien, Modellen, Erklärungen, Beschreibungen, Experimenten und Argumentationen aller Art als adäquat oder inadäquat in bezug auf bestimmte Erkenntnisziele und damit Kriterien, die für die innerhalb dieser Praxis erforderlichen Werturteile maßgebend sind. In ihr müssen laufend Entscheidungen getroffen werden, denen solche Wertungen zugrunde liegen. Die Wissenschaften unterliegen also einer normativen Regulierung, die durch die institutionellen Vorkehrungen dieses sozialen Bereichs gestützt wird. Die regulativen Ideen der Wahrheit, der intersubjektiven Kritik, der Prüfung auf Grund von Erfahrung und andere damit verbundene Ideen sind sozial verankert und dadurch verhaltenswirksam (vgl. Weber, 1919).

Allerdings besteht in allen Wissenschaften die Möglichkeit,

daß erkenntnisfremde Wertungen zur Bevorzugung bestimmter Sachaussagen – Theorien, Erklärungen, Beschreibungen – führen. Diese Möglichkeit macht einen wichtigen Aspekt der Ideologieproblematik aus, die daher mit dem Erkenntnisproblem zusammenhängt. Ideologisch belastete Konzeptionen lassen sich aber nicht durch die Enthüllung der hinter ihnen stehenden Wertungen widerlegen, sondern nur durch ihre sachliche Prüfung.

Das dritte der oben erwähnten Probleme ist das eigentliche Werturteilsproblem. Offenbar zwingt weder das Auftreten von Wertungen im Objektbereich der Sozialwissenschaften noch die Notwendigkeit von Wertungen in der Forschungspraxis zur Aufnahme von Werturteilen in Aussagensystemen, die der Analyse sozialer Sachverhalte gewidmet sind. Das von Max Weber formulierte Prinzip der Wertfreiheit fordert nur die Vermeidung von Werturteilen innerhalb solcher Systeme. Das Prinzip selbst ist also eine methodische Forderung, die sich auf den Charakter sozialwissenschaftlicher Aussagenzusammenhänge bezieht. Sie läßt sich als Bestandteil einer methodologischen Konzeption rational diskutieren, wenn man sie auf die für die Erkenntnispraxis maßgebenden Zielsetzungen bezieht.

Der gegen Weber erhobene Einwand, er habe mit seinem Prinzip Erkenntnisschranken aufgerichtet, kann zum Beispiel mit dem Hinweis darauf zurückgewiesen werden, daß der Ausschluß von Werturteilen keine mögliche Erkenntnis ausschließt, da er sich nicht auf kognitive – und daher: wahrheitsfähige – Aussagen bezieht. Die Zurückweisung dieses Einwandes gründet sich also auf die oben skizzierte Kritik am Wert-Platonismus. Ein anderer Einwand geht davon aus, daß die Sprache der Sozialwissenschaften unvermeidlich wertgeladen sei, da sich Wertungen aus dem Begriffsapparat dieser Wissenschaften nicht eliminieren ließen (Myrdal, 1958). Dagegen genügt der Hinweis darauf, daß man von den Wertakzenten, die mit den betreffenden Begriffen üblicherweise verbunden sind – zum Beispiel mit dem Begriff der »Produktivität« oder dem der »Pareto-Optimalität« – ohne weiteres abstrahieren und sie dadurch neutralisieren kann, wenn man den illusionären Charakter des Wert-Platonismus durchschaut hat. Jedenfalls macht eine kognitiv-informative Zielsetzung – das Ziel der Erkenntnis sozialer Zusammenhänge – Werturteile innerhalb sozialwissenschaftlicher Aussagenzusammenhänge überflüssig und daher vermeidbar. Wenn man eine solche Zielsetzung unterstellt, wie das Weber offenbar für selbstverständlich hielt, ist sein Prinzip der Wertfreiheit akzeptabel. Wer dagegen den »Begriff« oder das »Wesen« der Wissenschaft so bestimmen möchte, daß Werturteile innerhalb solcher Aussagensysteme zugelassen werden, setzt sich dem Einwand aus, entweder den erwähnten Wert-Platonismus zu vertreten oder erkenntnisfremde Zielsetzungen zu unterstellen.

IV. Zum Problem der praktischen Anwendung der Wissenschaft

Die Lösung des Werturteilsproblems und die Beurteilung des Weberschen Problems der Wertfreiheit hängt also letzten Endes von der Antwort auf die Frage nach der Aufgabe der Wissenschaft ab. In dieser Hinsicht ist das Argument aufgetaucht, daß man die Sozialwissenschaften durch Wertprämissen ergänzen müsse, um sie praktisch brauchbar zu machen (Gerhard Weisser, in: Albert/Topitsch, 1971). Dabei wird von der Vorstellung ausgegangen, daß die Wissenschaft abgesehen von ihrer kognitiven Zielsetzung auch Anleitungen zum praktischen Handeln geben und daher entsprechende normative Aussagen produzieren müsse. Da sich aus rein informativen Aussagesystemen – Systemen von Sachaussagen – keine normativen Konsequenzen ableiten lassen, ohne daß dabei Fehlschlüsse auftreten (s. die Ausführungen zum »Humeschen Gesetz« S. 82), müsse man die betreffenden Aussagensysteme normativieren, um sie praktisch brauchbar zu machen. Man müsse sie also durch explizite Werturteile ergänzen, die als zusätzliche Prämissen für die Ableitung normativer Konsequenzen brauchbar seien. Hier führt also der Wunsch, einen logischen Fehler zu vermeiden, in Verbindung mit der Forderung nach einer praktisch verwendbaren Wissenschaft zu der Anschauung, eine Normativierung der Sozialwissenschaften sei notwendig.

Dagegen läßt sich zunächst einwenden, daß auch die Naturwissenschaften praktisch erfolgreich angewendet zu werden pflegen, ohne daß man sie durch Wertprämissen vervollständigen muß. Mit praktischer Anwendung ist dabei die Ableitung verhaltensrelevanter Prognosen und die Verwendung solcher Prognosen zum Zwecke der Kontrolle von Vorgängen in ihrem Objektbereich gemeint, unter Umständen durch den Bau dazu geeigneter Apparate. Dazu ist es unter Umständen notwendig, die betreffenden Aussagensysteme in geeigneter Weise umzuformen, so daß sie unmittelbar auf bestimmte mögliche Zielsetzungen praktischer Natur bezogen sind, d.h. sie in technologische Aussagensysteme zu verwandeln. Diese Umformung ist aber eine rein deduktive Operation, die keine zusätzlichen Prämissen – also auch keine Wertprämissen – erforderlich macht. Der Informationsgehalt eines technologischen Systems geht nicht über den seiner theoretischen Grundlage hinaus. Ein solches System hat außerdem keinen normativen Gehalt. Schon Max Weber hat zum Beispiel die Theorie der Wirtschaftspolitik in dieser Weise aufgefaßt (Weber, 1917, S. 523f.).

Wie bei jeder logischen Deduktion, durch die bestimmte Probleme gelöst werden sollen, sind aber auch in diesem Falle Gesichtspunkte notwendig, um das Selektionsproblem zu lösen, d.h. die Frage zu beantworten, welche Elemente (Aussagen) aus der unendlichen Folgerungsmenge des betreffenden Aussagensystems zu wählen sind. Diese Gesichtspunkte müssen sich aus der Formulierung des betreffenden praktischen Problems ergeben. Man denke zum Beispiel an das folgende Problem: Wie kann eine Regierung in dieser oder jener Situation die Preisstabilität bestimmter Güter aufrechterhalten, ohne bestimmte andere anzugebende Wirkungen herbeizuführen? Diese Problemstellung enthält gewisse *Anforderungen* an eine adäquate Problemlösung, die *logisch* gesehen den Charakter von *Einschränkungen* haben, ohne daß man Wertprämissen benötigt. Es wäre nicht einmal zweckmäßig, hier solche Prämissen einzuführen, denn die *Relevanz* eines technologischen Systems für die Lösung bestimmter praktischer Probleme ist nicht zu verwechseln mit einer *Legitimation* für seine praktische Anwendung im politischen Leben.

Solche Systeme beantworten also nicht die Frage: Was *soll* man tun? sondern nur die Frage: Was *kann* man tun? Ihre praktische Bedeutung liegt in den in ihnen enthaltenen Informationen über Handlungs- und Wirkungsmöglichkeiten. Zwischen einem technologischen Aussagensystem und seiner praktischen Anwendung in konkreten Situationen – zwischen Technologie und Technik, also auch zwischen Sozialtechnologie und Politik – muß demnach scharf unterschieden werden. Wenn man solche Systeme zur Grundlage praktischen Verhaltens macht, dann müssen Entscheidungen getroffen werden, die Bewertungen voraussetzen, und zwar Entscheidungen über Zielsetzungen *und* über die Verwendung von Mitteln (über Methoden). Sie sind nicht aus der Technologie ableitbar, können aber unter Berücksichtigung technologischer Erkenntnisse getroffen werden.

Auch sozialwissenschaftliche Aussagensysteme lassen sich also, wenn sie geeignete Informationen enthalten, praktisch verwenden, ohne daß sie durch die Einführung von Wertprämissen normativiert werden. Ihre Anwendung in einer konkreten Situation macht aber selbstverständlich praktische Wertungen erforderlich, die nicht der Wissenschaft entnommen werden können. Entscheidend für ihre Verwendbarkeit ist ihr Informationsgehalt und ihre Relevanz für die betreffenden praktischen Probleme. Einwände gegen diese Lösung der praktischen Problematik beruhen mitunter darauf (z. B. bei Myrdal, 1958), daß zwischen Wertprämissen innerhalb von Aussagensystemen und der Wertbasis der betreffenden Aussagen – also dem normativen Hintergrund der praktischen Problematik – nicht unterschieden wird.

V. Zur Kritik des Zweck-Mittel-Denkens in den Sozialwissenschaften

Vor allem im ökonomischen Denken ist die Idee zu finden, ein Teil der praktischen Problematik lasse sich in der Weise neutralisieren, daß Entscheidungen über die Verwendung von Mitteln auf reine Erkenntnisfragen zu reduzieren seien. Das soll dadurch geschehen, daß man diese Problematik aufspaltet in Fragen der Zwecksetzung, die letzten Endes moralische Bewertungen und Entscheidungen erforderlich machen, und Fragen der Mittelverwendung, die wissenschaftlichen Charakter haben und ethisch neutrale – technische oder ökonomische – Bewertungen und Entscheidungen notwendig machen. Die Wissenschaft könne, so meint man, zwar nichts über Fragen der Zwecksetzung sagen, sie könne aber bei gegebenen Zwecken bestimmte Mittel empfehlen. Dabei wird aber die *Wirksamkeit* von Mitteln mit der *Zulässigkeit* ihrer Anwendung gleichgesetzt.

Es wird zum Beispiel von einer Annahme über den »Sinn« der Wirtschaft ausgegangen, durch die alle letzten Zwecke in den Bereich des Konsums verwiesen werden und die Produktion als Bereich mittelbarer Tätigkeiten zur Ermöglichung des Konsums aufgefaßt wird. Dabei wird unterstellt, daß die Ökonomik als Wissenschaft die Bedürfnisse der Individuen (und damit ihre Zwecke) als gegeben hinnehmen müsse, aber alle Prozesse, die zu deren Befriedigung führen, und damit die Produktion, wissenschaftlich bewerten könne (Robbins, 1935, S. 24 ff.). Damit wird aber eine problematische Übertragung der für individuelle Handlungen üblichen Unterscheidung von Zwecken und Mitteln in einen sozialen Gesamtzusammenhang vorgenommen. Von einem plausiblen Zweck her – der Befriedigung individueller Bedürfnisse – wird die Wirtschaft als eine kooperative Veranstaltung zur Überwindung der natürlichen Knappheit im Dienste dieses Zweckes aufgefaßt. Alle relevanten Tatbestände – zum Beispiel Preise und Preisänderungen – erhalten in dieser Sicht eine Funktion, die sie erfüllen oder nicht erfüllen können. Das führt zu einem normativ orientierten Funktionalismus, der auf einer »kommunistischen Fiktion« beruht, nämlich der Fiktion der Einheit der Gesellschaft als eines Gebildes mit einer gemeinsamen Wertskala, einer »Wertgemeinschaft« (zur Kritik vgl. Myrdal, 1963, S. 54 und passim), die mit den individualistischen Voraussetzungen des ökonomischen Denkens unvereinbar ist.

Die Kritik dieser Betrachtungsweise kann davon ausgehen, daß die Verweisung aller in Frage kommenden Zwecke in den Bereich des Konsums eine moralisch relevante Entscheidung involviert: nämlich die Entscheidung, die Arbeitsbedingungen im Bereich der Produktion lediglich instrumentaler Bewertung zu unterwerfen, d. h. ihre selbständige moralische Bewertung auszuschalten. Die Annahme der Gegebenheit der Bedürfnisse ist in diesem Falle de facto eine einseitige Selektion. Überdies ist die moralische Neutralisierung der Mittelverwendung nur möglich, wenn man die Maxime akzeptiert, daß der Zweck die Mittel heiligt. Das Zweck-Mittel-Denken beruht also auf der Identifikation von Zwecken und fundamentalen Werten, aus der die Konsequenz gezogen wird, daß Mittel nur abgeleiteter – instrumentaler – Bewertung unterliegen (zur Kritik vgl. Weber 1917, S. 513 ff.; Myrdal, 1958, S. 231 ff.). Dabei wird unterstellt, daß sich die in Frage kommenden Tatbestände in zwei einander ausschließende Klassen einordnen lassen: in Zwecke, die unmittelbarer, und in Mittel, die mittelbarer Bewertung unterliegen. Es kann aber nicht ausgeschlossen werden, daß Tatbestände, die in einem spezifischen Aktionszusammenhang als Mittel klassifiziert werden, außerdem noch eine davon unabhängige Bewertung erfahren. Die Einteilung in Zwecke und Mittel ist nur in bezug auf spezifische Handlungszusammenhänge sinnvoll:

Es gibt keine »Zwecke an sich« und »Mittel an sich«. Zwar lassen sich technologische Systeme konstruieren, in denen hypothetisch bestimmte mögliche Zwecke unterstellt und bestimmte mögliche Mittel zu ihrer Realisierung aufgezeigt werden, aber solche Systeme haben, wie oben gezeigt wurde, kognitiven Charakter und involvieren weder eine bestimmte Bewertung solcher Zwecke noch eine Bewertung der betreffenden Mittel. Das Zweck-Mittel-Denken enthält also einen »technologischen Fehlschluß«, der allerdings praktisch sehr häufig vorkommen dürfte und von dem auch die Sozialwissenschaften nicht frei sind. Die Wissenschaft kann zwar die Wirksamkeit von Mitteln beurteilen und auch Aussagen über die Realisierbarkeit und die reale Kompabilität von Zwecken machen. Sie kann aber keineswegs die für das Handeln nötige Bewertung liefern.

VI. Zur Kritik der »kritischen Theorie«

In der neueren Diskussion hat die Werturteilskontroverse insofern eine Akzentverschiebung erfahren, als in ihr die Analyse des normativen Hintergrundes der Wissenschaft – ihrer »Wertbasis« – in den Vordergrund trat. Im Rahmen des Neomarxismus der »Frankfurter Schule« wurde eine Konzeption entwickelt, der zufolge die übliche »traditionelle« Wissenschaft einem beschränkten Wissenschaftsverständnis entsprungen sei und durch eine »kritische« Wissenschaft überwunden oder ergänzt werden müsse (Horkheimer, 1968, S. 137–200), welche dem emanzipatorischen Interesse entspringe, eine andere logische Struktur habe als die des traditionellen Denkens und in der die Einheit von Theorie und Praxis hergestellt werden könne. Diese »kritische« Wissenschaft leite sich, so wurde behauptet, aus der Marxschen Kritik der politischen Ökonomie her. Karl Otto Apel und Jürgen Habermas haben die Idee einer solchen »kritischen Theorie« in ein Schema eingeordnet, das eine Einteilung der Wissenschaften involviert, wie sie in etwas anderer Weise schon in der Wissenssoziologie Max Schelers zu finden war. In diesem Schema werden drei Arten des Wissens unterschieden, denen jeweils ein *technisches*, ein *praktisches* und ein *emanzipatorisches* Interesse als transzendentale Bedingung zugeordnet wird. Dieses Interesse ist im ersten Fall – dem der analytisch-empirischen Wissenschaften – auf *Herrschaft*, im zweiten – dem der historischhermeneutischen Wissenschaften – auf *Verständigung* und im dritten – dem der kritisch orientierten Wissenschaften – auf *Befreiung* gerichtet. Die »kritische Wissenschaftstheorie«, die nach Habermas den Fallstricken des Positivismus entgeht (Habermas, 1968) und die den Zusammenhang von logisch-methodologischen Regeln und erkenntnisleitenden Interessen nachweisen soll, kennt demnach nur Interessen, die man im üblichen Sinne »praktisch« nennen kann. Ein Interesse an reiner Erkenntnis wird als objektivistisches Mißverständnis zurückgewiesen. Dem entspricht der Versuch, die Wahrheitsidee auf einen idealiter erreichbaren Konsens zwischen Mitgliedern der Gesellschaft zu reduzieren. Habermas ist in späteren Arbeiten in manchen Punkten von der gemeinsam mit Apel vertretenen Position abgerückt.

Die Habermas-Apelsche Konzeption hatte das Ziel, den Besonderheiten der verschiedenen Wissenschaften gerecht zu werden, indem sie ihnen verschiedenen methodischen Charakter in Abhängigkeit von unterschiedlichen praktischen Interessen zuschrieb. Tatsächlich hat sie diese Wissenschaften damit sämtlich auf technologische Disziplinen reduziert, in denen das Interesse an reiner Erkenntnis nicht berücksichtigt wird. Diese Lehre von den Erkenntnisinteressen und den auf sie gegründeten Wissensformen hat sich als unhaltbar erwiesen (vgl. Albert, 1975). Überdies konnte gezeigt werden, daß den Besonderheiten der unterschiedlichen Disziplinen auf der Grundlage einer einheitlichen methodologischen Auffassung Rechnung getragen werden kann. Die historischen Wissenschaften und die Hermeneutik lassen sich im Rahmen der hypothetisch-deduktiven Methode interpretieren (Hirsch, 1967; Albert 1975). Und die »Vermittlung« zwischen Theorie und Praxis bedarf keiner besonderen »kritischen Theorie« (Albert, 1978). Man kann in dieser Beziehung zwei mögliche praktische Aufgaben unterscheiden: Aufklärung und Steuerung. Beide lassen sich unter Verwendung der Resultate der positiven Wissenschaften erfüllen. Man kann deren Ergebnisse zur Kritik herrschender Vorstellungen verwenden, wobei auch tiefgehende Illusionen (wie der Wertplatonismus und die Hypostasierung kollektiver Wesenheiten) unterminiert werden können. Darüber hinaus sind diese Ergebnisse zur Lösung von Steuerungsproblemen verwertbar, falls sie den üblichen Anforderungen genügen.

VII. Zum Problem einer adäquaten sozialen Ordnung

Eines der wichtigsten normativen Probleme ist das Problem einer adäquaten sozialen Ordnung, zu dessen Analyse unterschiedliche Disziplinen von der Jurisprudenz bis zur politischen Wissenschaft Beiträge geleistet haben. Meist wird angenommen, daß die Behandlung dieses Problems die Einführung expliziter Werturteile in die Sozialwissenschaften erfordert. Schon Thomas Hobbes hat aber vor mehr als 300 Jahren versucht, dieses Problem im Rahmen einer naturalistischen Konzeption mit Hilfe sozialtechnologischer Aussagen zu lösen (Watkins, 1973; Mackie, 1980). Er hat dabei Annahmen über die menschliche Natur und die Situation des Menschen gemacht, aus denen sich bestimmte Konsequenzen für das soziale Zusammenleben der Menschen zu ergeben schienen. Die Hobbessche Sozialtechnologie ist an der regulativen Idee der Sicherung des Friedens orientiert. Das Mittel, diesen Frieden zu erreichen, ist die Errichtung eines Gewaltmonopols, das in der Lage ist, die Bürger von gegenseitiger Gewaltanwendung abzuhalten und sie vor Gewaltanwendung nach außen zu schützen. Die Sicherung des Friedens schien damit der einzige Gesichtspunkt für die Beurteilung der sozialen Ordnung zu sein.

In der späteren Debatte wurden die Hobbesschen Annahmen teilweise in Frage gestellt und modifiziert, und es wurden weitere Gesichtspunkte – vor allem die Sicherung der individuellen Freiheit und des Wohlstandes – für die Beurteilung der Adäquatheit sozialer Ordnungen entwickelt. Aber die Art, in der Hobbes an die Lösung des Ordnungsproblems herangegangen ist, hat sich als fruchtbar erwiesen. Die Knappheit der Mittel zur Lebensfristung als zentrales Merkmal der menschlichen Lebenssituation und die Akzentuierung der Rolle des Selbstinteresses für das menschliche Handeln ist auch in neueren Konzeptionen zum Problem der sozialen Ordnung zu finden (Buchanan/Tullock, 1962; Buchanan 1984).

Die Annahme, es sei zur Lösung des Ordnungsproblems nötig, eine normative Wissenschaft zu etablieren, die aus Einsichten in die sozialen Zusammenhänge gültige Normen für das soziale Leben gewinnen könne, ist aus logischen Gründen unhaltbar. Und die Annahme, man müsse zur Lösung dieses Problems eine Wissenschaft bemühen, die solche Einsichten durch normative Aussagen zu ergänzen habe, ist aus methodologischen Gründen problematisch. Tatsächlich läßt sich dieses Problem vielmehr im Rahmen einer sozialtechnologischen Fragestellung behandeln, wie sie im Ansatz von Hobbes und von den schottischen Moralphilosophen des 18. Jahrhunderts entwickelt wurde. Man kann das Problem der Bedingungen der Möglichkeit einer adäquaten Sozialordnung sozialtechnologisch so reformulieren, wie es der allgemeinen Methode rationaler Praxis entspricht (Albert, 1978). Die Wertgesichtspunkte, die von den an der Diskussion Beteiligten als relevant angesehen werden, können dabei in Leistungsmerkmale transformiert werden, die einer komparativen Analyse sozialer Ordnungen zugrunde gelegt werden. Dabei kommt es darauf an, realisierbare Systeme institutioneller Vorkehrungen im Hinblick auf ihr Funktionieren miteinander zu vergleichen, also im Hinblick darauf, inwieweit sie die Leistungsmerkmale aufweisen, die auf Grund der verwendeten Gesichtspunkte formuliert wurden. Die Tatsache, daß die verwendeten Wertgesichtspunkte selbst kontrovers sein können, macht es also keineswegs unmöglich, die Ordnungsproblematik wissenschaftlich zu behandeln, wenn man sich dazu entschließt, die sozialtechnologischen Aspekte dieser Problematik herauszuarbeiten. Dieses Verfahren kann auch die rationale Diskussion dieser Wertgesichtspunke selbst erleichtern, denn die Konzentration auf reale Möglichkeiten kann zeigen, welche Kompromisse überhaupt in Betracht gezogen werden können. Daß die Entscheidung über die zu akzeptierende Ordnung kein Problem der Wissenschaft ist, ist kein Grund dafür, diese Entscheidung nicht mit den ihr zur Verfügung stehenden Mitteln vorzubereiten. Es ist also durchaus möglich, das von Max Weber formulierte Prinzip der Wertfreiheit zu akzeptieren und dennoch wichtige Probleme des praktischen Lebens mit Hilfe der Wissenschaft zu klären und zu lösen.

Literatur

Albert, Hans: Traktat über kritische Vernunft. Tübingen [4]1980.
– Transzendentale Träumereien. Hamburg 1975.
– Traktat über rationale Praxis. Tübingen 1978.
– / Topitsch, Ernst (Hrsg.): Werturteilsstreit. Darmstadt 1971. [2]1979.
Bartley, William Warren: Flucht ins Engagement. Übers. von Klaus Pähler. Tübingen 1987.

Buchanan, James M.: Die Grenzen der Freiheit. Zwischen Anarchie und Leviathan. Tübingen 1984.
– / Tullock, Gordon: The Calculus of Consent. Logical Foundations of Constitutional Democracy. Ann Arbor 1962.
Habermas, Jürgen: Erkenntnis und Interesse. In: J. H.: Technik und Wissenschaft als »Ideologie«. Frankfurt a. M. 1968.
Hirsch, Eric Donald: Validity in Interpretation. New Haven / London 1967.
Horkheimer, Max: Traditionelle und kritische Theorie. In: M. H.: Kritische Theorie. Eine Dokumentation. Hrsg. von Alfred Schmidt. Frankfurt a. M. 1968.
Keuth, Herbert: Wissenschaft und Werturteil. Tübingen 1988.
Kraft, Viktor: Grundlagen einer wissenschaftlichen Wertlehre. Wien [2]1951.
Mackie, John L.: Hume's Moral Theory. London/Boston/Henley 1980.
– Ethik. Auf der Suche nach dem Richtigen und Falschen. Übers. von Rudolf Ginters. Stuttgart 1981.
Myrdal, Gunnar: Das Wertproblem in den Sozialwissenschaften. Übers. von Suzanne Reichstein [u. a.]. Hannover 1958.
– Das politische Element in der nationalökonomischen Doktrinbildung. Übers. von Gerhard Mackenroth. Hannover 1963.
Robbins, Lionel: An Essay on the Nature and Significance of Economic Science. London [2]1935.
Strauss, Leo: Naturrecht und Geschichte. Übers. von Horst Boog. Stuttgart 1956.
Watkins, J. W. M.: Hobbe's System of Ideas. A Study in the Political Significance of Philosophical Theories. London. 1973.
Weber, Max: Die »Objektivität« sozialwissenschaftlicher und sozialpolitischer Erkenntnis (1904). In: M. W.: Gesammelte Aufsätze zur Wissenschaftslehre. Tübingen [2]1951.
– Der Sinn der »Wertfreiheit« der soziologischen und ökonomischen Wissenschaften (1917). In: Ebd.
– Wissenschaft als Beruf (1919). In: Ebd.
Weippert, Georg: Vom Werturteilsstreit zur politischen Theorie. In: Weltwirtschaftliches Archiv 49 (1939).

Hans Albert, Die Wertfreiheitsproblematik und der normative Hintergrund der Wissenschaften, in: H. Lenk/M. Maring (Hg.), Wirtschaft und Ethik, Stuttgart (Philipp Reclam jun.) 1992; 82–100.

Anhang

Quellennachweis

Text 1
Francis Bacon, Aphorismen über die Interpretation der Natur und die Herrschaft des Menschen, in: M. Buhr (Hg.), Das neue Organon, Berlin (Akademie Verlag) ²1982; 41–65.

Text 2
Oswald Külpe, Idealismus, Realismus und Phänomenalismus, in: Einleitung in die Philosophie, Leipzig (S. Hirzel) ¹¹1923 (1. Aufl. 1895); 186–194.

Text 3
William James, Was will der Pragmatismus?, in: Der Pragmatismus. Ein neuer Name für alte Denkmethoden, Nachdruck der Übers. von Wilhelm Jerusalem von 1908. Mit Einl. u. Register hg. von Klaus Oehler. (Philosophische Bibliothek Bd. 297). 2. Aufl. mit neuen bibliogr. Hinweisen Hamburg (Felix Meiner) 1994; 237–247 u. 250–253.

Text 4
Pierre Duhem, Die physikalische Theorie und das Experiment, in: Ziel und Struktur der physikalischen Theorien, Autorisierte Übersetzung von Friedrich Adler. Mit einem Vorwort von Ernst Mach. Mit einer Einl. u. Bibliographie hg. von Lothar Schäfer (Philosophische Bibliothek Bd. 477) Hamburg (Felix Meiner) 1998; 243–249 u. 290–293.

Text 5
Karl Popper, Logik der Forschung, Tübingen (Mohr Siebeck) ¹⁰1994; 3–17.

Text 6
Rudolf Carnap, Induktive Logik und Wissenschaft, in: L. Krüger

(Hg.), Erkenntnisprobleme der Naturwissenschaften, Köln (Kiepenheuer & Witsch) 1970; 205–212 / Frankfurt/Main (Athenäum).

Text 7
Thomas S. Kuhn, Die Struktur wissenschaftlicher Revolutionen, Frankfurt/Main (Suhrkamp) 1967; 44–57.

Text 8
Charles Taylor, Interpretation und die Wissenschaften vom Menschen, in: Erklärung und Interpretation in den Wissenschaften vom Menschen, Frankfurt/Main (Suhrkamp) 1975; 154–173.

Text 9
Ronald Giere, Modelle und Theorien, in: Explaining Science. A Cognitive Approach, Chicago (University of Chicago Press) 1988; 78–90 (übers. v. A. Visintin).

Text 10
Hans Albert, Die Wertfreiheitsproblematik und der normative Hintergrund der Wissenschaften, in: H. Lenk/M. Maring (Hg.), Wirtschaft und Ethik, Stuttgart (Philipp Reclam jun.) 1992; 82–100.

Weiterführende Literatur

I. Allgemeine und einführende Literatur

Empfehlenswerte Lexika:

Mittelstraß, J. (Hg.), Enzyklopädie Philosophie und Wissenschaftstheorie, 4 Bde., Mannheim 1980–1996.
Seiffert, H. und Radnitzky, G. (Hg.), Handlexikon zur Wissenschaftstheorie, München 1989.
Speck, J. (Hg.), Handbuch wissenschaftstheoretischer Begriffe, 3 Bde., Göttingen 1980.

Gute Einführungen in die Wissenschaftsphilosophie:

Chalmers, A. F., Wege der Wissenschaft, Berlin ^{3}1994.
Giere, R., Understanding Scientific Reasoning, New York ^{4}1997.

Losee, J., A Historical Introduction to the Philosophy of Science, Oxford ³1993.

Musgrave, A., Alltagswissen, Wissenschaft und Skeptizismus, Tübingen 1993 (zugleich Einführung in die Erkenntnistheorie).

Ausführliche Darstellungen wissenschaftsphilosophischer Probleme und Lösungsansätze:

Bunge, M., Scientific Research, 2 vols., Berlin 1967 (empfehlenswert wegen der zahlreichen Bezüge zu einzelwissenschaftlichen Inhalten, etwa aus Physik, Biologie oder Psychologie).

Stegmüller, W., Probleme und Resultate der Wissenschaftstheorie und Analytischen Philosophie, 4 Bde., Berlin 1969–1986 (sehr detaillierte, formale Abhandlung wissenschaftsphilosophischer Themen).

Klassiker der Wissenschaftsphilosophie:

Duhem, P., Ziel und Struktur der physikalischen Theorien, Leipzig 1908, Nachdruck Hamburg 1978.

Hempel, C. G., Aspekte wissenschaftlicher Erklärung, Berlin 1977.

Kuhn, T. S., Die Struktur wissenschaftlicher Revolutionen, Frankfurt am Main 1967.

Lakatos, I. und Musgrave, A. (Hg.), Kritik und Erkenntnisfortschritt, Braunschweig 1974.

Popper, K., Logik der Forschung, Tübingen ¹⁰1994.

Popper, K., Vermutungen und Widerlegungen, 2 Bde., Tübingen 1994/1997.

Van Fraassen, B., The scientific image, Oxford 1980.

II. Zu den ausgewählten Autoren

1. Francis Bacon

Werke von Bacon

The Works of Francis Bacon, coll. and ed. by J. Spedding, R. L. Ellis, and D. D. Heath, London 1857–74 (Nachdruck Bd. 1–14, Stuttgart 1961–1963).

Novum organon scientiarum (1620), deutsch: Francis Bacon, Das neue Organon, hg. M. Buhr, Berlin ²1982.

De dignitate et augmentis scientiarum, London 1623, deutsch: Über die Würde und den Fortgang der Wissenschaften, hg. J. H. Pfingsten, Pest 1783 (Nachdruck Darmstadt 1966).

Literatur zu Bacon

Farrington, B., Francis Bacon, Philosopher of Industrial Science, New York 1949 (Nachdruck Octagon 1979).
Fischer, K., Francis Bacon und seine Schule, Geschichte der neueren Philosophie, Bd. 10, Heidelberg 1904.
Krohn, W., Francis Bacon, München 1987.
Rossi, P., Francis Bacon: From Magic to Science, Chicago 1968.
Schäfer, L., Das Bacon-Projekt, Frankfurt am Main 1993.
Urbach, P., Francis Bacon's Philosophy of Science: An Account and a Reappraisal, La Salle (Ill.) 1987.

2. Oswald Külpe

Werke von Külpe

Einleitung in die Philosophie, Leipzig 1895.
Immanuel Kant: Darstellung und Würdigung, Leipzig 1907.
Die Realisierung, 3 Bde., Leipzig 1912–23.
Vorlesungen über Psychologie, Leipzig 1920.

Literatur zu Külpe

Bode, P., Der kritische Realismus Oswald Külpes, Pforzheim 1928.
Boring, E. G., A History of Experimental Psychology, New York ²1950, S. 396–410.
Messer, A., Der kritische Realimus, Karlsruhe 1923.
Wettersten, J. R., How can Psychology and Methodology Be Integrated? In: Zeitschrift für allgemeine Wissenschaftstheorie 21, 1991, S. 345–369.
Wettersten, J. R., The Roots of Critical Rationalism, Amsterdam 1992.

3. William James

Werke von James

The Principles of Psychology, 2 vols., New York 1890.
The Varieties of Religious Experience, New York 1901–1902, deutsch: Die Vielfalt religiöser Erfahrung, Olten 1907.
Pragmatism: A New Name for some Old Ways of Thinking, New York 1907, deutsch: Der Pragmatismus: Ein neuer Name für alte Denkmethoden, Leipzig 1908.
A Pluralistic Universe, New York 1909, deutsch: Das pluralistische Universum, Leipzig 1914.

Literatur zu James

Ayer, A. J., Origins of Pragmatism, London 1968.
Nagl, L., Pragmatismus, Frankfurt 1998.
Putnam, H., Pragmatismus: Eine offene Frage, Frankfurt am Main 1995.
Schubert, K., William James zur Einführung, Hamburg 1996.
Myers, G. E., William James: His Life and Thought, New Haven/London 1986.

4. Pierre Duhem

Werke von Duhem

L'évolution de la mécanique, Paris 1903, deutsch: Die Wandlungen der Mechanik und der mechanischen Naturerklärung, Leipzig 1912.
La théorie physique, son objet et sa structure, in: Revue de Philosophie IV-VI, 1904/1905, deutsch: Ziel und Struktur der physikalischen Theorien, Leipzig 1908.
Études sur Léonard de Vinci, Paris 1906–1913.
Sozein ta Phainomena: Essai sur la notion de théorie physique de Platon à Galilée, Paris 1908, englisch: To Save the Phenomena, Chicago 1969.
Le système du monde: Histoire des doctrines cosmologiques, de Platon à Copernic, Paris 1913–1917.
La science allemande, Paris 1915.

Literatur zu Duhem

Agassi, J., Duhem versus Galileo, The British Journal for the Philosophy of Science 8, 1957, 237–248.
Ariew, R. und Barker, P., (Eds.), Essays in the History and Philosophy of Science: Pierre Duhem, transl. and ed. with introduction, Indianapolis 1996.
Gadenne, V., Spielarten des Duhem-Quine-Problems, in: Logos 5, 1998, S. 117–148.
Harding, S. G. (Ed.), Can theories be refuted? Essays on the Duhem-Quine Thesis, Dordrecht 1976.
Jaki, S. L., Uneasy genius: The life and work of Pierre Duhem, Dordrecht 1984.
Schäfer, L., Erfahrung und Konvention: Zum Theoriebegriff der empirischen Wissenschaften, Stuttgart 1974.

5. Karl Popper

Werke von Popper

Logik der Forschung, Tübingen [10]1994.
The Open Society and Its Enemies, 2 vols., London 1945, deutsch: Die offene Gesellschaft und ihre Feinde, 2 Bde., Bern: 1957/1958.
The Poverty of Historicism, London 1957, deutsch: Das Elend des Historizismus, Tübingen 1965.
Conjectures and Refutations, London 1963, deutsch: Vermutungen und Widerlegungen, Tübingen 1994/1997.
Objective Knowledge, Oxford 1972, deutsch: Objektive Erkenntnis, Hamburg 1973.
Die beiden Grundprobleme der Erkenntnistheorie, Tübingen 1979.
Ausgangspunkte: Meine intellektuelle Entwicklung, Hamburg 1979.
The Self and Its Brain, Berlin 1977 (with J. C. Eccles), deutsch: Das Ich und sein Gehirn, München 1982.
The Postscript to the Logic of Scientific Discovery, Vol. 1: Realism and the Aim of Science, London 1983; Vol. 2: The Open Universe, London 1982; Vol. 3: Quantum Theory and the Schism in Physics, London 1982.

Literatur zu Popper

Feyerabend, P., Wider den Methodenzwang, Frankfurt am Main 1976.
Gadenne, V. (Hg.), Kritischer Rationalismus und Pragmatismus, Amsterdam 1998.
Geier, M., Karl Popper, Reinbek bei Hamburg 1994.
Johansson, I., A critique of Karl Popper's methodology, Stockholm 1975.
Keuth, H. (Hg.), Karl Popper: Logik der Forschung, Berlin 1998.
Lakatos, I. und Musgrave, A. (Hg.), Kritik und Erkenntnisfortschritt, Braunschweig 1974.
Magee, B., Karl Popper, Tübingen 1986.
Musgrave, A., Alltagswissen, Wissenschaft und Skeptizismus, Tübingen 1993.
Schilpp, P. A. (Hg.), The Philosophy of Karl Popper, 2 vols., La Salle 1974.
Wettersten, J. R., The Roots of Critical Rationalism, Amsterdam 1992.

6. Rudolf Carnap

Werke von Carnap

Der Logische Aufbau der Welt, Wien 1928.
Scheinprobleme der Philosophie, Berlin 1928.
Logische Syntax der Sprache, Wien 1934.
Testability and meaning, Philosophy of Science 3, 1936, 419–471; 4, 1937, 1–40.
Foundations of Logic and Mathematics, Chicago 1939, deutsch: Grundlagen der Logik und Mathematik, München 1973.
Meaning and Necessity, Chicago 1947.
Logical Foundations of Probability, Chicago 1950.
Einführung in die symbolische Logik, Wien 1954.
Induktive Logik und Wahrscheinlichkeit, Wien 1959 (mit W. Stegmüller).
Philosophical Foundations of Physics, New York 1966, deutsch: Einführung in die Philosophie der Naturwissenschaft, München 1969.

Literatur zu Carnap

Hintikka, J. (Ed.), Rudolf Carnap: Logical Empiricist, Materials and Perspectives, Dordrecht 1975.
Krauth, L., Die Philosophie Carnaps, Wien 1970.
Kutschera, F. v., Wissenschaftstheorie, Bd. I, München 1972, Kap. 2.
Schilpp, P. A. (Ed.), The Philosophy of Rudolf Carnap, La Salle, Ill. 1963.
Spohn, W. (Ed.), Erkenntnis Orientated: A Centennial Volume for Rudolf Carnap and Hans Reichenbach, Dordrecht 1991.
Stegmüller, W., Hauptströmungen der Gegenwartsphilosophie, Stuttgart 1969, Kap. IX und X.

7. Thomas Kuhn

Werke von Kuhn

The Copernican Revolution, Cambridge 1957, deutsch: Die Kopernikanische Revolution, Braunschweig 1981
The Structure of Scientific Revolutions, Chicago 1962, deutsch: Die Struktur wissenschaftlicher Revolutionen, Frankfurt am Main 1967.
Die Entstehung des Neuen: Studien zur Struktur der Wissenschaftsgeschichte, Frankfurt am Main 1977

Literatur zu Kuhn

Fleck, L., Entstehung und Entwicklung einer wissenschaftlichen Tatsache, Basel 1935.
Hoyningen-Huene, P., Die Wissenschaftsphilosophie Thomas S. Kuhns, Braunschweig 1989.
Lakatos, I. und Musgrave, A. (Hg.), Kritik und Erkenntnisfortschritt, Braunschweig 1974.
Stove, D. C., Popper and after: Four modern irrationalists, Oxford 1982.
Andersson, G., Kritik und Wissenschaftsgeschichte: Kuhns, Lakatos' und Feyerabends Kritik des kritischen Rationalismus, Tübingen 1988.
Horwich, P. (Ed.), World changes: Thomas Kuhn and the nature of science, Cambridge/Mass. 1993.

8. Charles Taylor

Werke von Taylor

Explanation of Behaviour, London 1964.
Interpretation and the Sciences of Man, in: The Review of Metaphysics, Vol. 25, 1971, S. 3–51, deutsch: Erklärung und Interpretation in den Wissenschaften vom Menschen, Frankfurt am Main 1975.
Hegel, Cambridge 1975, deutsch: Hegel, Frankfurt am Main 1983 .
Philosophy and the Human Sciences, Cambridge 1985.
Sources of the Self: The Making of the Modern Identity, Cambridge 1989, deutsch: Quellen des Selbst: Die Entstehung der neuzeitlichen Identität, Frankfurt am Main 1994.
The Malaise of Modernity, Toronto 1991, deutsch: Das Unbehagen an der Moderne, Frankfurt am Main 1995.
Multiculturalism and »The Politics of Recognition«, Princeton 1992, deutsch: Multikulturalismus und die Politik der Anerkennung, Frankfurt am Main 1993.
Philosophical Arguments, Cambridge/Mass. 1995.

Literatur zu Taylor

Beckermann, A., Analytische Handlungstheorie, Bd. 2: Handlungserklärungen, Frankfurt am Main 1977.
Habermas, J., Anerkennungskämpfe im demokratischen Rechtsstaat, in: Taylor, Ch., Multikulturalismus und die Politik der Anerkennung, Frankfurt am Main 1993, S. 147–196 .
Laforest, G., Charles Taylor et l'interprétation de l'identité moderne, Paris 1998.
Tully, J. (Ed.), Philosophy in an Age of Pluralism: The Philosophy of Charles Taylor in Question, Cambridge 1994.

9. Ronald Giere

Werke von Giere

Explaining Science: A Cognitive Approach, Chicago 1988.
Cognitive Models of Science (Ed.), Minnesota Studies in the Philosophy of Science, Vol. 15, Minneapolis 1992.
Understanding Scientific Reasoning, New York ^{4}1997.

Literatur zu Giere

Callebaut, W. (Ed.), Taking the Naturalistic Turn, or, How Real Philosophy of Science is Done, Chicago 1993.
Stegmüller, W., The Structuralist View of Theories, Berlin 1979.
Suppe, F., The Structure of Scientific Theories, Urbana 1974.
Van Fraassen, B., The Scientific Image, Oxford 1980.

10. Hans Albert

Werke von Albert

Marktsoziologie und Entscheidungslogik, Neuwied/Berlin 1967, Neuausgabe Tübingen 1998.
Traktat über kritische Vernunft, Tübingen 1968.
Der Positivismusstreit in der deutschen Soziologie (hg. mit Adorno u. a.), Neuwied/Berlin 1969.
Traktat über rationale Praxis, Tübingen 1978.
Die Wissenschaft und die Fehlbarkeit der Vernunft, Tübingen 1982.
Kritik der reinen Erkenntnislehre, Tübingen 1987.
Kritik der reinen Hermeneutik, Tübingen 1994.

Literatur zu Albert

Baum, W. (Hg.), Briefwechsel: Paul Feyerabend, Hans Albert, Frankfurt/Main 1997.
Bohnen, A. und Musgrave, A., (Hg.), Wege der Vernunft: Festschrift zum siebzigsten Geburtstag von Hans Albert, Tübingen 1991.
Gadenne, V. und Wendel, H. J. (Hg.), Rationalität und Kritik, Tübingen 1996.
Hilgendorf, E., Hans Albert: Zur Einführung, Hamburg 1997.
Keuth, H., Wissenschaft und Werturteil, Tübingen 1989.